FRANZ PISSINGER

HYPNOSE – DER SCHLÜSSEL ZUM HERZ

DANKSAGUNG

Ich danke all meinen Klienten und Seminarteilnehmern, von denen ich sehr viel lernen durfte und immer noch lerne und die mich immer wieder gebeten haben, dieses Buch zu schreiben. Größter Dank gilt meiner Familie, die letztendlich immer zu mir steht und mir großen Halt im Leben gibt, und besonders meiner geliebten Frau Sonja für ihre Liebe und Geduld. Meinem Vater danke ich dafür, daß er meine Liebe zur Musik gefördert hat und mir das Studium am Konservatorium ermöglicht hat. Dank auch an meine Freundin Angelika Bora, die mir positives Denken nahebrachte, das den Grundbaustein für meine spätere Hypnosearbeit bildete. Danke meinem Lehrer Eli Jaxon Bear, der mir sehr in meiner spirituellen Entwicklung geholfen hat. Meinem Freund Josef Szabo möchte ich dafür danken, daß er mich gelehrt hat, das Leben fern aller selbst auferlegten gesellschaftlichen Begrenzungen und Zwänge von der heiteren Seite zu betrachten. Danke auch meinem Stiefsohn, dem Physiotherapeuten Richard Hohnauer, der mir geholfen hat, dieses Buch in die schriftliche Form zu bringen, Frau Mag. Heidemarie Schagl für das Korrekturlesen und Frau Andrea Fuchs, die das Buchcover meinen Wünschen entsprechend gemalt hat. Danke meinem Freund Peter Schmidt für das Layout und die Erstellung meiner Drucksorten. Mein Dank gilt auch Brigitte Strobele dafür, daß sie sich spontan bereit erklärt hat, dieses Buch in ihr Verlagsprogramm aufzunehmen. Herzlichen Dank auch meinen Freunden Werner und Susanne Gruber und Elfie Lienhard, die mich schon seit Jahren dabei unterstützen, meine Seminare zu organisieren. Danke all meinen Freunden, die mein Leben so sehr bereichern, und schließlich möchte ich mich bei meinem größten Lehrmeister bedanken – dem Leben.

FRANZ PISSINGER

HYPNOSE

DER SCHLÜSSEL ZUM HERZ

DER WEG
DES
BIBERS
IN DIE
FREIHEIT

Ibera

Die Deutsche Bibliothek – CIP-Einheitsaufnahme
Pissinger, Franz:
Hypnose – Der Schlüssel zum Herz:
Der Weg des Bibers in die Freiheit / Franz Pissinger.
– Wien: Ibera-Verl., 2005
ISBN 3-85052-209-1

Lektorat und Layout: Ibera Verlag
Photos: Franz Pissinger
Coverbild: Andrea Fuchs
Hergestellt: Druckerei Theiss GmbH, 9431 St. Stefan
ISBN- 3-85052-209-1

www.ibera.at

Inhalt

Vorwort

Als begeisterte Kursteilnehmerin habe ich wie viele mit Spannung dieses Buch erwartet.

Das in einer Niederschrift zu finden, was in den Kursen diese Vielzahl von Impulsen auslöst, von bis dahin noch undefinierten Wahrnehmungen, die plötzlich sonnenklar werden und die berühmte Gänsehaut auftritt als Antwort des Unbewußten, daß jede Körperzelle in dieser Erkenntnis mitschwingt; diese Momente der Erkenntnis, die viel zu kurz sind, um sie im Bewußtsein zu speichern, geschweige denn aufzuschreiben, da ja die Informationsflut im Kurs schon wieder Neues anbietet.

Mit diesem Werk im eigenen Tempo diese Prozesse noch einmal durchzuarbeiten, bietet eine gute Möglichkeit, mehr „Klarheit über die Wahrheit in sich" herauszuarbeiten.

Dieses Buch geht weit über die Darstellung und Anwendungsmöglichkeiten der verschiedenen Hypnosetechniken hinaus; der Autor läßt uns an seinem Wissen, erfahren in seinem persönlichen Reifungsprozeß, teilhaben, er bietet uns in der Darstellung seines Weltbildes die Möglichkeit, unser eigenes darin zu reflektieren und gegebenenfalls auch zu verändern, wenn wir dies als Verbesserung empfinden sollten.

Denn wir erschaffen unsere Welt; die Arbeit an uns ist demzufolge zentraler Prozeß. Und genau dafür stellt er uns Werkzeuge anhand von verschiedenen hypnotischen Techniken zur Verfügung. Dadurch haben wir die Möglichkeit, uns unserem inneren Selbst, unserer Essenz, wieder anzunähern, vielleicht sogar mit dem Effekt, anderen eine Reflexion und Ermutigung zu bieten, dies ebenfalls bei sich zu beginnen.

Denn als ganzheitlich arbeitende Medizinerin sehe ich immer deutlicher, daß der Mensch ausschließlich durch seine ihm innewohnende Heilkraft gesunden kann. Was wir ihm anbieten können, sind Hilfestellungen, nicht mehr und nicht weniger. Alles andere läßt ihn in seinem persönlichen Reifungsprozeß nicht wachsen.

Dem Leser wünsche ich bei der Lektüre dieses Buches viel Spannung, viel Neugierde auf der Reise in sich selbst und nicht zuletzt auch viel Vergnügen, es darf nämlich auch gelacht werden!

Humor ist, wenn man trotzdem lacht.

Für mich die Manifestation der heiteren Gelassenheit, die sich entwickelt, wenn man mit sich eins sein kann, mit seinen Stärken und Schwächen. Wobei sich die sogenannten Schwächen möglicherweise nach dem Lesen dieses Buches wieder ganz anders definieren.

Viel Spaß beim Miterleben der Transformation des Bibers. Mögen viele weitere Transformationen (möglicherweise auch die eigene) folgen!

Dr. med. Christa Roberts
Wartmannstetten, März 2005

Vorwort

Liebe Leserinnen und Leser!

Als Arzt empfehle ich dieses Buch besonders allen aktiven Kollegen, aber auch allen mündigen und mitdenkenden Patienten. Das Unterbewußtsein, vom Wiener Sigmund Freud erstmals treffend beschrieben, ist nun einmal das Fundament unserer Handlungen. Eingegrabene Programme offenbaren sich oftmals Jahrzehnte später in einem plötzlich sichtbaren Gesamtmuster.

Geradezu erschrocken mußte ich oftmals bei Patienten detailgetreue Wiederholungen der Lebensgeschichte ihrer Väter/Mütter (je nach Geschlecht) konstatieren, inklusive identer Partnerwahl und denselben Krankheiten – bis zum Tod im gleichen Lebensjahr. Natürlich spekuliert man bei Krankheiten oft auch mit genetischen Kausalitäten.

Das Tor zur unterbewußten Welt wird durch den Schlüssel Hypnose leicht und zügig geöffnet. Es ist eine ideale Therapieform für Ärzte und Patienten, die schnelle, nachhaltige, doch tiefliegend gründliche Lösungen bevorzugen. Gerade das macht vielen Angst. Sowohl Hypnose im speziellen als auch Therapie allgemein ist im kollektiven Unterbewußtsein von einer geheimnisvollen Aura umgeben.

Der Autor dieses Buches geht erfrischend unbefangen, natürlich, geradezu leichtfüßig mit dem durchaus schwerwiegenden Thema um. Das empfiehlt ihn gerade auch für Neueinsteiger. Nichtsdestotrotz kommt er sehr genau auf den Punkt. Rahmengeprägtes Denken, Partnerwahl-Kriterien, Berufswahl-Kriterien, Krankheiten ..., er redet nicht um den heißen Brei herum. Er greift hinein und bringt konkrete Hinweise und Richtlinien undogmatisch und humorvoll. Gönnen Sie sich das Vergnügen, seinen Gedankengängen zu folgen. Sie werden es nicht bereuen. (Womit wir schon bei der ersten Suggestion wären. ☺)

Dr. med. Kambis Atefie

Einleitung

Geprägt durch eine strenge Erziehung, die untermalt war mit kirchlich-religiösen Anschauungen, hatte ich wenig Kontakt zu anderen Kindern und lernte früh die unangenehmen Seiten des Lebens kennen.

Schon als Kind beschäftigte mich diese eine Frage: „Wer oder was in mir ist es, das Schmerzen und Traurigkeit empfindet?"

Ich betete immer wieder zu Gott, entfernte mich aber später davon, weil es nie geholfen hat.

Ich war in früheren Jahren sehr depressiv und wollte meinem Leben ein Ende setzen, weil ich schon wieder eine schmerzhafte Erfahrung durch das Ende einer Beziehung machen mußte. Wieder fühlte ich mich allein gelassen und innerlich sehr leer.

Das Mißlingen dieses Selbstmordversuchs öffnete mir die Augen. Ich erkannte, daß es vielleicht doch einen besseren Weg geben könnte, meine Probleme zu lösen, und ich begann mich mit positivem Denken und der Kraft von Gedanken zu beschäftigen.

Obwohl ich früher sehr oft verzweifelt war, bin ich heute froh, diese Erfahrungen gemacht zu haben, da sie dazu beigetragen haben, die Wahrheit in mir mit Hilfe der Hypnose zu finden, und mich zur Erkenntnis führten, daß nicht die Lebensumstände verantwortlich dafür sind, wie wir uns fühlen, sondern allein wie wir die Situation bewerten und was wir daraus machen.

Man kann in eine saure Zitrone beißen oder Limonade daraus machen.

Durch langjährige Beschäftigung mit Hypnose, Esoterik und Spiritualität erkannte ich, daß die Ansätze der Religionen für mich richtig sind, weil ich sie jetzt auf eine andere Weise betrachte und verstehe.

Ich glaube, jede Religion kann nur ein Wegweiser sein, um letztendlich die Wahrheit in sich selbst zu finden.

Es gibt viele unterschiedliche Anschauungen und Meinungen, sowohl von Laien als auch von Experten, darüber, was Hypnose ist, wofür und wann man sie einsetzen kann. Meiner Ansicht nach ist Hypnose eine Kommunikationsform mit bewußten und unbewußten Anteilen des Individuums, die in leichtere und tiefere Trance führt, wobei Trance ein vollkommen natürlicher Zustand ist. Ich denke, daß hypnotische Kommunikation ein sehr effektives Werkzeug zur Lebenshilfe und Selbstfindung ist, welches in allen Lebenslagen eingesetzt werden kann.

In den Anfängen beschäftigte ich mich nur mit den klassischen Ansätzen der Hypnose, die von Standardisierung und Technik geprägt sind. Ich entfernte mich aber zunehmend davon, da diese starren Methoden nicht immer die gewünschten Erfolge brachten. Ich erkannte, daß sich das Leben nicht in Schablonen pressen läßt und man individuell auf jeden Menschen eingehen muß, um mit ihm erfolgreich zu kommunizieren. Ich lernte später die Arbeit von *Milton Erickson*, dem Begründer der modernen Hypnose, kennen.

Auch NLP (Neuro-Linguistisches Programmieren), das *Richard Bandler* und *John Grinder* entwickelten, beeinflußte meine Arbeit stark.

Dennoch fehlte etwas. Als ich mich mit Religion beschäftigte, fand ich keine brauchbare Methode, um meine Probleme zu lösen, und bei den traditionellen Hypnosetechniken fehlte es an geistigem Tiefgang. Erst als die Spiritualität immer mehr in meine Arbeit einfloß, fügte sich alles zu einem harmonischen Ganzen. Mit diesem Hintergrund machte ich eine Ausbildung zum Advanced Clinical Hypnotherapist und NLP-Master-Practitioner bei *Eli Jaxon Bear* (USA), die mir geholfen hat, meine Arbeit noch weiter zu verfeinern. Die besten Lehrer waren jedoch meine Klienten selbst.

Dieses Buch beruht auf meinem Verständnis von Hypnose, NLP und Spiritualität; es soll vor allem auch vermitteln, wie wichtig die geeignete Haltung und Einstellung ist, um mit hypnotischer Kommunikation erfolgreich zu arbeiten.

Es möchte sich nicht als weiteres Lehrbuch oder als Ersatz für therapeutische Maßnahmen verstehen, sondern soll vielmehr dazu anregen, starre Konzepte und Überzeugungen zu überprüfen und gegebenenfalls zu verändern.

Weder Bücher noch verschiedenste Techniken allein können zu Selbstliebe führen. Jedoch können Anregungen und Unterstützungsmöglichkeiten in Verbindung mit eigenen Aktivitäten dazu verhelfen, daß sich die Liebe zu sich selbst und zu anderen entwickeln kann und sich dadurch das Leben zum Guten wendet.

Therapie ist Ausdruck der Liebe am Menschen,
Liebe ist die beste Therapie,
Menschen brauchen Therapeuten,
weil es der Welt an Liebe mangelt.

Ich bin deine Freude und dein Schmerz,
ich bin dein Geschenk und deine Schmach,
ich bin Freund und Verräter,
ich bin Krankheit und Heil,
ich bin deine erste Liebe und deine letzte Hoffnung.
Beherrsche mich und das Spiel gehört dir.

Das Finden des Schlüssels oder wie fängt man einen Biber?

Wenn man einen Biber fangen will, braucht man nur ein bißchen Beobachtung, um herauszufinden, welchen Weg er benutzt, um von seinem Bau in den Wald zu gehen. Denn Biber haben die Angewohnheit, immer die gleichen Wege zu benutzen und nie davon abzuweichen. Und so geschieht es immer wieder, daß Biber ganz leicht in die Falle gehen, wenn man eine Falle auf ihren Wegen aufstellt, denn Biber kommen nicht auf die Idee, um die Falle herumzugehen. Und obwohl sie die Falle sehen und wissen, daß es eine Falle ist, gehen sie weiter, werden immer trauriger mit jedem Schritt, ängstlicher, panischer, und gehen in die Falle hinein, weil es ihr Schicksal zu sein scheint, in die Falle zu gehen und ihre Freiheit zu verlieren.

Nun, es gibt viele Biber, die man Menschen nennt, auch Menschen, wie jener, der auf dem Gehsteig eine Bananenschale in einiger Entfernung sieht und zu sich sagt: „Verdammt, jetzt rutsche ich schon wieder aus!“ Diese Verhaltensweise nenne ich „Bibersyndrom“.

Verbinden Sie diese neun Punkte mit vier zusammenhängenden Geraden, ohne abzusetzen!

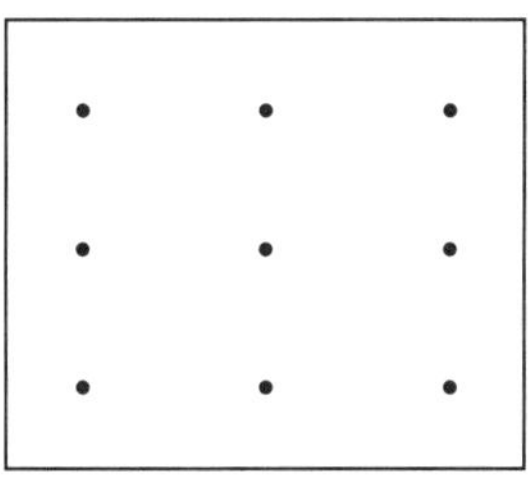

Wenn Sie es gleich lösen konnten, obwohl Sie es vorher nicht gekannt haben, brauchen Sie diesen Lösungsansatz nur auf alle anderen Aufgaben anzuwenden und vielleicht gar nicht mehr weiterzulesen.

Das Pferd heimführen

Pferde sind prächtige, kräftige, wunderschöne Tiere. Sie sind empfindsam und friedliebend, aber auch ängstlich, immer bereit zur Flucht, und manchmal finden sie nicht mehr nach Hause.

Dieses Buch handelt von Hypnose und lehnt sich stark an das Wirken eines Mannes an: *Milton Erickson*. Er war einer der erfolgreichsten Psychotherapeuten seiner Zeit mit oft verblüffenden Ergebnissen. Er vertraute auf die große Selbstheilungskraft des Unbewußten und bewies oft auch seine Annahme, daß jeder Mensch mit all seinen Umständen alles mit dabei hat, um ein zufriedenes Leben zu führen.

Seine große Stärke lag in einer geeigneten Kommunikation mit den „Teilen" im Menschen, die Lösungen für anstehende Aufgaben und Heilungen ermöglichen. Jede disharmonische Erscheinung kann als Ergebnis von Umständen gesehen werden, die unter anderem durch Erziehung, Einstellungen, Denkansätzen und der Bewertung von Situationen zustande kommt. Diese Denkmuster sind oft scheinbar unveränderlich tief eingegraben, öfters auch sehr destruktiv. Und dennoch lassen sie sich manchmal ganz einfach ohne viel Anstrengung verändern, so daß sich insgesamt ein erfreulicherer Zustand einstellt. Es gilt die Annahme, daß unser Unbewußtes mehr weiß als das Bewußtsein. Ein Großteil an Informationen geht in einer Situation, beispielsweise einem Gespräch, am Bewußtsein vorbei. In einer geeigneten Kommunikation mit dem Unbewußten gibt es die Lösung für etwas, das als Problem angesehen wird, gleich mit diesem mit. Veränderungsarbeit kann sehr schnell geschehen, wenn es an der Zeit ist.

Erickson hielt sich aber immer vor Augen, daß er nicht wissen könne, wie die Lösung eines Problems aussehen wird, so machte er den Weg und den Geist frei für neue kreative Wege. So wie er z. B. einmal ein Pferd nach Hause führte, von dem er nicht wußte, wo es wohnte:

Erickson brachte ein entlaufenes Pferd zu seinem Besitzer zurück, der sehr verblüfft war und fragte, woher er denn wisse, wem dieses Pferd gehöre. *Erickson* erwiderte daraufhin. „Ich wußte es bis jetzt nicht, ich setzte mich einfach hinauf und achtete nur, daß es auf dem Weg blieb. Immer wenn es vom Weg abkam, führte ich es sanft wieder zurück. Das Pferd kennt selbst den Weg nach Hause."

Es gab noch andere hervorragende Therapeuten zu seiner Zeit. Unter anderen die Begründerin der Familientherapie, *Virginia Satir*, und den Begründer der Gestalttherapie, *Fritz Perls*.

Richard Bandler und *John Grinder* stellten sich die Frage, was hervorragende Therapeuten gemeinsam haben. Sie beobachteten und analysierten genau deren Tun und fanden heraus, daß es oftmals die unscheinbaren Dinge wie Körpersprache oder Tonfall sind, die etwas bewirkten. Es kommt darauf an, wie und wann man etwas sagt.

Erickson selbst meinte, er hätte nie genau benennen können, was er selbst genau tut, da er hauptsächlich aus seiner Intuition heraus handelte. Um Therapeuten ein Handwerkszeug zu Verfügung zu stellen, systematisierten *Richard Bandler* und *John Grinder* alle beobachteten Techniken und gaben dem System den etwas unglücklichen Namen NLP (weil es etwas sehr Mechanisches impliziert und viele es sehr mechanisch betreiben, obwohl die Menschlichkeit der wichtigste Faktor ist):

NLP heißt neurolinguistisches Programmieren:

N steht für Neurologie
L steht für Linguistik (Körpersprache und verbale Sprache)
P steht für programmieren

Mittels Sprache ändert man über das neurologische System (Nervensystem) Verhaltensprogramme. NLP ermöglicht einen schnellen Zugang in die subjektive Welt jedes Einzelnen.

Die Vorstellung jedes Menschen von der Welt läßt sich mit einer Landkarte vergleichen. Je genauer eine Landkarte ist, umso näher wird sie der Wirklichkeit kommen, man sollte sie aber nicht mit der Wirklichkeit verwechseln. Landkarten lassen sich verändern.

Die meisten Techniken zielen darauf ab, Landkarten zu verändern, so daß man sich wohl fühlen kann; das letztendliche Ziel ist es, sich in die Wirklichkeit selbst zu begeben.

Diese Arbeit enthält Elemente aus NLP. Technik kann aber immer nur ein Mittel zum Zweck sein, es steht immer jemand hinter einer Technik mit all seinen Werten und Einstellungen und Zielen.

Dieses Buch möchte einen Überblick bieten, der zu besserem Verständnis von Hypnose und Trance beitragen will, da es immer noch viele Berührungsängste und Mißverständnisse gibt, und möchte zeigen, wie weitreichend diese Erscheinungen mit unserem Alltag und Entscheidungen verbunden sind. Die vorgestellten Techniken sind zum Ausprobieren gedacht und sollen ein wenig ein Gefühl für die Thematik vermitteln. Dieses Buch ist nicht als Therapieanleitung gedacht. Wer sich ernsthaft weiterentwickeln möchte, braucht die Verbindung zu guten Lehrern. Und nur wer sich ernsthaft weiterentwickelt hat, sollte anfangen, mit anderen Menschen auf diesem Gebiet zu arbeiten. Es gibt schon genug Leute, die an anderen herumdoktern.

Positives Denken und spirituelle Gesetze

Als ich 18 Jahre alt war, las ich viele Bücher über positives Denken. In diesen Büchern wurde viel über Menschen geschrieben, deren Leben sich dank positivem Denken zum Guten gewendet hat. Damals war ich sehr skeptisch und ich dachte: „Schön für die anderen", aber ich selbst konnte nicht viel damit anfangen.

Heute begegnen mir sehr viele Menschen, die genauso empfinden wie ich damals.

Der Hebel als Werkzeug

Stellen Sie sich einmal folgende Aufgabe vor. Ein schwerer Schrank soll angehoben werden. Es gibt kräftige Menschen, die es relativ leicht schaffen, und andere, die es probieren, um schließlich resignierend zu sagen: „Das schaffe ich niemals." Mit Hilfe eines Hebels ist jedoch jeder in der Lage, den Schrank sogar mit dem kleinen Finger hochzuheben. Der lange Hebel, um positives Denken für jeden Menschen leicht umsetzbar zu machen, ist für mich in Hypnose und NLP zu finden. Positives Denken ist nur die Grundlage. Hypnose und NLP reichen weit darüber hinaus. Sehr viele Menschen beschäftigen sich mit positivem Denken und sind oft enttäuscht, daß es nicht funktioniert. Dafür gibt es verschiedene Gründe.

Die Grundprinzipien sind folgende. Die Sprache des Unterbewußtseins ist das Bild. Deshalb ist es wichtig, seine Ziele zu visualisieren. Die wenigsten Menschen haben gestochen scharfe Bilder im Kopf. Eine vage Vorstellung ist vollkommen ausreichend für eine effiziente Anwendung in den Bereichen positives Denken, Hypnose und NLP. Falls Sie glauben, irgend etwas nicht zu können, tun Sie einfach so als ob. „Tun als ob" ist die Zauberformel, um sich über alle angelernten Begrenzungen und Beschränkungen hinwegzusetzen.

Die Unvorstellbarkeit des Nichts

Wichtig ist auch immer, positiv zu formulieren und Negationen wie „kein" und „nein" oder ähnliches zu vermeiden. Aus folgendem Grund: Denken Sie jetzt nicht an eine Blume! – Was ist jetzt geschehen? Um nicht an eine Blume zu denken, müssen Sie an eine Blume denken. Da das Unterbewußtsein in Bildern denkt und die Worte „nicht", „kein" usw. keinen Bildern entsprechen, werden sie nur vom Verstand registriert. Positiv zu formulieren kann schon einige Übung erfordern, weil wir bereits in der Kindheit gelernt haben, was wir alles nicht tun sollen. Immer wieder hört man, wie Eltern zu ihrem Kind sagen: „Paß auf, daß du nicht hinfällst." Hier ist die Wahrscheinlichkeit hoch, daß das Kind hinfällt. Viele Eltern glauben dann über hellseherische Fähigkeiten zu verfügen, in Wirklichkeit sind es aber hypnotische.

Ein paar Beispiele für positive Formulierungen:

negativ	**Ich möchte** keine **Kopfschmerzen mehr haben**
positiv	Mein Kopf wird frei und klar
negativ	**Ich darf** nicht **vergessen**
positiv	Ich werde mich erinnern
negativ	**Ich möchte mich** nicht **aufregen**
positiv	Ich bleibe ruhig und gelassen

Entscheidend ist nicht nur die Häufigkeit der positiven Gedanken, sondern auch deren Gewichtung. Wenn Sie z. B. hundertmal am Tag emotionslos denken: „Bei meiner nächsten Prüfung werde ich wieder durchfallen", dann ist das zwar negativ formuliert, aber wenn Sie zusätzlich fünfmal am Tag denken: „Ich werde meine Prüfung ganz leicht bestehen", begleitet von Gefühlen der Freude, dann werden sich diese positiven Suggestionen sicher durchsetzen. Das bedeutet also, daß eine Suggestion dann am kraftvollsten ist, wenn Sie sich mit all Ihren Sinnen in sie hineinleben. Positives Denken bedeutet, das zu denken, was Sie haben wollen. Denn was für einen positiv ist, kann für einen anderen negativ sein. Der vielzitierte Satz: „Ist das Glas halbleer oder halbvoll?", der immer wieder in Büchern über positives Denken zu finden ist, in denen erklärt wird, daß Optimisten das Glas halbvoll sehen und Pessimisten halbleer, ist pauschal betrachtet so nicht korrekt. Denn wenn sich in diesem Glas beispielsweise bittere Medizin befindet, ist es genau umgekehrt. Dies soll aufzeigen, wie wichtig es ist, sich vor Pauschalisierungen zu hüten, um die Dinge so zu betrachten, wie es im Moment gerade angebracht ist.

Säen und ernten

Wenn man Erdbeeren ernten möchte, ist es nicht ratsam, Kirschkerne zu pflanzen. Genau das aber tun viele im Bereich des positiven Denkens. Sie formulieren negativ und wundern sich dann, daß sie Kirschen (Negatives) an Stelle von Erdbeeren (Positives) ernten. Aber auch wenn wir Erdbeersamen säen, brauchen wir einen fruchtbaren Boden, Sonnenlicht und Wasser.

Die Hypnose ermöglicht uns, den Samen (Suggestionen) in den fruchtbaren Boden (Unterbewußtsein) zu pflanzen. Sonnenlicht und Gießen stehen für die Häufigkeit der gegebenen Suggestionen. Viele können die Ernte kaum erwarten und werden ungeduldig. Gerade an diesem Punkt ist es sehr wichtig, weiter zu gießen und sich an der Vorstellung zu erfreuen, wie schön die Früchte aussehen, wie gut sie riechen und schmecken werden. Wie es halt so bei Früchten ist: Einige wachsen schneller, andere langsamer.

Die Schattenseiten der Wünsche

Menschen würden am liebsten unmittelbar nach dem Säen ernten. Und die meisten wünschen sich, daß sich positives Denken auch so schnell realisiert. Gerade daß dem nicht so ist, ist äußerst positiv.

> Einem Schwarzafrikaner erscheint eine Fee und sagt: „Ich erfülle dir drei Wünsche. Überlege dir gut, was du haben möchtest.“ Er antwortet: „Ich brauche nicht lange zu überlegen. Ich möchte weiß sein, immer in einem feuchten Klima leben und viele Frauen um mich haben.“ Die Fee schnippte daraufhin mit dem Finger und verwandelte ihn in ein Bidet.

Ich glaube, es ist das unglücklichste Bidet auf der ganzen Welt. Diese Geschichte zeigt uns, wie wichtig es ist, präzise zu formulieren und sich der Konsequenzen, die sich bei Realisierung des Zieles ergeben, bewußt zu sein.

Ein anderes Beispiel: Viele Menschen würden sich immer nur Sonnenschein wünschen, um dann zu spät zu erkennen, daß sie dann verdursten. Um negative Konsequenzen zu vermeiden, gibt es den sogenannten „Ökologiecheck“, auf den ich später noch zurückkommen werde.

Zufällige Zufälle

Ich glaube, daß jeder, der sich intensiv mit dieser Materie beschäftigt, zu der Erkenntnis gelangen muß, daß es keinen Zufall gibt. Wie das Wort schon sagt: Es fällt einem zu. Und alles, was uns zufällt, haben wir auch selbst verursacht. Ein wichtiges spirituelles Grundgesetz ist das sogenannte „Bumerangprinzip", wie ich es nenne. Gedanken sind Energien, und jede Energie, die man aussendet, kehrt auch wieder zu einem zurück.

(Zitat aus einem Gedicht von Joachim Ringelnatz: „Publikum – noch stundenlang – wartete auf Bumerang.")

Nun, wir alle sind zugleich Autor, Regisseur und Hauptdarsteller auf der Bühne des Lebens. Wir alle gestalten unser Leben selbst durch die Kraft unserer Gedanken. Ich habe in diesem Zusammenhang übrigens das bekannte Sprichwort, das da lautet: „Was du nicht willst, daß man dir tu, das füge keinem andern zu" positiv umgeformt:

„Was du willst, daß man dir tu, das füge allen andern zu."

Das ganze Leben ist ein Spiel, in dem es nur Gewinner gibt, wenn man die Spielregeln kennt und diese auch einhält.

Wenn ich heute mein bisheriges Leben Revue passieren lasse, sehe ich, daß nichts zufällig geschehen ist. Was ich früher mit „Scheiße" bezeichnet habe, nenne ich heute „Gold", weil ich ohne diese Erfahrungen wohl kaum in Kontakt mit Hypnose, NLP und spirituellen Gesetzen gekommen wäre, geschweige dieses Buch geschrieben hätte. Mit Hilfe dieser Werkzeuge lernt man immer schneller, die positiven Seiten im Negativen zu entdecken.

Die Illusion der Zeit

Einer der Hauptgründe, warum Menschen Probleme haben, ist darin zu finden, daß sie hauptsächlich in der Vergangenheit oder Zukunft leben. Beides ist reine Illusion. Die Vergangenheit existiert nur in Form von Einspeicherungen in unserem Gehirn, die wir Erinnerung nennen, während die Zukunft nur Konstruktion ist, sich also nur in unserer Fantasie abspielt. Das einzige, was wirklich existiert, ist die Gegenwart, sprich das Jetzt. Vollziehen Sie folgendes nach: Jeder Augenblick Ihrer Vergangenheit war für Sie immer jetzt, so wie jetzt jetzt ist und jeder Augenblick Ihrer Zukunft jetzt sein wird. Dies bedeutet, daß Sie niemals dem Jetzt entfliehen können. Das Jetzt ist ein ewiges, zeitloses Jetzt, wie es auch der Satz in einem Gebet aus der Bibel aufzeigt, der da lautet: „Von Ewigkeit zu Ewigkeit, amen" (ewiges, zeitloses Hier und Jetzt). Dies bedeutet auch, daß Zeit Illusion ist, eine Erfindung der Menschen, um besser koordinieren und planen zu könne. Und obwohl Zeit nur Illusion ist, bereitet sie doch so viele Probleme. Menschen gehen meistens in die Vergangenheit, um negative Erfahrungen in ihre Gegenwart zu holen. Damit noch nicht genug, begeben sie sich auch noch in die Zukunft, um sie negativ auszumalen. Die meisten Menschen, denen z. B. nächste Woche ein voraussichtlich unangenehmes Ereignis bevorsteht, verwenden unbewußt die folgende Strategie: „Warum soll ich bis nächste Woche warten, um mich so richtig schlecht zu fühlen, wenn ich das auch schon heute tun kann?" Dadurch ist sichergestellt, daß es ihnen ab sofort bis zur nächsten Woche schlecht geht. Gleichzeitig programmieren sie dadurch ihr Unterbewußtsein, das jede bildliche Vorstellung realisieren möchte. Die selbe Energie könnte man dazu benützen, sich dieses Ereignis positiv auszumalen, wodurch garantiert ist, daß man sich zumindest bis zur nächsten Woche gut fühlt und höchstwahrscheinlich auch die besagte Situation positiv ablaufen wird. Es wäre also sehr von Vorteil, nur in die Vergangenheit zu gehen, um sich positive Erfahrungen zugänglich zu machen, und nur dann in die Zukunft zu gehen, um Ziele zu programmieren, wohl wissend, daß man dadurch in Wirklichkeit nur die Gegenwart verändert.

Die Entdeckung des Augenblicks

Ein kleines Gedankenexperiment! Nehmen wir an, Sie hätten keine Vergangenheit gehabt. Gäbe es dann eine Zukunft für Sie? – Nein. Denn alles, was wir als Zukunft bezeichnen, resultiert nur aus den Erfahrungen der Vergangenheit. Was übrig bliebe ist das, was schon immer war und auch immer sein wird – ewiges Hier und Jetzt. In diesem Zustand würde ein Großteil unserer Probleme nicht mehr existieren. Ich möchte Ihnen zwei Beispiele geben, die dieses Prinzip noch deutlicher machen. Viele Menschen leiden unter Ängsten und wollen diese natürlich loswerden. Dazu ist es notwendig, die Struktur der Angst genauer zu beleuchten. Angst ist ausnahmslos in der Zukunft zu Hause. Sie werden kein Beispiel finden, wo Sie jemals Angst vor Vergangenem gehabt haben.

Im zweiten Beispiel geht es um Gewissensbisse. Diese beruhen auf der umgekehrten Struktur von Angst. Gewissensbisse sind ausnahmslos in der Vergangenheit zu Hause. Das bedeutet, Sie werden auch hier kein Beispiel finden, wo Sie Gewissensbisse vor etwas Zukünftigem gehabt haben. Sowohl Angst als auch Gewissensbisse sind eigentlich nur ein Alarmsignal dafür, daß Sie sich schon wieder von der Gegenwart entfernt haben. Die Lösung besteht also darin, sich wieder in die Gegenwart zu verankern. In der einfachsten Form geschieht dies automatisch, wenn Sie Ihren Körper bewußt wahrnehmen. Das heißt: Fühlen Sie den Sessel unter Ihrem Körper, die Weichheit Ihrer Lippen an der Stelle, an der sie sich berühren, Ihre Füße, die auf dem Boden stehen, die Kleidung an Ihrem Körper usw.

Das Zurechtrücken des Verrückten

Ein Großteil der Menschen erwartet sich, daß durch Hypnose unerwünschte Verhaltensmuster wegtherapiert werden, z. B. Ängste. Es geht aber nicht darum, jemandem etwas wegzunehmen, sondern vielmehr Wahlmöglichkeiten hinzuzufügen. Würde man viele Dinge entfernen, wäre es vom Menschen zum Roboter nur noch ein kleiner Schritt. Der Unterschied zwischen Mensch und Roboter besteht vor allem darin, daß Menschen über viele Wahlmöglichkeiten verfügen, während Maschinen, ohne Entscheidungsfreiheit zu besitzen, tun müssen, wozu sie programmiert wurden. Je mehr ein Mensch blockiert ist, umso mehr nähert er sich Roboterniveau an. Als ich z.B. als Achtzehnjähriger einen Selbstmordversuch verübte, befand ich mich bereits auf diesem Niveau. Ich war so blockiert, daß ich keine andere Möglichkeit sah außer Selbstvernichtung. Alle Dinge sind gut, auch die problematischen – nur sehr oft am falschen Platz. Sprich, sie sind ver-rückt. Ich habe schon von vielen Menschen folgenden Satz gehört: „Helfen Sie mir bitte, alle meine Ängste loszuwerden, dann wäre mein Leben wunderschön." Darauf gebe ich ungefähr folgende Antwort: „Ihr Leben wäre vielleicht wunderschön, aber äußerst kurz. Sie würden beispielsweise die Straße überqueren, ohne nach links und rechts zu schauen, und schon wäre Ihr Leben beendet." Es geht also nur darum, wieder Ordnung zu schaffen und die ver-rückten Dinge an ihren ursprünglichen Platz zu bringen. Beispielsweise ist die Angst, von einem Auto überfahren zu werden, verbunden mit Achtsamkeit und daher am richtigen Platz, während sich Angst vor Prüfungen am falschen Ort befindet. Aus diesem Blickwinkel betrachtet, leben wir alle in einer sehr ver-rückten Welt. Und der Weg, diese ver-rückte Welt wieder zurechtzurücken, beginnt wie jeder Weg mit dem ersten Schritt – Ordnung in uns selbst zu schaffen.

Um dieses Kapitel abzuschließen, möchte ich noch bemerken, daß ich es persönlich als Kompliment auffasse, wenn mir jemand zu verstehen gibt, daß ich abnormal sei. Denn man muß abnormal sein, wenn man etwas Besonderes leisten möchte, um sich aus der breiten Masse der „Normalen" hervorzuheben. Denn die Norm bestimmt die breite Masse von Menschen, die sich roboterhaft, ohne zu denken, von Mode, Massenmedien, Politik etc. programmieren lassen. Im wahrsten Sinn des Wortes ver-rückt. Die Abnormalen sind die Normalen und die Normalen die Ver-rückten. Alles ist relativ.

Wie Biber miteinander reden

Die Sprache ist ein wunderbares Mittel der Verständigung. Aber auch manche Biber wundern sich schon, daß sie sich so oft verstehen, obwohl sich noch viele wundern, warum sie einander nicht verstehen.

Es kann problematisch sein, sich darauf zu verlassen, daß, wenn zwei die gleiche Sprache sprechen, beide auch das gleiche meinen. Auf dieses Phänomen werde ich später noch einmal zurückkommen, wenn es um die „Hellsehtechnik" geht, wobei nur eine bestimmte Hellsehtechnik hier ratsam ist.

Wenn ich Sie bitte, sich einen roten Apfel vorzustellen, werden Sie meiner Bitte wahrscheinlich nachkommen, und Sie werden zu wissen glauben, was ich von Ihnen möchte: einen roten Apfel vorstellen – ganz klar, jedes Kind weiß, wie ein roter Apfel aussieht. Erst bei näherer Betrachtung wird deutlich, daß wir beide zwei verschiedene Dinge vor Augen haben. Mein Apfel sieht wahrscheinlich anders aus als Ihrer, auch wenn sich das erst in „Feinheiten" zeigt. (Aber auch diese „Feinheiten", auch „Submodalitäten" genannt, lassen sich gut nutzen.)

Diese Feinheiten hängen von unseren Erfahrungen, Vorstellungen und Wünschen ab, von denen wir im wahrsten Sinne des Wortes abhängig sind, die aber oft auch Boden für Verständigungsschwierigkeiten sind.

Submodalitäten

Im NLP werden die Sinne auch als Repräsentationssysteme oder Modalitäten bezeichnet. Repräsentationssystem deswegen, weil über die Sinne die Welt repräsentiert wird. Wie die Wahrnehmung individuell unterschiedlich codiert wird, bezeichnet man als Submodalitäten.

Wenn zwei Menschen objektiv das gleiche widerfährt, werden sie es unterschiedlich erleben. Wenn z. B. beide mit dem Auto gegen einen Baum fahren und nur leicht verletzt sind, kann es für den einen bedeuten, daß er daraufhin nie wieder in ein Auto steigt, der andere fährt bald wieder weiter.

Um bei unserem Beispiel mit dem Apfel zu bleiben – Sie wissen weder wie groß, wie schwer, wie alt mein Apfel ist und ob er eine wächserne, glänzende Oberfläche hat oder ob er schrumpelig und rauh ist.

Schon am simplen Beispiel des Apfels wird deutlich, wie wichtig eine genaue Definition ist. Nun liegt es auf der Hand, daß Vorstellungen von Begriffen wie Hypnose oder Trance ungleich mehr von unseren Erfahrungen aber auch Wünschen abhängen. Daher halte ich es für notwendig, eine etwas ausführlichere Beschreibung zu geben, was nicht zuletzt über einen kleinen Einblick in die Technik gut möglich ist.

Wir haben es bei der Hypnose mit einem Phänomen zu tun, bei dem man weiß, daß es funktioniert und daß es sich für Veränderungsarbeit nutzen läßt.Warum es funktioniert, ist relativ unklar. Ich möchte mich aber in diesem Buch auf die Verwendung der Hypnose konzentrieren und nicht auf den Funktionsmechanismus eingehen.

Allzu gerne wird die Meinung vertreten, daß der Erfolg einer Hypnose von der Beeinflußbarkeit des zu Hypnotisierenden abhängt, was auch gerne von vielen Hypnotiseuren aufrecht erhalten wird, um von der eigenen Unflexibilität abzulenken. Vielmehr ist es aber so, daß jeder Mensch in Trance gehen kann, der Hypnotiseur jedoch nicht die richtige oder die im Moment passende Einleitung gefunden hat. Um aber flexibel sein zu können, muß eine große Auswahl an Möglichkeiten zur Verfügung stehen. In der klassischen Hypnose gibt es nur eine begrenzte Anzahl an Mitteln, in der modernen Hypnose läßt sich fast alles als Tranceinduktion verwenden; aber dazu komme ich später. Bei Kommunikation – und Hypnose ist vor allem Kommunikation – gibt es kein „Nicht-Funktionieren", sondern immer nur Aktion und Reaktion, da unser Unbewußtes keine Fehler kennt. Es gibt nur Ursache und Wirkung.

So hängt es von den Fähigkeiten des Hypnotiseurs ab, auch feinere Reaktionen zu deuten, um ein gewünschtes Ergebnis zu bekommen.

Fürs erste können wir festhalten: Hypnose ist eine Form der Kommunikation, welche die Aufmerksamkeit auf den Hypnotiseur lenkt und das Alltagsbewußtsein verändert.

Wer ist Ihr Hypnotiseur?

„Haben Sie schon Tranceerfahrungen gemacht?"

Wenn Ihnen Ihre innere Stimme „Ja" mitteilt, traue ich mich zu behaupten, „mehr als Sie denken", wenn „Nein" die Antwort ist, heiße ich Sie willkommen in der „Lügenrunde", denn Sie haben mehr Tranceerfahrungen, als Sie denken:

Z. B. lassen sich Menschen oft von einem spannenden Film vor dem Fernseher fesseln, können nicht ausschalten und vergessen auf ihre Alltagsgedanken. Meistens braucht ein Film nur halbwegs spannend zu sein, und oft genügt die Tatsache, daß sich überhaupt etwas bewegt und Töne von sich gibt, um vom Alltag „abzuschalten".

Während im „normalen, wachbewußten Zustand" immer verschiedene Reize gleichzeitig wahrgenommen werden, ist in Hypnose oder Trance zumindest ein großer Teil der Aufmerksamkeit auf eine bestimmte Sache gerichtet, so daß die restlichen Dinge mehr oder weniger ausgeblendet werden. Etwas „wie in Trance" zu tun, ist ein ganz alltäglicher Zustand, der auch z. B. beim Lesen, bei konzentrierter Arbeit oder auch beim Joggen erlebt werden kann. Die Redewendung „etwas wie in Trance tun" ist sehr geläufig und läßt auf die Häufigkeit dieses Phänomens schließen, denn „wie in Trance" heißt immer „in Trance". Kirchenmitglieder beten wie in Trance, die Menschen in der U-Bahn stehen oft wie in Trance nebeneinander, sind oft nur körperlich anwesend, nicht nur weil der Verstand noch daheim im Bett schläft, sondern weil sich diese unnatürliche körperliche Nähe besser ertragen läßt, wenn man abschaltet und zumindest geistig abwesend ist. Auf der Autobahn gehen die meisten Menschen durch die monotonen Eindrücke in Trance. Man hört oft, die Strecke sei ohne zu denken gefahren worden, bzw. man konnte sich an bestimmte Abschnitte nicht mehr erinnern. Auch wird berichtet, die Strecke sei einem viel kürzer vorgekommen. Die Zeitverzerrung ist hier ein klassisches Trance-Phänomen.

Meistens wird eine Trance viel kürzer erlebt, als sie tatsächlich ist, manchmal aber auch länger, wie beim Warten auf etwas oder jemanden. Es kann auch hier sehr günstig sein , die Zeit zu nützen, um in Trance zu gehen, damit nützliche Dinge geschehen können, die wirklich wichtig sind, um sich vielleicht zu erinnern, was leicht möglich ist, weil die Erinnerung in Trance meistens viel leichter fällt, manchmal aber auch schwerer, wenn es gewünscht ist.

Gesteigerte Erinnerung oder Erinnerungsblockaden sind Trancephänomene, die ganz natürlich sind und sich auch nutzen lassen – denn wie oft liegt einem ein Name auf der Zunge und bleibt dort liegen.

Diese Fähigkeit zu Alltagstrance läßt sich sehr stark und gezielt fördern und zur Lösung seelischer und körperlicher Probleme verwenden. Je mehr Sinne angesprochen werden, umso leichter ist es, in Trance zu gehen. Wenn alle Sinne angesprochen werden, kann von VAKOG-Trance gesprochen werden (= visuell, auditiv, kinästhetisch, olfaktorisch, gustatorisch), die von jedem guten Hypnotiseur angestrebt wird.

Visuell = sehen
Auditiv = hören
Kinästhetisch = fühlen
Olfaktorisch = riechen
Gustatorisch = schmecken

Wenn man sich in der Vorstellung mit allen Sinnen in eine Situation begibt, z. B. das letzte Mittagessen, bezeichnet man das als **vakogen** (sehen, hören, fühlen, riechen, schmecken).

Unsere auf spektakuläre Ereignisse ausgerichtete Aufmerksamkeit findet es aber erst angebracht, von Hypnose oder Trance zu reden, wenn sehr Aufregendes oder Erregendes geschieht oder demonstriert wird. Wie z. B. Schmerzausschaltung, Katalepsie (= Muskelstarre), was aber auch im Alltag auftritt: „gelähmt sein vor Angst“ oder „einen Schock haben“.

Negative Halluzinationen (= Ausblenden von Gegenständen und Dingen) können in tiefer Trance oft suggeriert werden, sind aber auch alltäglich, wie die Suche nach dem Schlüssel, den man schon zum x-ten Mal an einer Stelle sucht und ihn dann beim x-ten und einmal findet, weil er vorher ausgeblendet war und jetzt erst gesehen wird.

Positive Halluzinationen bedeuten das Suggerieren von Dingen, die nicht da sind oder nicht das sind, was sie zu sein scheinen, wie z. B. das Sehen einer Wiese, das Hören der Insekten, das Riechen der Pflanzen und das Spüren der Luft bei einer Trancereise. Man kann dieses Imaginieren auch wertfrei als Halluzinieren bezeichnen.

Aber auch das Sehen eines Bibers auf der Straße, den man mag, der bei genauerer Betrachtung aber ein anderer ist, man ihn also mit jemandem verwechselt hat, ist eine positive Halluzination.

Ein Mann begrüßt jemanden mit den Worten: „Grüß Sie Gott, Herr Maier, wie ich Sie von weitem gesehen habe, habe ich Sie mit Ihrem Bruder, dem Oberschulrat Maier, verwechselt, doch als Sie näher kamen, habe ich gesehen, daß Sie es sind, Herr Maier, und jetzt, wo Sie vor mir stehen, erkenne ich, daß Sie doch Ihr werter Herr Bruder sind!"

Diese Phänomene lassen sich oft in Trance gezielt verstärken. Diese Verstärkung ist gleichzeitig aber oft der Grund für Mißverständnisse, Berührungsängste und Vorurteile, wenn über Hypnose oder Trance geredet wird, da normalerweise nur die oft spektakulären Erscheinungsformen der Hypnose demonstriert werden (wie z. B. in Horrorfilmen oder in Hypnoseshows), und dann nur diese Quantität der Hypnose als Hypnose erkannt wird.

Gewisse Trancephänomene treten meist erst in tieferer Trance auf, aber gewünschte Veränderungen werden schon in einer überraschend geringen Trancetiefe erreicht.

Alltagsbewußtsein und Trance kann man sich eher als ein ineinander verlaufendes Kontinuum vorstellen, wobei Grenzen willkürlich für beschreibende Zwecke gezogen werden können. Unser Bewußtsein pendelt somit immer zwischen den „Polen" dieses Kontinuums hin und her.

„In" Trance zu gehen und aus ihr „herauszukommen" ist ein völlig freiwilliger Vorgang, bei dem der Wille nicht eingeschränkt werden kann. Wenn der Trancezustand tief genug ist, kann sich eine Art Automatismus entwickeln, der einerseits Dinge ohne besondere Anstrengung geschehen läßt und dabei hilft, daß neue Fähigkeiten entdeckt und ausprobiert werden können (so wie z. B. beim Joggen die Beine irgendwann von allein laufen und sich ein Zustand einstellt, in dem persönliche Grenzen, von denen man bisher dachte, sie seien unveränderlich, verschoben werden können). So kann Trance helfen, das „Bibersyndrom" aufzulösen (jetzt gleich oder ein wenig später). Wenn wenig Tieftranceerfahrung vorhanden ist, läßt sich durch diesen Automatismus leicht glauben machen, daß der freie Wille aufgehoben ist (z. B. zu glauben, nicht mehr aus der Trance herausgehen zu können oder bestimmte Dinge tun zu müssen), was auch öfters in Showhypnosen zu suggerieren versucht wird.

Dies ist ein wichtiger Punkt, der unbedingt aufmerksamer betrachtet werden sollte. Prinzipiell ist der freie Wille immer vorhanden. Menschen, die viel bewußte Tranceerfahrung haben, können sich bis in somnambulistische Zustände (die tiefste Tranceform) begeben und können dabei alles aus dem freien Willen steuern. Im Gegenteil – durch die gelenkte Aufmerksamkeit sind sie imstande, sich von Grenzen zu lösen und haben daher noch mehr Handelsspielraum, d. h. mehr Willensfreiheit zur Verfügung – eine Tatsache, die in jeder Trancetiefe gegeben ist. Denn, wie gesagt, es lassen sich in einer überraschend geringen Trancetiefe Barrieren überwinden, die z. B. zum Bibersyndrom führten.

Im Gegensatz zur Alltagshypnose ist eine gezielte Hypnose, d. h. eine Hypnose mit einem bestimmten Ziel, immer von der Motivation und vom Rahmen abhängig.

Gerade die bekannteste Form der Hypnose, die Show-Hypnose, stellt gewissermaßen eine Ausnahme dar. Sie ist sehr spektakulär, läßt sich aber sehr einfach durchführen. Wahrscheinlich könnten Sie das auch mit etwas Mut. Da der Rahmen so aufwendig ist und die Motivation in Trance zu gehen, sehr hoch ist, braucht es nur noch wenig:

Der Rahmen ist die besondere Situation der vielen Leute, welche ihre Aufmerksamkeit auf eine Person richten. Die meisten Menschen sind daran nicht gewöhnt. Wenn sie sich nun freiwillig melden und auf die Bühne gehen, möchten sie meistens gerne flüchten, wenn sie merken, wie sich die Aufmerksamkeit aller auf sie richtet. Um nicht das Gesicht zu verlieren, gehen sie dann aber doch weiter, wobei die Angst vor dem Ungewissen mit jedem Schritt größer wird – der Glaube des Ausgeliefertseins in Hypnose ist ja sehr verbreitet. Durch diesen Konflikt wird die Trancebereitschaft sehr groß, die Flucht in die Trance scheint ein guter Ausweg zu sein. So führt jeder Schritt einen Schritt tiefer in Trance. Der Mensch ist dann bereits in Hypnose, wenn er die Bühne betritt.

Beim Hypnotiseur angekommen, sagt dieser dann zusätzlich noch die erlösenden Worte, so daß man endlich auch sichtbar in Trance gehen darf.

Nun ist die Überzeugung weit verbreitet, man sei in Hypnose völlig willenlos, dem Willen des Hypnotiseurs gleichsam unterworfen, was ja die ganze Show auch demonstrieren soll. Dieser Glaube wirkt als starke Suggestion und macht es dem Hypnotiseur leicht.

Oft unterstreicht er seine vermeintliche Macht noch mit magischem Aussehen zur Verstärkung dieser Suggestion.

Da der Hypnotiseur meist Dinge „verlangt“, die anscheinend keine Auswirkungen auf das weitere Leben haben, können die Suggestionen leicht angenommen werden, sofern sie der eigenen Natur entsprechen, d. h. vom Unbewußten akzeptiert werden. Was der Verstand dazu sagt, ist von sekundärer Bedeutung. Die Tatsache, daß Menschen in einer Showhypnose so viele verrückte Dinge tun, deutet eher darauf hin, daß die Menschen unbewußt sehr verspielt sind und lieber frei von gesellschaftlichen Zwängen. Endlich dürfen sie den blockierenden Verstand beiseite lassen und ihre verspielte Seite leben. Noch dazu in geschütztem Rahmen, denn das zuvor so bedrohliche Publikum wird nun zum Verbündeten. Sie sind dem Hypnotiseur „unterworfen“ und somit auch frei von Verantwortung, so kann sie das Publikum nicht zur Rechenschaft ziehen. Das Publikum ist dann also nur noch zum Aufpassen da, damit der Hypnotiseur keine wirklich gefährlichen Dinge verlangt.

Nun ist unser Organismus so veranlagt, daß, wenn die psychischen Kräfte stark genug sind, und seien es „nur“ Einbildungskräfte, dies körperliche Auswirkungen hat. Denken Sie nur zurück an das letzte Mal, als Sie auf der Straße eine Person mit jemandem verwechselt haben, den Sie kennen, und wo Sie vielleicht freudig oder auch ärgerlich reagiert haben. Wer ein gutes Wahrnehmungsgespür hat, kann sich auch an die körperlichen Auswirkungen, vielleicht die leichte Erhöhung des Pulses, erinnern oder vorstellen. Als Sie dann bemerkten, daß Sie sich täuschten, ging der Puls wieder zurück, trotzdem bleibt vielleicht die Einsicht, daß sich Täuschung körperlich auswirken kann.

Klassisch ist auch die Vorstellung, in eine saure Zitrone zu beißen, was meist auch schon rein durch die Vorstellung Speichelfluß zur Folge hat.

Täuschung wird auch in Form von „Placebos“ medizinisch genutzt. Das sind Medikamente, die an sich keine Wirkung haben, außer der Suggestion, daß sie wirksam seien. Wie stark diese Suggestivkraft sein kann und wie zuverlässig sie wirkt, wurde in zahlreichen medizinischen und psychologischen Studien dokumentiert.

Anhand der folgenden Geschichte eines schwer krebskranken Mannes soll gezeigt werden, wie unglaublich stark unbewußte Faktoren körperliche Vorgänge beeinflussen können (Rossi 1991):

Rossi beschreibt detailliert den Werdegang eines todkranken Patienten mit zweiwöchiger Lebenserwartung.

Die Geschichte des Mr. Wright

ereignete sich in den Vereinigten Staaten und gab zu den seltsamsten Spekulationen Anlaß. Er hatte ein Lymphosarkom im fortgeschrittenen Stadium und entwickelte eine zunehmende Anämie, welche die weitere Behandlung mit Röntgenstrahlen und Stickstoffderivaten ausschloß. Orangengroße Tumormassen waren in seinem Hals, in seinen Achselhöhlen, in der Brust und im Unterleib. Jeden zweiten Tag wurden bei dem Patienten ein bis zwei Liter einer milchähnlichen Flüssigkeit aus dem Brustraum gepumpt. Man gab dem Patienten nur noch Sedativa, um ihm das Sterben etwas leichter zu machen. Der Patient war allerdings nicht ohne Hoffnung, er wartete auf ein bestimmtes Medikament, das in den Zeitungen angekündigt wurde und als Wundermittel gegen Krebs dienen sollte. Dieses Medikament kam kurzzeitig, zu Forschungszwecken, auf den Markt, wurde aber kurze Zeit später wieder zurückgezogen, weil es sich als unwirksam erwies.

Dem Patienten kam zu Ohren, daß die Klinik, in der er lag, zu den hundert Anstalten gehörte, in denen das Medikament auf seine Wirkung hin überprüft werden sollte. Allerdings genügte Mr. Wright nicht den Untersuchungskriterien, weil er nur noch wenige Tage zu leben hätte, und die Versuchspersonen eine Lebenserwartung von drei bis sechs Monaten haben sollten.

Mr. Wright drängte den Versuchsleiter derart, ihn doch in das Programm aufzunehmen, daß dieser schließlich einwilligte. Die Injektionen mit dem Stoff Krebiozen sollten zweimal pro Woche verabreicht werden. Er bekam die erste Spritze am Freitag und sollte drei Tage später vom Untersuchungsleiter, der ihn als Todkranken erwartete, untersucht werden. Zu seiner großen Überraschung sprang der Patient quicklebendig auf der Station umher und plauderte mit den Schwestern, als wäre er gesund. Er teilte allen, die es hören wollten, die gute Nachricht seiner Genesung mit. Und tatsächlich waren die Tumormassen bis auf die Hälfte geschrumpft, wie Schneebälle auf einer heißen Herdplatte. Innerhalb von zehn Tagen konnte er sein Sterbebett verlassen, nach dieser kurzen Zeit waren alle seine Symptome verschwunden. Niemand hatte eine vernünftige Erklärung dafür, zumal es den anderen Patienten eher schlechter ging. Zwei Monate später erschienen in den Zeitungen unterschiedliche Meldungen über den Stoff Krebiozen. Die Testreihen wurden durchwegs negativ bewertet, die Hersteller jedoch priesen weiterhin den Wirkstoff. Mr. Wright wurde durch diese Diskussion zunehmend verunsichert und verlor den Glauben an dieses Medikament. Zwei Monate später war er wieder in seinem ursprünglichen, hoffnungslosen Zustand.

Der behandelnde Arzt beschloß in guter Absicht, dem Patienten die Unwahrheit über dieses Medikament zu sagen, und meinte, er solle den Artikeln keinen Glauben schenken, denn er wisse aus sicherer Quelle, daß das Medikament ausgesprochen wirksam sei und es nur Schwierigkeiten mit der Lagerung gegeben hatte. Weiters sei ein doppelt wirksamer Stoff in Arbeit, der in wenigen Tagen an ihm dann gleich ausprobiert werde.

Der Optimismus des Patienten kam zurück und wurde gesteigert, weil der Versuchsleiter die Lieferung um ein paar Tage verzögerte, um die Heilungserwartung des Patienten ins Unermeßliche zu steigern. Als es schließlich so weit war, wurde dem Patienten in einem theatralischen Auftritt das Supermedikament, das in Wirklichkeit aus klarem Wasser bestand, gespritzt.

Die zweite Erholungsphase des Patienten war noch unglaublicher als die erste. Die Tumormassen schmolzen weg, der Patient war nach ein paar Tagen beschwerdefrei und flog sogar mit dem Flugzeug umher. Über eine Spanne von zwei Monaten wurden Wasserinjektionen verabreicht, in dieser Zeit war der Patient völlig symptomfrei.

Dann erschien in der Presse der abschließende Bericht der Ärztekammer, daß sich in allen Staaten der USA die Behandlung mit Krebiozen als wirkungslos erwiesen habe.

Ein paar Tage später wurde Mr. Wright in einem sehr schlechten Zustand in die Klinik eingeliefert und starb innerhalb von wenigen Tagen.

Diese Geschichte soll das Potential der unbewußten Heilkräfte veranschaulichen, die manchmal auch durch ungewollte Suggestion aktiviert werden können. In diesem Fall bestand die Suggestion in Form eines Placebos.

Showhypnose kann man als Täuschung, als Placebo bezeichnen, wie man überhaupt jede Hypnose als Placebo bezeichnen könnte, was auch der ureigenen Bedeutung des Placebos entspricht. Es kommt aus dem Lateinischen und bedeutet: „Ich werde gefallen!“

Unser Organismus ist so angelegt, daß das, was gefällt, gerne angenommen wird, oder genauer gesagt, das, was der eigenen Natur entspricht.

Wenn Sie nun in tiefere Trance gehen, ohne einige Tieftrance-erfahrungen zu besitzen, ist es ratsam, sich erst zeigen zu lassen, wie man sich in diesem Zustand zurechtfindet. Um einen hinkenden Vergleich anzuführen, verhält es sich vielleicht in etwa so wie bei einem Biber, der mit einem Ruderboot fährt und nun mit einem großen Schiff fahren möchte, oder wie bei einem Menschen, der mit einem Auto fährt und nun in einen Lastwagen steigen will. In dieser Situation kann es vorteilhaft sein, sich erst einmal von einem Lehrer zeigen zu lassen, wie man mit einem größeren Schiff oder Last-wagen fährt.

Der Mensch mit dem Ruderboot wird sich so lange vom Lehrer abhängig fühlen, bis er selbst fähig ist, das größere Schiff allein zu steuern. Der Mensch hat sich aber auf jeden Fall aus freiem Willen entschieden, auf das Schiff zu steigen.

Ob gewisse Trancephänomene (wie z. B. Handlevitation = unwillkürliches Schweben der Hand) therapeutisch oder nur zur Belustigung genutzt werden, hängt von der Übereinkunft der Beteiligten ab. Alles, was nicht in der Persönlichkeitsstruktur der Betreffenden liegt, wird nicht akzeptiert und zurückgewiesen. Ob sich eine Frau z. B. vor Publikum auszieht oder nicht, hängt von ihrer unbewußten Natur ab. Tut sie es während einer Show in Hypnose, hätte sie es auch unter Alkoholeinfluß getan, wenn die Hemmungen wegfallen.

Alkohol befreit diffus von Hemmungen, die Leute werden gesprächiger, geselliger, oft auch kindischer. Er kann aber auch die Persönlichkeit negativ verändern. Man kann dies nur begrenzt bestimmen.

Eine gezielt durchgeführte Hypnose hingegen kann dauerhaft von störenden Hemmungen befreien.

Am besten ist es aber, selbst auszuprobieren, wie es ist, in Trance zu sein. Um sich über ein Land ein Bild machen zu können, ist eine Möglichkeit, sich das Land in allen Einzelheiten beschreiben zu lassen, besser ist es, gleich (zum) Selbst hinzufahren.

Humor ist Balsam für die Seele!

Meiner Ansicht nach ist das Allerwichtigste im **Leben die Liebe zu sich selbst** und der **Humor**. Wer beides besitzt, dem kann nichts mehr geschehen.

Ein Jäger hatte einen Hund, der übers Wasser laufen konnte, was ihn natürlich sehr stolz machte. Eines Tages lud er einen befreundeten Jäger zur Entenjagd ein. Der Jäger schoß eine Ente, und der Hund sprang sofort aus dem Boot, lief übers Wasser, schnappte sich die Ente und brachte sie dem Jäger. Der Jäger drehte sich stolz zu seinem Freund um, der tat aber so, als hätte er nichts Außergewöhnliches bemerkt.
Daraufhin schoß der Jäger eine zweite Ente, und das seltsame Schauspiel wiederholte sich.
Nach der dritten Ente fragte der Jäger ungeduldig: „Ist dir nichts aufgefallen?"
Daraufhin die Antwort: „Nun, eigentlich wollte ich nichts sagen, weil du anscheinend so stolz bist auf deinen Hund, aber dein Hund kann nicht schwimmen!"

Schauen Sie in einen Spiegel und lachen dabei. Zwei Möglichkeiten, die Ihnen helfen: Entweder Sie haben genügend Selbstliebe oder eine gehörige Portion Humor. Wenn Sie beides haben, um so besser. Und gleich vorweg ein kleines Geheimnis: Je mehr Selbstliebe Sie haben, um so mehr Humor werden Sie auch haben – das eine bedingt das andere. Das heißt, Sie können lernen, humorvoll zu werden, um dann auch mehr Selbstliebe in Ihr Leben zu bringen. Oder Sie bringen mehr Selbstliebe und werden so humorvoller. In diesem Kapitel beschäftigen wir uns ein bißchen mit der humorvollen Seite.

Die humorvolle Betrachtung hilft Dinge aus einem anderen Blickwinkel zu sehen. Das ermöglicht eine Befreiung aus unangenehmen Gedankengebäuden. Außerdem hilft die humorvolle Betrachtung zu dissoziieren, also gefühlsmäßig aus einer Situation auszusteigen. Oft hilft es, über eine humorvolle Betrachtung der Situation ein wenig den notwendigen Abstand zu bekommen, da man oft den Wald vor lauter Bäumen nicht mehr sieht. Dieser Abstand bringt die nötige Freiheit, die Situation loszulassen, um sie zu verändern.

Es geht dabei natürlich um den verbindenden Humor, nicht um den trennenden. Zynismus, Spotten gehören nicht dazu.

Nun, viele Witze scheinen aber sehr verletzend zu sein. Bei genauerer Unterscheidung wird aber klarer, wann ein Witz gut ist und wann nicht. Auch ein und der selbe Witz kann in einer Situation angebracht sein, also gut sein, oder aber völlig fehl am Platz. Denn auch der Zusammenhang, der Rahmen, und die Haltung des Erzählers sind von Bedeutung. Jedes Ding hat nur die Bedeutung, die man ihm gibt, so verhält es sich auch bei Worten. Gerade bei Worten ist oft viel mehr das Wie und nicht das Was von Bedeutung.

So wie es sich einmal in einem Witzeclub zutrug: Die Mitglieder in diesem Club waren alle Profis, das heißt sie kannten die meisten Witze. Und so kamen sie auf die Idee, den Witzen einfach Nummern zu geben und nur noch die Nummer des Witzes zu rufen, um Zeit zu sparen. Da sowieso alle die Witze kannten, erinnerten sie sich durch die Nummer an den Witz. So waren wieder einmal alle beisammen und „erzählten" sich die Witze. Einer rief. „87!" – alle lachten. Ein anderer: „56!" – großes Gelächter. Dann rief einer: „98!" – woraufhin keiner lachte. Daraufhin fragte er, wieso denn keiner lachte, der Witz sei doch gut. Nun, die Antwort war klar: „Schlecht erzählt!"

Andererseits können Witze auch Inhalte haben, die Anwesende verletzen. Wird so ein Witz nur aus versteckter Gehässigkeit erzählt, ist das auch nicht der Humor, der gemeint ist.

Ich setze Witze auch zu diagnostischen Zwecken ein und kann sehr deutlich an den Reaktionen der Zuhörer sehen, ob jemand lacht, weil ihm der Witz gefällt oder weil er meint, lachen zu müssen, weil ich der Seminarleiter bin, und ob er verstanden wurde oder aber einen Problembereich der Person angesprochen hat. Somit kann ohne direktes Fragen herausgefunden werden, was die Menschen nicht mehr so lustig finden, das heißt, woran noch zu arbeiten ist.

Wir leben in einer Gesellschaft, in der es offensichtlich ein ungeschriebenes Gesetz gibt, das besagt: Lachen darf man nur, wenn es einen Grund dafür gibt und man mindestens zu zweit ist. Ich persönlich lache oft grundlos und allein. Dies kann äußerst wohltuend und befreiend sein. Besser grundlos zu lachen, als sich grundlos zu ärgern. Mein Bestreben ist es, Menschen beizubringen, den oft ernsten Inhalt eines Witzes vom komischen Element abzutrennen. Dies hilft in allen scheinbar noch so ernsten Alltagssituationen, die lustige Seite zu sehen und dadurch wieder handlungsfähig zu werden.

Viele glauben, daß es Situationen gibt, in denen Lachen wirklich unangebracht beziehungsweise unmöglich ist, wie z. B. bei einer Beerdigung. Daß dem nicht so ist, möchte ich mit folgendem Witz aufzeigen.

Ein berühmter Herzchirurg wurde bestattet. Ein Grabstein in Form eines Herzens wurde aufgeklappt, der Sarg wurde versenkt, und der herzförmige Stein schloß sich automatisch. Da fing einer der Trauergäste lauthals zu lachen an. Die anderen sahen ihn ernst und verständnislos an, und einer fragte, was es hier zu lachen gäbe. Immer noch lachend antwortete der Gefragte: „Ich muß die ganze Zeit daran denken, wie meine Beerdigung wohl einmal aussehen wird. Ich bin nämlich Gynäkologe."

Ich bin sicher, daß an dieser Stelle wohl die meisten der Trauergäste auch gelacht haben, weil sich plötzlich ihr Fokus verschoben hat.

Weiters können Witze durch ihre Inhalte als Metaphern dienen.

So können Witze nach Inhalt eingeteilt werden. Wobei hier Kommunikationswitze und spirituelle Witze besonders interessant sind.

Zwei Obdachlose unterhalten sich. Sagt der eine: „Wenn du zwei Villen hättest, würdest du mir dann eine geben?"
„Ja, natürlich", antwortete der zweite.
„Wenn du zwei Limousinen hättest, würdest du mir dann eine geben?" fragte der erste.
„Ja sicher!"
„Wenn du zwei Paar Schuhe hättest, würdest du mir dann ein Paar geben?"
„Nein, würde ich nicht!"
„Warum nicht?"
„Weil ich zwei Paar Schuhe habe!"

Zwei Priester fliegen erster Klasse zu einer Konferenz. Der jüngere von beiden fliegt zum ersten Mal.
„Champagner?" fragt lächelnd die hübsche Stewardeß.
„Eher würde ich Unzucht treiben, als Alkohol zu trinken", zischt sein älterer Kollege.
Der junge Priester stellt sofort sein Glas auf das Tablett zurück und lächelt die Stewardeß schüchtern an: „Ich wußte nicht, daß wir wählen dürfen!"

Zwei Mönche kamen an einen Fluß. Am Ufer stand eine Frau, die nicht wußte, wie sie auf die andere Seite gelangen sollte.
Einer der Mönche nahm sie hoch und trug sie auf seinem Rücken über den Fluß.
Nach einigen Stunden sagte schließlich der eine: „Bruder, du weißt, daß unser Orden es uns verbietet, Frauen zu berühren. Wie konntest du nur so etwas tun?"
Der andere Mönch antwortete. „Ich habe die Frau am Fluß zurückgelassen. Warum trägst du sie immer noch?"

Michael gehört dem „Klub der Ehemänner, die ihre Frauen nicht fürchten" an.
Wie immer wird das Klubtreffen mit den Worten eröffnet:
„O furchtlose Männer, setzt euch!"
Alle außer Michael setzen sich hin.
„Was ist denn, hast du etwa Angst vor deiner Frau?"
„Natürlich nicht, aber gestern hat sie mich so verprügelt, daß ich mich nicht setzen kann!"

Ein Mann kommt zum Arzt.
Der Arzt hat wie immer eine gute und eine schlechte Nachricht:
„Welche möchten Sie zuerst hören?"
Der Patient: „Die schlechte."
Der Arzt: „Es tut mir leid, aber Sie haben nur noch drei Monate zu leben."
Der Patient ist am Boden zerstört und fragt: „Und was ist die gute Nachricht?"

Arzt: „Haben Sie im Vorzimmer meine neue hübsche Sprechstundenhilfe gesehen, die Blonde mit den langen Beinen?"
Patient: „Ja."
Arzt: „Seit gestern habe ich ein Verhältnis mit ihr!"

Ein Witz kann also dann gut sein, wenn der Rahmen paßt und das Ende eine überraschende Wendung nimmt. Ein guter Witz lockt meistens auf die falsche Fährte, ist aber unabhängig vom Inhalt zu betrachten. Man kann also auch über rassistische oder andere böse Witze lachen, wenn kein Anwesender verletzt wird und niemand Bestimmter gemeint ist. So wird wahrscheinlich niemand ernsthaft glauben, daß Burgenländer und Blondinen diese vielzitierte Gemeinsamkeit haben.

Doch gerade die Menschen, die nie lachen, hätten dies bitter nötig.

Man kann aber lernen, eine humorvollere Einstellung zu bekommen. Vielleicht ist es hilfreich, auf die Suche nach lustigen Filmen und Komikern zu gehen oder sich auf die Sichtweise eines guten Kabarettisten einzulassen, um die Art des Humors, der gefällt, in den Alltag einfließen zu lassen. Wer immer nur Mord und Totschlag schaut, findet das vielleicht auch entspannend und amüsant – dies läßt sich aber schwerer in den Alltag umsetzen.

Ein weißer Amerikaner beobachtet den Regentanz eines Indianerstammes. Als anschließend Regen fällt, ist er ganz begeistert.
Daraufhin sagt der Medizinmann: „Die Magie der Weißen ist auch nicht schlecht. Immer wenn ihr keinen Schirm dabei habt, regnet es."

Vom Reisen und Erzählen, und nichts in der Mitte

Sie können viel lernen über ein Land, wenn Sie sich viel darüber erzählen lassen. Wenn Sie genug gehört haben, können Sie sich vielleicht als Experte bezeichnen.

Andererseits ist es aber so, daß Ihre „Wirklichkeit" von dem Land eine andere wäre, wenn Sie selbst hinfahren, um zu lernen. Sie bekommen dann mehr Informationen auf mehreren Ebenen und merken sich diese Eindrücke dauerhaft, weil Sie sie erleben.

Wenn Sie über die Gewohnheiten, die in diesem Land gebräuchlich sind, lesen, um sie dann anzuwenden, werden zumindest die Personen, die dort zu Hause sind, gleich merken, daß die Gewohnheiten nur angelernt wurden.

Die, die nicht dort waren, merken es spätestens dann, wenn sie Vergleichsmöglichkeiten haben.

Eine Englischlehrerin sagte nach acht Jahren Unterricht: „Sie wissen jetzt, wie die Sprache funktioniert, wenn Sie diese Sprache auch wirklich sprechen wollen, müssen Sie ins Land fahren, und wenn Sie diese wirklich erfassen wollen, müssen Sie dort leben!"

Es kann recht spannend und interessant sein, über Trance zu lesen, daß Trance z. B. zur Schmerzbeseitigung genutzt wird, Sie werden auf diese Weise aber immer nur ein außenstehender Beobachter sein. Ein Beobachter, der „drinnen" ist, sind Sie, wenn Sie Trance erleben.

Nehmen wir ein Rad mit Speichen und einer Radnabe, dem Loch in der Mitte. Dieses Loch, dieses „Nichts" in der Mitte, wird durch die Speichen definiert. Die einzelnen Speichen sind von ganz anderer Beschaffenheit als die Natur der Radnabe, und dennoch machen sie sozusagen das „Nichts" in der Mitte aus. Ohne dieses Nichts wäre das Rad wertlos, denn es ist notwendig, um eine Achse durchstecken zu können.

Wer nun wissen will, wie sich dieses „Nichts" in der Mitte anfühlt, kann zwar entlang der Speichen unverfehlbar dorthin gelangen, ist aber ein Narr, wenn er meint zu wissen, was die Beschaffenheit dieses Lochs ist, indem er nur bei den Speichen bleibt. Um zu wissen, wie sich dieses Nichts zumindest anfühlt, muß man schon durchschlüpfen.

Ein Reiseführer, der die Menschen elegant und geschickt durch ein Land führt, ist der, der in dem Land zu Hause ist.

Die Beschreibungen von Hypnose, Kommunikation und Trance sind die Speichen, das „Nichts“ in der Mitte ist das Erleben.

Ein katholischer Priester steht auf der Straße und kehrt mit einem Besen und sagt: „Ich bin ein Nichts, ich bin ein Nichts!"
Da kommt ein evangelischer Pfarrer, sieht das, stellt sich daneben und sagt auch: „Ich bin ein Nichts, ich bin ein Nichts!"
Kommt ein Rabbi, stellt sich auch dazu und spricht die gleichen Worte: „Ich bin ein Nichts, ich bin ein Nichts!"
Sagt der katholische Pfarrer zum evangelischen:
„Schau, wer sich auch einbildet, ein Nichts zu sein!"

Der Rhythmus, wo man mit muß

Jeder Muskel braucht nach Anspannung Entspannung, ja sogar Vordehnung, um anschließend wieder gut anspannen zu können. Man ist geneigt, der Anspannung eines Muskels mehr Bedeutung zu geben als der Entspannung, da die Phase der Anspannung ja die Arbeit leistet. Erst wenn ein Muskel die Fähigkeit zur Entspannung verloren hat, wird deutlich, daß die Phase der Entspannung genauso wichtig ist. Verspannte Muskeln bereiten dann Therapeuten Freude, wenn sie nicht die eigenen sind. Verspannte Muskeln können aber leider auch Strukturen und Prozesse stören. – Nur wenn ein Muskel beide Fähigkeiten, die zur Anspannung und die zur Entspannung, hat, arbeitet er harmonisch und hat einen geeigneten Tonus.

Die Einstellung und Haltung – Haltung auch im übertragenen Sinn zu sehen, mit der ein Mensch seinen Körper einsetzt – ist oft verantwortlich für viele strukturelle Probleme am Bewegungsapparat. Somit wird der unmittelbare Zusammenhang zwischen Psyche und Körper wieder bewußter. Man ist dann im wahrsten Sinne des Wortes angespannt, wenn man unter Streß steht.

Die negativen Auswirkungen von Streß auf den Organismus sind bekannt. Man bedenke z. B., daß Cortisol, ein Hormon, das bei lang anhaltenden Formen von Streß ausgeschüttet wird, knochenabbauende Wirkung hat. Oder man beachte nicht zuletzt die altbekannte Wirkung von Streß auf das Herzkreislaufsystem.

Unser Nervensystem hat zwei Bereiche, die sich ergänzen, den sympathischen und den parasympathischen. Der eine steuert Aktivität, der andere Ruhephasen und Verdauung. Beide müssen ausgeglichen miteinander arbeiten. Es ist eine gesellschaftliche Eigenart unserer Zeit, sich besser darauf zu verstehen, sympathisch aktiv zu sein. Wer sympathisch aktiv ist, ist uns im wahrsten Sinne des Wortes sympathischer. Zum anderen haben die meisten gar nicht so gut gelernt, parasympathische Zellen zu aktivieren, auf jeden Fall nicht so bewußt wie die sympathischen. Welches Kind wird schon gelehrt, ganz bewußt Entspannung zu üben?

Einfach faul wie eine Ameise sein!

Die angeblich so fleißigen Bienen und Arbeiterameisen ruhen sich 80 Prozent des Tages einfach nur aus. Löwen sind gerade einmal zwei bis drei Stunden auf den Beinen.

Überhaupt scheint der Großteil des globalen Tierlebens aus Nichtstun zu bestehen. Das stellten Forscher fest, als sie die Zeitbudgets der Fauna untersuchten. Fast jede Tierart arbeitet höchstens die Hälfte eines Tages. Und oft, so wie der Mensch, sogar nur ein Viertel. Die Tiere verharren, um Energie zu sparen, Nahrung zu verdauen oder um sich zu erholen.

Ameisen haben z. B. nur eine bestimmte Energiemenge für ihren Lebensweg. Je mehr sie arbeiten, desto früher sterben sie.

Wenn man nicht weiß, daß man eine Zeitstruktur hat, ist es so, als wüßte man nicht, daß man ein Herz oder eine Lunge hat.

Alle unsere Körperzellen haben einen eigenen Rhythmus, nach dem sie leben.

Phasen der Aktivität wechseln ständig harmonisch mit Phasen der Ruhe in einem gesunden Körper. Keine Zelle ist immer gleich aktiv. Das gilt für die Muskelzellen genauso wie für unsere Nervenzellen.

Nach einer Phase längerer Erregung ist die Bereitschaft, in eine Phase der Ruhe überzugehen, besonders hoch.

Nach dem Anspannen eines Muskels ist die Bereitschaft zum Loslassen besonders groß. So groß, daß die Entspannung nach einer sehr aktiven Phase größer ist als nach einer weniger aktiven.

Keine Zelle kann aber auf Dauer immer aktiv sein. Wenn das geschieht, kommt es zu Überlastungen. Diese Gefahr der Überlastung zeigt uns unser Körper auf unterschiedliche, zunächst aber sehr sanfte Weise.

Im Falle eines beanspruchten Muskels entsteht nach einer gewissen Zeit einfach das Bedürfnis loszulassen. Das fühlt sich meistens wohltuend an, wenn man es zuläßt.

Wird dieses Bedürfnis aber überhört, wegen Anforderungen mechanischer oder emotionaler Art, kann es sein, daß die Muskelzellen zu müde werden, um loszulassen.

Dauerstreß, aus welchem Grund auch immer, hält den Organismus unter permanenter Spannung. Je müder die Zellen werden, umso schwieriger wird es, in eine Phase der Erholung zu gehen.

Durch die Verwendung ungeeigneter Muskelgruppen für bestimmte Aufgaben werden diese überlastet, sie sind unter ständiger Spannung.

Viele Aufgaben sind, neutral betrachtet, nicht wirklich eine Überforderung. Wenn nun aber Streß, ob hausgemacht oder welcher Art auch immer, hinzu kommt, wird der Bereich des natürlichen Wechsels leicht überschritten.

Menschen, die nur schwer abschalten können, Einschlaf- oder Durchschlafschwierigkeiten haben, sind das beste Beispiel für dauerhafte Erregung der Körperzellen.

- Jedes Zuviel kann schaden. Angemessenes Essen ist überlebensnotwendig, zuviel ist schädlich.
- Ausreichend Schlafen ist überlebenswichtig, zuviel fördert Depressionen.
- Aktivität von Zellen ist wichtig, Daueraktivität schädlich.
- Dauerhaft erregte Muskeln können nicht mehr loslassen.
- Jeder redet von Verspannungen, nur was sind Verspannungen?
- Zunächst übererregte Muskelzellen, später im Stoffwechsel veränderte Zellen.
- Ein dauerhaft überlasteter Organismus wird krank.

Durch die Summe aller Zellrhythmen unseres Organismus ergibt sich ein Rhythmus von Phasen mit ungefähr eineinhalb Stunden Aktivität und zirka zwanzig Minuten von weniger Aktivitätsbereitschaft. Diesen Rhythmus nennt man „ultradian“. Jeder Mensch kommt alle ein bis eineinhalb Stunden in eine Phase, in der er in einer erhöhten Trancebereitschaft ist. In dieser Phase geht ein Mensch fast automatisch in Trance, wenn man ihn nicht daran hindert.

Erickson wartete oft ab, bis ein Mensch in diesem Zustand war, um eine Hypnose einzuleiten.

Wenn Sie nach diesem Rhythmus leben können, werden Sie wahrscheinlich immer im angenehmen grünen Bereich bleiben, wenn Sie Ihre Leistungen erbringen.

Früher paßten die Menschen ihre Tätigkeiten der Natur an.

Jahrtausendelang haben unser Vorfahren im direkten Kontakt mit der Natur gelebt. Sie sind bei Sonnenaufgang aufgewacht, haben sich bei Sonnenuntergang zum Schlafen hingelegt und sich tagsüber dann ausgeruht, wenn sie das Bedürfnis dazu verspürten. Das verhältnismäßig entspannte Tempo des Lebens in der Natur sorgte dafür, daß unsere Vorfahren weitgehend auf ultradiane Signale reagieren konnten.

Dieses System funktionierte über 99% der Zeitspanne der menschlichen Evolution gut, also ca. 135 Millionen Jahre lang.

Massiv gestört wurde das natürliche Gleichgewicht mit der industriellen Revolution, die das Zeitalter der Leistungsgesellschaft einleitete.

In einer Leistungsgesellschaft, als Zeit zu Geld wurde, konnten sich die Menschen das Berücksichtigen der natürlichen Rhythmen nicht mehr erlauben. Sehr bald übertönte das immer lauter und schneller werdende Leben unsere relativ leise, innere Stimme, die uns zur stillen Reflexion, zum in Ordnung Bringen unseres seelischen Gleichgewichts, zum Verdauen der äußeren Reize anhalten möchte.

Aber vor langer Zeit, als unsere Vorfahren noch in der Wildnis lebten, gab es auch viele Gefahren, beispielsweise Raubtiere, und es gab auch andere Notsituationen, die es den Menschen unmöglich machten, alle 90 Minuten einfach alles liegen und stehen zu lassen, um sich ihren ultradianen Rhythmen zu widmen.

Deshalb hat die Natur diese Rhythmen so flexibel gestaltet, daß Menschen sich an veränderte Umweltbedingungen anpassen können.

Wenn Sie zu einer bestimmten Zeit eine besondere Anstrengung unternehmen müssen, dehnen sich Ihre ultradianen Rhythmen so aus, daß Ihre geistige Wachheit und körperliche Kraft Ihnen in einer Notsituation das Überleben garantiert – und das sogar während eines zwanzigminütigen Leistungstiefs. Obgleich Sie eine Pause einlegen sollten, muß diese Pause nicht unbedingt alle neunzig Minuten stattfinden. Der menschliche Organismus kann sich so anpassen, daß er eine gewisse Zeit abwarten oder hin und wieder sogar eine Erholungsphase auslassen kann, vorausgesetzt, wir haben in der übrigen Zeit, in der keine realen Notsituationen bestehen, die Erholungspausen eingehalten.

Nun entwickelte sich aber gerade diese Flexibilität, die ursprünglich eine wichtige Bedeutung für das Überleben hatte, zu einem schädlichen Faktor. Der eigentlich als Ausnahme gedachte Fall, sich über unsere natürlichen Rhythmen hinwegsetzen zu können, wurde zur Regel.

Man kann schon eine Zeit lang im roten Bereich arbeiten, um ein Ziel zu erreichen, aber eben nicht die ganze Zeit.

Und die Zeit, die dann für Stille und Muße bleibt, wird oft mit Forderungen, Ablenkungen, wie negative Meldungen aus den Medien usw., gefüllt.

So verloren viele Menschen den Kontakt zu ihren natürlichen Rhythmen.

Es entstand ein von der Natur nicht unbedingt vorgesehener Pegel an Dauerstreß, der den Menschen zur Gewohnheit geworden ist.

Wie aber möchte Ihnen Ihr Körper nun zeigen, daß es Zeit für Ruhe ist?

Die Art, mit der unser Organismus mit uns kommunizieren möchte, kann man grob in vier Phasen einteilen, die man als Ultradiane Streßphasen bezeichnet. So kann man sagen, Streß entwickelt sich in vier Schritten.

Ultradiane Streßphasen

In der ersten Phase
zeigt Ihnen der Körper sanft, daß Sie eine Pause einlegen sollten. Ihr Körper sagt Ihnen das auf zunächst kaum merkliche Art, wenn Sie nicht gewohnt sind, auf Ihren Körper zu achten. Daher bemerken Sie erst deutlichere Anzeichen wie:

das Gefühl, sich strecken oder aufstehen zu wollen
Gähnen oder Seufzen
Sie beginnen zu trödeln oder fühlen sich daneben
Sie bemerken Verspannungen
Sie machen Fehler oder vergessen Dinge
Sie erleben einen starken Leistungsabfall
Sie haben Harndrang
sexuelle Lustgefühle
das Bedürfnis, mit Freunden zu plaudern

In der zweiten Phase
kommt es durch die von der Natur für den Notfall gedachte Mobilisierung von Reserven zur Ausschüttung der viel zitierten Streßhormone.

Der Streß heutzutage ist selten akut lebensbedrohlich, sondern eher chronisch, aber nicht minder bedrohlich. Das Ansteigen der vielen sogenannten Zivilisationskrankheiten dokumentiert das anschaulich. Subjektiv aber fühlen Sie sich zunächst besser. Vielleicht sind Sie sogar stolz darauf, Ihre Müdigkeit abgeschüttelt zu haben. Sie fühlen sich frisch und hellwach. Erschöpfung und Schmerzen sind durch eine Reihe von körpereigenen Opiaten zugedeckt.

Sie fühlen sich gut und wissen gar nicht, daß Sie Reserven mobilisieren, und Ihr Körper weiß nicht, daß Sie keinem Tiger davonlaufen. Auch wenn Ihr Chef Sie anschreit oder unter Druck setzt, sind es die gleichen Streßhormone, wie wenn Sie gerade als Beute auserkoren wurden. Nur müssen Sie sitzen bleiben und dürfen nicht kämpfen oder davonlaufen, was die Streßhormone abbauen würde.

In Ihrem Verhalten spiegelt sich der Streß dann oft durch Hyperaktivität, Reizbarkeit, Ungeduld, Zornesausbrüche, Feindseligkeiten, Mißtrauen, Verletzbarkeit usw.

Oft wissen diese Menschen gar nicht mehr, wann sie aufhören müssen. Sie haben oft das Gefühl, die Größten zu sein, obwohl die Leistungen abfallen. Der Sinn dahinter kann sein, daß man angesichts einer Gefahr trotzdem handlungsfähig bleibt und nicht in Panik verfällt.

Weiters wird dieses Ignorieren der natürlichen Rhythmen noch durch Kaffee, Zigaretten, Alkohol verstärkt.

Und so kann es leicht
zur dritten Phase
kommen.
Sie sind nun an der Schwelle zu Funktionsstörungen.
Die Sinneswahrnehmungen sowie Sprechen und Denken sind beeinträchtigt. In dieser Situation neigen Sie zu:

Versprechern und falscher Wortwahl
Fehlbeurteilungen, die gegen besseres Wissen getroffen werden
Taktlosigkeiten im zwischenmenschlichen Bereich
Unfällen

Durch diesen signifikanten Leistungsabfall betrachten sich diese Menschen oft als Versager, da sich ein Gefühl der Inkompetenz einstellt. Dadurch kann der Streß noch weiter ansteigen, währen das Selbstwertgefühl immer weiter sinkt.

Anstatt einfach dem berechtigten Bedürfnis nach Ruhe und Erholung nachzugeben, betrachten diese Menschen diesen Ruf nach Erholung als Faulheit und Schwäche, was es natürlich zu überwinden gilt. Die Menschen überfordern sich, weil sie denken, daß die Umwelt das von ihnen verlangt.

So kommt es dann oft
zur vierten Phase:
In diesem Stadium entwickeln sich durch die permanente Überforderung psychosomatische Erkrankungen. Es ist wissenschaftlich nachgewiesen, daß chronischer Streß Körper und Psyche schädigt. Es kann z. B. sogar zu verstärktem Knochenabbau kommen durch das Streßhormon Cortisol, einem Verwandter von Cortison, dessen knochenabbauende Wirkung deutlich stärker ist. Cortisol ist ein

Streßhormon, das bei länger dauerndem Streß verstärkt ausgeschüttet wird. Die chronische Ausschüttung von Streßhormonen kann sogar das Gehirn schädigen.

Auch bei depressiven Menschen ist der Cortisolspiegel erhöht. Diese Menschen stehen ja auch tatsächlich unter erhöhter Streßbelastung.

Chronischer Streß kann zu Depressionen führen. Solche Menschen fühlen sich vom Leben dauernd überfordert, wobei diese Überforderung meistens von verworrenen Ansprüchen und Einstellungen kommt, die in der Entwicklungsgeschichte begründet sind. Weiters kommt es zu

Kopfschmerzen
Schwindelgefühl
Rückenschmerzen
Magenschmerzen
Herzkrankheiten
Erkrankungen der Atemwege
genereller Schwächung des Immunsystems
Schlafstörungen

Menschen, die durch ihre Arbeit immer zu unterschiedlichen Zeiten schlafen und wach sein müssen, sind von Haus aus gefährdet, weil sie ihre natürlichen Rhythmen nicht berücksichtigen können. Sie haben allein dadurch schon eine erhöhte Streßbelastung.

Es zahlt sich also aus, seine natürlichen Bedürfnisse zu berücksichtigen, auch von einem leistungsorientierten Standpunkt aus.

Es ist sinnvoll, die Erkennungszeichen zu beachten und darauf einzugehen, bevor es zu chronischer Überforderung kommt. Diese Zeichen sind:

Gähnen oder Seufzen
Sie bekommen Appetit
Urinieren
Sie denken an angenehme Dinge
Ihr Arbeitstempo verlangsamt sich
Sie haben ein Gefühl der Dankbarkeit

Der beste Zeitpunkt für eine Entspannung oder heilsame Trance ist gekommen. Wenn Sie auf sich selbst vertrauen können, werden Sie nun von selbst in eine angenehme Trance gehen. Die Aufmerksamkeit beginnt sich ganz von selbst auf die so wichtigen inneren Prozesse zu verlagern, und Sie gehen in eine Alltagshypnose, in der am besten das Unbewußte die Führung übernimmt, weil es weiß, was zu tun ist. Wenn Sie das regelmäßig geschehen lassen, werden Sie von selbst gesund werden und bleiben, und Sie können immer besser auf Ihre wirklichen Bedürfnisse achten.

Unser Unbewußtes weiß oft so viel besser, was wir brauchen, und daher ist es oft auch besser, die Führung einfach ihm zu übergeben und keine gezielten Suggestionen zu geben, da man manchmal vielleicht gar nicht so genau wissen kann, was man wirklich braucht. Dieses bloße Beobachten und Einstimmen auf die inneren Prozesse bringt eine gute Trance, die nebenbei oft auch kreative Lösungen hervorbringen kann. Gerade in einer Pause nach intensiver Beschäftigung mit Inhalten kommen Lösungen ins Bewußtsein, mit denen man nicht gerechnet hat.

Es gibt auch Beispiele aus der Geschichte von solchen kreativen Lösungen:

Die Entdeckung des Benzolrings
Die Erfindung der Nähmaschine
Einsteins Erkenntnisse

Es bedarf aber einer gewissen Übung, bis man diese Einladung, in Trance zu gehen, überhaupt bemerkt, weil die Signale sehr fein sind.

Wenn Sie es aber geschafft haben, die Signale zu hören und sich die Zeit zu nehmen, können Sie bald beobachten, wie Sie beginnen, sich zu entspannen. Diese Entspannung bewirkt auch eine Vertiefung der Atmung. Die vertiefte und verlangsamte Atmung bewirkt wiederum eine weitere Entspannung. Unsere Atmung steht in sehr engem Zusammenhang mit dem Aktivitätszustand. Dies wird schon seit jeher genutzt, um in Trance zu gehen. Allein die bloße Aufmerksamkeit auf den Atem läßt diesen meist tiefer und langsamer werden. Manche Meditationstechniken benützen das Beobachten und die Steuerung der Atmung als zentrales Mittel zur Erreichung einer tiefen Trance.

Sie brauchen nichts zu tun, außer zu vertrauen, daß ein Teil in Ihnen weiß, was zu tun ist.

Es ist von Vorteil, einfach neugierig zu sein und sich überraschen zu lassen, wie diese angenehme Form der Erholung sein wird.

Je objektiver Sie die inneren Prozesse beobachten und je weniger Sie sich einmischen, umso heilsamer wird der Prozeß sein. Sie brauchen einfach nichts zu tun. Nehmen Sie, ohne Absicht und ohne Ziel, alles wahr, wie vorüberziehende Wolken am heiteren Himmel. Lassen Sie alle Gedanken und Gefühle ziehen, ohne daran anzuhaften. Dieses Geschehenlassen kann dann zu heiterer Gelassenheit führen.

Sie werden es sich mit Wohlgefühl danken! Und dann wieder ruhiger, erfrischt und erneuert weitermachen.

Anfangs ist der Unterschied zu einem Nickerchen oft nicht so deutlich. Diese Trance befindet sich zwischen dem Zustand von Wachsein und Schlafen, die Grenzen sind allerdings fließend. Aber auch wenn Sie manchmal vielleicht ganz einschlafen, ist es wahrscheinlich genau das, was Sie im Augenblick gerade brauchen.

Es zahlt sich aus, solche Pausen von etwa 20 Minuten täglich mindestens einmal einzulegen. Wie diese Pause aber genau aussieht, kann individuell ganz verschieden sein.

Eine Möglichkeit besteht beispielsweise darin, sich Fragen zu stellen, die helfen, sich auf einen inneren Dialog einzustellen, der Problemlösungen bewirken kann. Diese Form ist auf ein Ziel ausgerichtet. Man sollte aber nicht auf herkömmliche Art versuchen, dieses Ziel zu erreichen, sondern einfach durch neugieriges Stellen der Frage beobachten, welche Anregungen kommen. Dies kann durch traumähnliche Bilder, Empfindungen und Gefühle aller Art oder auch in Form von inneren Dialogen geschehen.

Unser Unbewußtes weiß mehr als unser Bewußtsein. Wenn Sie sich direkte Suggestionen für Lösungen geben, versperren Sie sich unter Umständen dieses große, kreative Potential. Diese Vorgänge sind nur selten in einer logischen Abfolge nachvollziehbar. Es empfiehlt sich also auf jeden Fall, eine offene Einstellung für manchmal auch ungewohnte Wege zu haben ohne Vorstellungen einer bestimmten Art der Lösung.

Solche Fragen können lauten:

„Ich frage mich, wie mir mein Unbewußtes bei diesem Problem helfen wird.“
„Ich frage mich, welche neuen Wege mir einfallen werden.“
„Ich frage mich, welche neuen Sichtweisen ich bekommen werde.“ usw.

Es ist aber wichtig, sich erst dann an diese Art der Problemlösung zu machen, wenn Sie mit der absichtslosen ultradianen Heilreaktion wirklich vertraut sind, denn sonst verfallen Sie all zu leicht wieder in ein nicht erwünschtes Tun.

Am besten ist es, alle Arbeiten während der Trance ganz einzustellen, wenn Sie aber nicht die Zeit dazu haben, empfiehlt es sich, einfach Routinearbeiten zu erledigen, die nur wenig Aufmerksamkeit benötigen. Auch hier können Sie lernen, sich zurückzunehmen, um sich auf Ihre inneren Prozesse einzulassen.

Gerade Routinearbeiten sind oft sehr tranceinduzierend. Manche Meditationsrichtungen machen sich genau das zunutze. Man macht immer die gleichen Tätigkeiten, bis diese keine Aufmerksamkeit mehr erfordern, um so das Bewußtsein frei für die inneren Prozesse zu haben. Dies spiegelt sich sehr stark in den japanischen Zen-Richtungen wider. Dort werden Alltagsaktivitäten, wie z. B. Teetrinken, streng ritualisiert ausgeführt, um in einen heilsamen Zustand zu kommen.Wie schon erwähnt läßt sich alles nutzen, um in Trance zu gehen. Sie können z. B. gewisse Tätigkeiten verrichten und darauf achten, wie Sie atmen, in welchem Bewegungsfluß Sie sich bewegen, wie entspannt Sie sich bewegen, und vieles mehr. Wenn Sie dies beobachten, ohne daran anzuhaften, sind Sie auf dem besten Weg in eine heilsame Trance. Es ist gerade diese Dissoziation, den Körper tun zu lassen, ohne selbst etwas zu tun, welche hilft, in Trance zu gehen.

Vielleicht fällt es Ihnen aber anfangs schwer, abzuschalten und nichts zu tun. An sich ist das kein großes Problem. Auch hier können Sie sich Ihre Gedanken, Ihre Art zu denken einfach einmal ansehen, um sich damit vertraut zu machen. Sehen Sie sich einfach die Weise an, wie Sie denken, ohne wirklich auf den Inhalt zu achten.

Denken Sie schnell oder langsam,
immer die gleichen Gedanken, wie in einem Kreis,

oder immer andere,
spannen Sie vielleicht gewisse Körperabschnitte an,
wie die Stirn oder Augen,
denken Sie sprachlich oder in Bildern?

Dies alles kann helfen, sich von seinen Gedanken etwas zu lösen, um sie aus einer gewissen Distanz zu beobachten.

Manchmal aber kann es auch hilfreich sein, eine Form von Selbsthypnose einzuüben, um so abschalten zu lernen.

Hier ist es sinnvoll, sich eine bestimmte Tranceinduktion auszusuchen, mit der man sich vielleicht schneller in eine heilsame Trance begeben kann. Wie eine solche Hypnose aussehen kann, darauf gehe ich später ein.

Von Mechanikern und „Mach-hinnigern“

Es war einmal ein Automechaniker, der brachte den Leuten kein Glück. Einmal kam jemand mit einem Auto, dessen Ölkontrollampe leuchtete. Der Mechaniker zwickte das Kabel zur Lampe ab. Der Mensch freute sich und fuhr weiter. Die Freude war aber nur von kurzer Dauer, denn bald darauf kochte der Kühler; diesmal klebte der Mechaniker den Zeiger am Armaturenbrett fest.

Bald darauf lief der Motor nicht mehr. Der Mechaniker tauschte daraufhin die Kolben aus. Nun konnte der Mensch weiterfahren; er war nicht mehr so erfreut, allein schon wegen der Rechnung, außerdem dachte er, sein Auto sei vielleicht ein Montagsauto. Bald darauf fing das Auto aber Feuer, nun, der Mensch wurde gerettet, aber das Auto war verloren. Der Mensch glaubte aber, vom Pech verfolgt zu sein.

Es war einmal ein Arzt, der brachte den Leuten kein Glück. Es kam einmal ein Mensch mit einer Magenverstimmung zu ihm. Der Arzt gab ihm ein Schmerzmittel und Säureblocker. Der Mensch freute sich, denn er hatte nun keine Schmerzen mehr. Bald aber bekam er Ausschläge, entzündete Augen und war immer sehr müde. Der Arzt gab ihm Salben, Tropfen und stimmungsaufhellende Pulver. Der Mensch war zufrieden. Bald aber mußte er abermals zum Arzt, weil sein Magen wehtat. Nun mußte der Magen operiert werden. Der Mensch glaubte, geheilt, wenn auch noch etwas angeschlagen zu sein. Außerdem meinte er, in der letzten Zeit wirklich vom Pech verfolgt zu sein. Bald darauf wurde der Mensch wirklich sterbenskrank, da die Sprache des Körpers nicht gehört wurde.

Die Verbindung des Körpers mit unserer Seele ist viel enger als die Verbindung eines Menschen mit dem Auto, in dem er sitzt. Sie ist so eng, daß man nicht nur sagen kann, wir haben einen Körper und leben darin, sondern wir sind auch unser Körper und noch weit mehr. Unser Körper ist eine Manifestation unserer Seelenaspekte. Man kann auch sagen, unser Körper macht es möglich, an unseren Glaubenssätzen und Lebenseinstellungen zu arbeiten. Er ist sozusagen ein Feedbacksystem für die Seele. Ein Kontrollmechanismus, der uns zeigt, wo wir stehen.

Manch einer glaubt aber, dieser Kontrollmechanismus sei schon alles, und wenn etwas nicht störungsfrei im Körper funktioniert, können die Symptome ein- und ausgeschaltet werden, so wie bei einem Auto die Kontrollampen.

Daß manche Ärzte glauben, der Körper sei eigenständig, losgelöst vom Besitzer zu sehen, ist eine relativ neue Betrachtungsweise, fast so jung wie die Erfindung der Dampfmaschine. Viel länger betrachteten Heilkundige, den Menschen als Körper-Seele-Einheit und behandelten ihn dementsprechend.

Wenn heute jemand körperliche Probleme hat, sucht er meistens den „medizinischen Mechaniker“ auf, etwas provokativ formuliert. Hat er psychische Beschwerden, geht er zum Psychotherapeuten, der wiederum nur die Psyche behandelt. Nun kann es aber sein, daß eine Kontrollampe aufleuchtet, und zwar immer dann, wenn psychische Probleme auch ganz augenscheinlich auftreten. Dadurch ist erkannt worden, daß es psychosomatische Zusammenhänge gibt. Eine ganz „neue“ Erkenntnis, die neuerdings immer moderner wird.

Trotzdem wird weiter oft nur das Symptom behandelt, häufig auch in der Psychosomatik.

Die Ursachen können nur erkannt werden, wenn die unzertrennliche Körper-Seele-Einheit, die das Mensch-Sein ausmacht, behandelt wird. Nur so ist ein besseres Begreifen und somit besseres Behandeln möglich.

Viele Mediziner verbünden sich mit dem Patienten und betrachten das Symptom als Feind: Das Symptom gehört bekämpft.

In einem ganzheitlichen Ansatz verbindet man sich mit dem Symptom als Freund des Patienten. Das Symptom zeigt, daß etwas geändert gehört.

Gott sei Dank wissen auch viele Chirurgen, die Hervorragendes leisten, daß eine Operation oft nur eine Hilfe, ein erster Schritt in ein neues Leben sein sollte. Gerade beim Herzinfarkt empfehlen die meisten Mediziner eine ganzheitliche Änderung der Lebensweise: Training, Entspannung, Veränderung der Ernährung usw.

Denn viele Mediziner wissen, daß der Mensch ein ganzheitliches Wesen ist und daß manchmal nur eine radikale Änderung der Lebensweise und der Einstellungen wieder Gesundheit bringt. Aber die meisten Menschen wollen gar nicht mehr, als eine Kontrollampe ausgeschaltet bekommen, denn sonst müßten sie vielleicht grundlegende Dinge ändern – und so wie es ist, ist es doch ganz bequem, oder? Da ist es schon besser, zu einem Mechaniker zu gehen, der nur die Kabel kappt in der Hoffnung, es würde schon wieder gehen. Oft weiß man aber, daß es so nicht lange weitergehen kann, und man beginnt sich Sorgen um die Zukunft zu machen. Vielleicht schließt man auch eine Zusatzversicherung ab, um für alles gerüstet zu sein.

In Wahrheit liegt das Problem aber nicht in der Zukunft. Es liegt im Jetzt. Denn es wäre vielleicht Zeit, die Dinge jetzt anders oder mit einer anderen Einstellung zu machen. Ein kurioser Teufelskreislauf: Weil aus Bequemlichkeit oft nur Symptome behandelt werden, wird viel Energie und Geld in Sorge um die Zukunft investiert. So kann man sagen, je mehr man sich um die Zukunft sorgt, um so mehr ist es an der Zeit, die Gegenwart genauer zu betrachten, um zu verändern, was zu verändern ist. Es gilt der Grundsatz:

Wenn Sie wollen, was Sie bisher bekommen haben, tun Sie, was Sie bisher getan haben. Wenn Sie das nicht wollen, müssen Sie sich so lange verändern, bis Sie finden, was Sie möchten.

Wie helfe ich dem Biber über die Falle?

Der Biber steht vor einer Falle und weiß nicht, wie er vorbei kommen könnte. Nun steht daneben ein Baum, der seine Äste über die Falle beugt, etwas höher, doch wenn der Biber auf den Baum klettern könnte, wäre es ihm möglich, die Falle zu umgehen und seinen Weg fortzusetzen. Aber er weiß nicht, wie er hinauf gelangen könnte. Er könnte ihn mit seinen scharfen Zähnen umhacken, wie er das sonst tun würde, nur in diesem Fall würde es ihm nichts nützen, diesbezüglich hat auch der Biber so eine Ahnung. Auf dem Baum aber sitzt jemand und ruft dem Biber zu, er möge hinauf kommen, denn die Aussicht und der Weg sind so schön auf der anderen Seite. Nun, das macht den Biber noch verzweifelter.

Manchmal trägt einer an jemanden ein Problem heran, woraufhin der nur sagt: „Geh, ist doch nicht so schlimm, du mußt das nur positiv sehen …“ Derartige Aussagen machen Menschen mit Problemen meist nur noch verzweifelter.

Oft ist es gerade das „Wie soll es denn gehen, positiv zu sehen?“, das so viele Probleme macht.

Viele Biber, die meinen, sie könnten anderen helfen, weil sie aus irgendeinem Grund meinen, auf einem Baum zu sitzen, erzählen von schönen Aussichten und wunderbaren Wegen.

Nun, manche Therapeuten mühen sich jahrelang mit den gleichen Strategien ab, um vielleicht eine Treppe zu bauen. Sie haben aber nur einen Hammer als Werkzeug.

Wenn man aber nur einen Hammer kennt, sieht alles verdammt nach Nagel aus!

In der modernen Hypnose gibt es viele Werkzeuge. Moderne Hypnose arbeitet auch mit Techniken der Suggestion, um eine Veränderung zu bewirken. Oft kommt der Vorwurf, Arbeit mit Suggestion sei manipulativ. Diese Arbeit ist sogar sehr manipulativ, aber die Menschen kommen, weil sie manipuliert werden möchten. Hier gibt es scheinbar Widersprüche, die aber differenzierter betrachtet werden müssen. Die Menschen haben Angst vor Manipulation, wollen aber gleichzeitig verändert werden. Ohne Manipulation kann niemand eine Veränderung erreichen, nur wenige Menschen wissen das. Manipulation findet pausenlos statt. Es gibt kein „Nicht-Manipulieren". Wenn Sie auf der Straße gehen, veranlassen Sie die Leute, die Ihnen entgegen kommen, Sie zu bemerken, denn sonst würden Sie oft zusammenstoßen. Die Menschen weichen aus, und Sie weichen aus, gegenseitige Manipulation hat stattgefunden.

Wenn Sie zum Arzt gehen, wollen Sie, daß er die laufenden ungewünschten Prozesse verändert. Wenn er Ihnen ein Medikament gibt, manipuliert er diese Prozesse. Manipulation kann also auch positiv sein. Genaugenommen kann ohne Manipulation keine Lebensform existieren. Alle grundlegenden Dinge, wie Essen, Trinken, Kontakt, Erziehung, basieren immer auf Manipulation.

Manipulation geschieht durch Suggestion.

Je bewußter man sich aber mit Manipulation beschäftigt, umso besser kann man sich vor ungewollter Manipulation schützen. Doch auch wer schon sehr erfahren ist, kommuniziert trotzdem immer auch über unbewußte Suggestionen.

Mehr Sicherheit für unser System bringt so etwas wie ein Antivirusprogramm, das vor den Suggestionen und Manipulationen schützt, die sich nachteilig auswirken.

So können auch Glaubenssätze, die aus Suggestionen entstanden sind, überprüft, angenommen oder verworfen werden; dazu später, bleiben wir noch ein wenig bei der Suggestion:

Suggestion kommt aus dem Lateinischen und heißt soviel wie: „einreden, einflüstern".

Dieses Einflüstern kann sehr laut und direkt sein oder aber indirekt, am Verstand vorbei. Es findet über Körpersprache statt wie auch durch Musik und Gerüche.

Musik ist sehr suggestiv und weckt viel Gefühl. Stellen Sie sich die Szene eines spannenden Filmes einmal mit sehr dramatischer, dann mit sehr komischer Musik vor! – Das Ergebnis wird völlig anders sein.

Parfums machen einen Menschen interessant oder uninteressant, je nach Vorliebe. Auf jeden Fall soll es aber den richtigen Menschen einflüstern, daß der Träger attraktiv ist.

Bei der Arbeit mit Hypnose kann man Suggestionen auch folgendermaßen einteilen:

Es gibt direkte und indirekte Suggestionen, wobei die indirekten viel wirkungsvoller sind, weil sie am Verstand vorbei direkt ins Unbewußte geschleust werden.

Beispiel für eine direkte Suggestion:

Diese Krankheit ist unheilbar.

Indirekt wäre:

Diese Krankheit werden Sie haben, solange Sie leben. Das ist noch fataler, weil es impliziert, daß man sterben muß, um die Krankheit zu überwinden.

Das sind sehr starke, bedenkliche Suggestionen, die Angst auslösen. Angst lähmt. Menschen verwenden solche Feststellungen tagtäglich, was unbewußt einiges bewirken kann.

Meistens sind es in solchen Fällen *unabsichtlich unvorhergesehene Suggestionen*, d. h. Sender und Empfänger sind sich dessen nicht bewußt.

Weiters gibt es *absichtlich unvorhergesehene Suggestionen*, wenn z. B. ein Arzt einem Patienten ein Placebo gibt. Der Sender weiß Bescheid, der Empfänger nicht. Suggestion ist also hier im erweiterten Sinn zu verstehen.

Dann gibt es die *absichtlich vorhergesehenen Suggestionen*, wie bei der Hypnose, wo Sender und Empfänger Bescheid wissen.

Es gibt auch *unabsichtlich vorhergesehene Suggestionen*, wenn der Sender nicht weiß, daß der Empfänger eine Feststellung als Suggestion auffasst.

Interessant ist in diesem Zusammenhang folgende Geschichte, die sich in einem österreichischen Krankenhaus ereignete.

Bei der Visite gingen die Ärzte am Bett eines Patienten vorbei, dem sie keine Überlebenschance mehr gaben. Der Oberarzt lachte dabei den Patienten an und sagte zu seinen Kollegen: „Moribundus" (todgeweiht). Dann versammelten sie sich am Bett eines anderen Patienten. Kurze Zeit später war der für unheilbar Befundene wieder gesund. Der Patient deutete das Vorbeigehen des Arztes und das Wort als positiv, da er kein Latein verstand. Er meinte, die ihm nicht mehr zugewendete Aufmerksamkeit wäre ein Zeichen für seine Gesundung.

Bei den indirekten Suggestionen gibt es z. B. Suggestionen über Dritte: Man erzählt eine Botschaft jemand anderem so, daß es der Empfänger hört (wirkt meistens sehr kräftig).

Oder Suggestion mit scheinbarer Wahlfreiheit: z. B. „Wollen Sie jetzt gleich oder später in Trance gehen?" – Wofür man sich auch entscheidet, impliziert, daß man in Trance geht.

Viele solcher Beispiele finden Sie in dem Buch „Pattern" von *Richard Bandler*.

Alles, was über die Sinne aufgenommen wird, kann man im weiteren Sinn auch als Suggestion verstehen.

Erziehung, auf der ja auch unsere Gesellschaftsordnung basiert, geschieht durch Suggestion.

Je bewußter man sich dieser Tatsache wird, umso gezielter kann Manipulation eingesetzt werden – auch um ungewollte Ergebnisse zu vermeiden. Es ist sinnlos, Manipulation vermeiden zu wollen, besser ist es, bewußter zu manipulieren, immer in Hinblick auf Konsequenzen. Das erfordert Verantwortung und Vorsicht. Manipulation aber nicht einzusetzen ist unmöglich. Oft finden Suggestionen sehr unbewußt statt, die dem gewünschten Ziel entgegenstehen.

Meistens verliert ein Mensch gerade dann die Hoffnung, wenn ein Arzt sagt: „Ihnen kann nicht geholfen werden!", statt: „Ich kann Ihnen nicht helfen, aber vielleicht gibt es irgendwo Hilfe!" Diese Hilfe kann oft auch darin bestehen, den Menschen die vielen Bäume zu zeigen, die unser Leben ausmachen. Manch ein Baum kann dann vielleicht manchmal zum Lebensbaum werden, wenn er entdeckt wird.

Und noch mehr Äpfel – das Meta-Modell

Ein Grundproblem von manchen Bibern und Menschen scheint zu sein, daß sie annehmen, die anderen denken genau auf die gleiche Art wie sie selbst. Es liegt in der Natur der Sache, daß diese Annahme zu Mißverständnissen führt. Wenn man lernt, echten Rapport herzustellen, d.h. wenn man lernt sich auf den anderen einzustellen, um im Gleichklang zu schwingen, können diese Mißverständnisse reduziert werden. Denken Sie an den Apfel aus dem ersten Kapitel, und dann überlegen Sie, wie viel komplexer die Sache wird, wenn es um Austausch von Erfahrungen geht.

Oft treffen sich Biber und begnügen sich damit, ihre Geschichten abwechselnd mit Unterbrechungen vorzutragen. Anstatt auf den Inhalt einzugehen, wird die eigene Geschichte, die unbedingt mitgeteilt werden muß, begonnen, dann wieder erzählt der erste seine Story weiter usw. Ein klassischer Fall von „Kommunikation", wie er heute weit verbreitet ist.

Andere Gespräche verlieren sich in Verallgemeinerungen, Interpretationen und Verzerrungen von Inhalten, wobei sich oft das Gefühl einstellt, man weiß eigentlich gar nicht mehr, wovon die Rede ist. Oft werden, anstatt von eigenen Erfahrungen zu erzählen, gleich Interpretationen und Gedanken mitgeteilt, wobei der Zusammenhang unklar, das Fundament der Erfahrung dahinter ungreifbar bleibt. Somit fehlt dann aber auch eine gemeinsame Gesprächsbasis, und der andere bleibt unbegreifbar.

Hier kann aktives Zuhören weiterhelfen. Wer eintauchen will in die Welt des anderen, läßt sich am besten auch die Feinheiten der Erlebnisse beschreiben. Das kann sehr gut mit den richtigen Fragen funktionieren. Außerdem ist es wichtig, wirklich bei den Erfahrungs berichten zu bleiben, denn Erfahrungsberichte sind meist genauer, vollständiger und nicht durch Denkprozesse, wie Verallgemeinerungen oder mögliche Interpretationen, die stimmen können oder nicht, verzerrt. Äußerungen im Gespräch sind oft sehr ungenau, unvollständig und durch Denkprozesse verfälscht.

Daher ist es vorteilhaft, diese Ungenauigkeiten zu erkennen und solche Fragen zu stellen, die helfen, den verlorengegangenen Anteil seiner Erfahrungen wieder bewußt zu machen. Gleichzeitig verbindet man sich durch die Fragen mit der Erfahrung des anderen, wird so ein Teil dieser Erfahrung. Solche Fragen können z. B. sein:

Bei Ungenauigkeiten die Person betreffend:
Niemand mag mich!
Wer genau mag Sie nicht?
Menschen sind eben so!
Welche Menschen genau verhalten sich so?
Ich bin genötigt, mich festzulegen!
Wer nötigt Sie?

Bei Ungenauigkeiten, die den Bezugsrahmen betreffen:
Das Leben ist hart.
Für wen ist das Leben hart in welchem Bereich?
Männer/Frauen sind egoistisch!
In welcher Hinsicht, in welchem Bereich verhalten sie sich egoistisch?

Bei Verallgemeinerungen:
Ich erlebe so viel Frustration in meinem Leben.
Was genau frustriert Sie?
Das wird mir alles zu viel.
Was wird Ihnen zu viel?

Manche Menschen machen einzelne Erlebnisse zu Lebenswahrheiten:
In Gegenwart von Menschen fühle ich mich nie sicher.
Nie? Können Sie sich eine Situation vorstellen, in der Sie sich sicher fühlen mit Menschen?
Meine Gefühle werden immer mißachtet.
Wurde jemals auf Ihre Gefühle Rücksicht genommen?

Manche Menschen haben keine Wahl, sie „müssen“, „können nicht“, „sollten aber“:
Ich sollte mehr arbeiten.
Was wäre, wenn Sie es nicht täten?
Ich muß mehr Geld verdienen.
Warum genau müssen Sie das?
Ich kann nicht mit Wenigem auskommen.

Was genau hindert Sie daran?
Ich kann das nicht tun.
Was hält Sie davon ab?

Manche Menschen meinen, sie könnten Gedanken lesen:
Er weiß ganz genau, daß ich das nicht leiden kann.
Woher wissen Sie das?
Sie mag mich nicht, denn …
Hat sie Ihnen gesagt, daß sie Sie nicht mag?

Einige Lügen!
Oder zu viele Lügen, um noch gut zu schlafen!

Das, was Biber als Problem angeben, ist in Wahrheit keines, denn wäre es eines, wäre es unveränderbar, denn Wahrheit läßt sich nicht verändern!

Eine Lügengeschichte, die sich so zugetragen hat

Es war einmal ein Biber, ein ganz normaler, nur der Kopf war vielleicht etwas zu groß und vielleicht ein bißchen zu schwer. Vielleicht ist er so gewachsen, weil er zuviel denkt und sich Sorgen macht und zu viele Bedenken hat. Aber das weiß man nicht so genau. Nun, auf jeden Fall kann der Biber nicht mehr so gut schlafen. Er hörte von jemandem, daß es da eine alte Eule gibt, von der man sagt, sie sei sehr weise und beherrsche die Kunst, bei Veränderungen zu helfen.

Er sucht sie auf und sagt: „Mein Problem ist die Schlaflosigkeit, können Sie mir helfen!"

Darauf fragt die Eule: „Warum lügen Sie mich an?"

Der etwas schockierte Biber antwortet: „Wieso behaupten Sie, daß ich lüge?"

Lächelnd meint die alte Eule: „Ich kann es beweisen!

Woher wissen Sie, daß Sie an Schlaflosigkeit leiden? Sie konnten gestern nicht gut schlafen, vielleicht letzte Woche auch nicht, aber woher wollen Sie wissen, daß Sie heute an Schlaflosigkeit leiden? Sie können es nur vermuten, denn vielleicht schlafen Sie heute Nacht, oder bald, wenn es Zeit ist, schon sehr gut. Außerdem ist nicht Schlaflosigkeit das Problem, sondern das Problem, das es Ihnen nicht leicht macht zu schlafen. Daher müßten Sie eigentlich sagen, bis jetzt schien das Problem Schlaflosigkeit gewesen zu sein. Außerdem sind Sie ein gieriger Biber, daher kann ich Ihnen nur helfen, wenn Sie Ihre Gier aufgeben!"

Der Biber, sichtlich wieder irritiert und zweifelnd, ob die Eule nicht nun doch schon ein bißchen zu alt ist und zu lange auf dem Baum gesessen hat, faßt sich dennoch: „Wieso schien ich bis jetzt gierig zu sein?"

Wohlwollend nickt die Eule und sagt: „Nun, Sie lernen sehr schnell, und weil Sie so schnell lernen, kann ich Ihnen vielleicht gleich helfen!

Sie scheinen gierig zu sein, weil Sie Besitzansprüche stellen, und was einer besitzt, gibt er nicht gern her."

Nach einer kurzen Pause reckt sich die alte Eule und fährt fort: „Warum gefällt Ihnen Ihr Problem so gut, daß Sie sagen ‚MEIN Problem', vielleicht ist es nun an der Zeit, sich von dem Problem zu verabschieden und zu sagen ‚DAS Problem'. Wollen Sie diesen Besitz loswerden?"

Der Biber hält sich die kleine Biberpfote vor die sehr großen Zähne und lacht: „Liebend gern! Also: An Schlaflosigkeit zu leiden schien bis jetzt das Problem gewesen zu sein."

„Gut, Sie lernen schnell, und weil Sie so schnell lernen, kann es leicht sein, daß Sie sich, oder ein Teil in Ihnen, der weiß, jetzt gleich oder bald sehr schnell wieder erinnern, wie es ist, gut zu schlafen. Daher erzähle ich eine Geschichte.

Ein Mensch, der an Schlaflosigkeit zu leiden glaubte, hatte die Angewohnheit, immer Schlaftabletten auf sein Nachtkästchen zu legen. Das beruhigte ihn und es half ihm, einigermaßen gut zu schlafen.

Einmal aber tollt er am Abend im Nachthemd noch mit seinem Hund herum, und so beißt der Hund einen Knopf ab, der Knopf fliegt in hohem Bogen durch die Luft und bleibt auf dem Nachtkästchen liegen. Als der Mensch nun schlafen geht, nimmt er seine Brille ab, denn er sieht nicht mehr so gut, und nimmt die Schlaftablette und schläft schon sehr bald ein.

Am nächsten Morgen aber ist der Schreck sehr groß, denn der Mensch ist ein sehr genauer Mensch und weiß, daß er immer nur eine Schlaftablette bereit legt. Um so größer ist also der Schreck, als er bemerkt, daß die Schlaftablette noch immer auf dem Nachtkästchen liegt und er trotzdem gut geschlafen hat.

Aber der Knopf, den der Hund abgebissen hat, fehlt, und als der Mensch bemerkt, daß ein Knopf von seinem Nachthemd fehlt, sucht er mit der Brille das ganze Zimmer nach dem Knopf ab. Natürlich findet er den Knopf nicht, was ihn doch wundert, denn er findet immer alles, weil er ein sehr genauer Mensch ist.

Nun, er weiß nicht genau, was passiert ist, aber er weiß, daß etwas wirklich Wichtiges geschehen ist. Er ist sich nicht mehr sicher, ob das, was er geschluckt hat, eine Schlaftablette war, trotzdem hat er gut geschlafen, ohne genau zu wissen, wie er das gemacht hat. Aber ein Teil in ihm weiß, und vielleicht wird es ihm bewußt, wenn er das nächste Mal aufs Klo geht und …"

Der Biber sagt zur alten Eule: „Er hat sich erinnert, wie es geht, gut zu schlafen, ohne zu wissen, wie er das gemacht hat."

„Genau, denn eigentlich geht es ganz von selbst, je weniger man sich darum kümmert, umso besser geht es.

Ich möchte Ihnen zu Ihrem Problem gratulieren, denn so haben Sie nun die Gelegenheit, sehr interessante Dinge zu lernen.

Denn sogar das Einschlafen scheint einem bestimmten Gesetz zu unterliegen. Dem ersten Gesetz geistigen Schöpfens:

Das Gesetz der das Gegenteil bewirkenden Anstrengung!

Je mehr man bemüht ist, etwas zu erreichen, umso schwieriger wird es. Das Bemühen allein macht es anstrengend."

Reden wir mal mit Menschen. Haben Sie schon einmal eine neue Sache begonnen und dabei sehr viel Erfolg gehabt? Ich meine so etwas wie Anfängerglück. Ich denke, jeder hat schon einmal die Erfahrung gemacht, daß etwas gut gelungen ist, während man gleichzeitig auch sehr entspannt war, solange man unbefangen war, vielleicht beim Sport, beim Kegeln, Darts oder etwas Ähnlichem, es ist von selbst gelungen. Aber sobald man unter Druck gerät, das heißt, an sich selbst Forderungen stellt, ein gewünschtes Ergebnis oder eine gewünschte Leistung zu halten, wird man immer unentspannter, und die Sache wird mühsam, und man muß sich bemühen, das heißt anstrengen, obwohl es am Anfang wie von selbst, das heißt vom Selbst aus, ging. Nun muß man den Willen einschalten, um die Sache voranzutreiben, was natürlich auch funktioniert bis zu einem gewissen Grad. Bei vielen Tätigkeiten funktioniert es auch sehr gut, mit Willenskraft zu arbeiten. Es wird uns ja auch in der Schule gründlich eingetrichtert, meistens mindestens zwölf Jahre lang. Überhaupt honoriert unsere Leistungsgesellschaft Bemühen und Anstrengung mehr als Dinge, die von selbst gehen. Man kann sagen, die Leistungsgesellschaft lebt davon. Denn würden wir lernen, daß die Dinge besser von selbst gehen, müßten wir auch auf unser Selbst hören. Doch wer kennt das schon oder hat Ohren für das Selbst oder versteht die Sprache des Selbst!

Darum wird sich ein Anfänger sogleich bemühen, wenn etwas wie von selbst geht, das gleiche Ergebnis noch einmal zu erreichen, denn so einfach darf es doch nicht gehen.

Gerade das Einschlafen ist für jeden Menschen eine wunderbare Sache und zeigt uns, ob wir es schaffen, einmal am Tag nichts zu schaffen und dennoch ein gewünschtes Ziel von selbst zu erreichen.

Wer das nicht ganz einfach kann, ist vielleicht einfach ein Opfer der Leistungsgesellschaft – und die Opferzahl ist hoch.

WUWEI – Handeln durch Nicht-Handeln ist ein Geheimnis des Taoismus. Es soll auf das Handeln ohne willentliche Anstrengung hinweisen, denn dann gehen die Dinge von selbst.

Nun, wie kann man dieser Falle entkommen? Vielleicht kann da das zweite geistige Gesetz helfen:

Das Gesetz, das besagt, daß

jede bildhafte Vorstellung das Bestreben hat, sich zu verwirklichen.

Es ist ganz einfach und auch ganz fundamental. Wenn man es sich einmal bewußt gemacht hat, läßt es sich auch bewußt nutzen.

Die ganze Welt besteht aufgrund dieses Gesetzes. Es gibt ein Bild in der Vorstellung, dann wird es materialisiert. Denken Sie ans Hausbauen: Zuerst hat man eine vage Vorstellung, wie man wohnen möchte, dann beginnt man, sich die Situation auszumalen, wer kann, beginnt sie zu materialisieren und zeichnet Pläne, in der zweiten Dimension existiert das Haus schon. Nun wird es vielleicht auch in die dritte Dimension gebracht, und man kann in dem Haus seiner Vorstellung wohnen. Das geht seit der Steinzeit so, nur waren die Vorstellungen bescheidener, und daher konnte man den Umweg über die zweite Dimension vielleicht auslassen. Oft steht hinter einer Vorstellung ein starker Wille. Ja, eine Vorstellung steht sogar nur durch einen starken Willen aufrecht. Wenn diese Vorstellung aber nur Ausdruck oberflächlichen Wollens ist und nicht dem Wollen, das dem Selbst näher ist, entspringt, dann kann es Probleme geben, denn das dritte geistige Gesetz weist darauf hin:

Wenn sich Wille und Vorstellung konträr gegenüberstehen, siegt immer die Vorstellung.

Gemeint ist die tiefere Vorstellung, die aus dem Unbewußten entspringt, da das Unbewußte nur in Bildern denkt. Darum müssen oft die unbewußten Vorstellungen und Bilder bearbeitet werden.

Vielleicht ist es so, daß Sie einschlafen wollen, aber sich schon die ganze Nacht wach liegen sehen. Nun stellt sich die Frage, warum sehen Sie sich die ganze Nacht wach liegen, und noch viel interessanter ist: Wie können Sie sich wieder erinnern, wie leicht es ist einzuschlafen, um danach völlig erfrischt zu erwachen?

Wir wissen oft nicht, was unsere wirklichen Ziele sind, und meistens wissen wir das auch nicht mehr. Aber erst weil wir vergessen haben, daß wir unsere wirklichen Ziele nicht wissen, macht uns das Probleme.

Im Mittelpunkt *Ericksons* Therapiephilosophie steht der Glaube, daß jeder Mensch Fähigkeiten und Ressourcen besitzt, die es ihm ermöglichen, ein angenehmes Leben zu führen. *Erickson* schildert das so: „Ich ermutige Sie, all diese einfachen, kleinen Dinge zu tun, auf die Sie als wachsendes Geschöpf ein Recht haben. Verstehen Sie, wir wissen nicht, was unsere Ziele sind. Wir lernen unsere Ziele erst im Prozeß des Hingelangens. Ich weiß nicht, was ich baue, aber das Bauen wird mir Freude machen, und wenn ich mit dem Bauen fertig bin, werde ich wissen, was es ist. – Man weiß nicht, was aus einem Säugling wird. Deshalb wartet man und sorgt gut für ihn, bis er weiß, was er will. – Das Leben ist nicht etwas, worauf wir eine Antwort geben können. Man sollte den Vorgang des Wartens, den Vorgang des Werdens, was man ist, genießen. Es gibt nichts Schöneres, als Blumensamen zu säen und nicht zu wissen, welche Blumen hervorsprießen werden. (*Erickson* u. *Rossi*, 1981, S. 444f.)

Dann sagte die Eule: „Darum kann es oft sehr hilfreich sein, im Zustand des ‚Nicht-Handelns und Nicht-Wissens‘ zu sein, um die Dinge zu Ihrem Besten geschehen zu lassen.

Aber Sie könnten die Zeit nützen, um sich Ihren Träumen hinzugeben, die Träume, die Sie als kleines Kind noch so gut kannten, und um die Bilder der Träume zu beobachten, die wie Wolken vorüberziehen, die Sie aber dem näherbringen, was wichtig ist. Vielleicht ist die Zeit des Wartens eine gute Zeit. Um mit dem Teil in Ihnen in Kontakt zu kommen, der jung ist, um nur dafür zu sorgen, daß er auch gedeihen kann. Nun, vielleicht glauben Sie auch, Sie haben keine Zeit, und darum können Sie die Zeit des Wartens nicht genießen, so wie der Bauer, der Samen sät und aus lauter Ungeduld an den Setzlingen zieht, damit sie schneller wachsen.

Außerdem glaube ich nicht, daß Sie nicht schlafen können! Und weil ich es nicht glaube, möchte ich Sie bitten, mich um drei Uhr früh zu besuchen. Bemühen Sie sich wirklich, daß Sie es schaffen, denn bis jetzt sind die wenigsten gekommen.“

Wenn der Biber den Wald
vor lauter Bäumen nicht mehr sehen kann,

bestimmen Glaubenssätze das Leben von Bibern dermaßen, daß sie ihnen meist gar nicht bewußt sind. Wenn das Denksystem ein Baum wäre, dann wären die Glaubenssätze die Wurzeln, der Stamm und die dicken Äste unser bewußtes Denken, die dünneren Äste und die Blätter und Früchte mit den Samen die Ergebnisse. Wie sieht Ihr Baum aus, wie Ihre Blätter, Ihre Samen?

Da Bäume nicht nur über die Wurzeln, sondern auch über die Blätter wichtige Kommunikation betreiben, wird es günstig sein, an den Früchten und Blättern nachzusehen, ob die Wurzeln und der Stamm die richtigen Informationen bekommen haben. An den Früchten wirst du sie erkennen (altbekannt) …

… an die Wurzeln mußt du gehen, um Veränderungsarbeit zu tun.

Das gesamte Denken beruht auf Glaubenssätzen, daher ist es auch so schwer, darüber zu reflektieren. Vielleicht ist das überhaupt ein Urproblem des Lebens. Es braucht Spiegel zur Reflexion, um sich zu erkennen, sowie einen kristallklaren, völlig ruhigen Bergsee. So ist es manchmal auch nicht leicht, die Mechanismen der alltäglichsten Dinge zu entdecken.

Ein paar Beispiele für scheinbar unumstößliche Glaubenssätze:

Wenn Sie sich nicht impfen lassen, dann werden Sie krank!
Wenn Sie leicht bekleidet in die Kälte gehen, dann bekommen Sie einen Schnupfen!
Wenn Sie rauchen, dann schadet das Ihrer Gesundheit!
Wenn Sie nicht die perfekte Figur haben, werden Sie nicht geliebt und können auch nicht geliebt werden!
Wenn Sie für sich selbst eintreten, werden die Menschen Sie für egoistisch halten!

Auf den ersten Blick sind das unumstößliche Gesetze.
Nun gibt es aber viele Leute, die ohne Impfungen gesund bleiben, leicht bekleidet in die Kälte gehen oder rauchen, ohne krank zu werden. Worin liegt der Unterschied? Vielleicht glauben diese Menschen bewußt oder unbewußt nicht daran, krank zu werden.

Es gibt Raucher, die werden steinalt und genießen jede Zigarette.

Es gibt Leute, dazu gehöre auch ich, die gehen im Winter in einem Eisloch baden und bleiben gesund.

Viele Menschen sind auch ohne Grippeimpfung den ganzen Winter gesund, viele aber auch mit Impfung im Sommer und im Winter krank!

Es gibt Menschen, die trotz, oder gerade wegen ihres unvollkommenen Aussehens sehr interessant, erotisch und liebenswert sind.

Man kann gleichzeitig liebenswert und bestimmt sein.

Es ist also günstig, die scheinbar unumstößlichen Gesetze zu finden und zu überprüfen, wenn etwas wie ein Problem aussieht. Dabei kann es sehr hilfreich sein, wenn man „WENN ..., DANN ...-SÄTZE" bilden kann, aufmerksam hinzusehen, zu hören, zu fühlen. Was würde passieren, wenn Sie diese Sie hindernden Gesetze entlarven?

Das ganze Weltbild beruht auf und besteht aus Glaubenssätzen, die dann zu Glaubenssystemen zusammengefaßt werden. Das führt aber auch dazu, daß Menschen von Glaubensfrüchten erzählen, die vielleicht so gar nicht aussehen, das Stille-Post-Phänomen kennt jeder. Aber die Menschen glauben, was sie hören, und übernehmen diese Glaubenssysteme ohne weitere Überprüfung, weil der Hunger nach den Früchten groß ist. Es wäre vielleicht ratsam, immer alles, was Sie hören oder lesen, zu überprüfen, ob es für Sie selbst stimmig ist, und wachsam zu bleiben. Übernehmen Sie nichts blind! Auch aus diesem Buch.

Jesus hat gesagt: „Dein Glaube hat dich geheilt!" Nun, vielleicht hat er auch gesagt: „... weil dein Glaube dich auch krank gemacht hat." Entscheidend ist nicht, was wahr ist, sondern was man glaubt.

Die werten Werte

Was macht das Leben von Bibern lebenswert?
Was ist wertvoll in Ihrem Leben?
Die meisten Menschen werden eine Antwort finden. Wenn nicht, kann es sein, daß sie sich bereits in einer kritischen Phase befinden.

Auch auf die Frage, nach welchen Werten sie leben, werden sie wahrscheinlich Antworten geben können.

Verantwortung, Pflichtgefühl, Ehrlichkeit sind gängige Angaben.

Aber auch Entwicklung, Herausforderung, Kreativität, Leidenschaft können Antworten sein.

Die Frage nach dem wichtigsten Wert ist vielleicht schon schwieriger zu beantworten, aber manchmal sinnvoll.

Was sind denn überhaupt Werte ganz allgemein?

Werte sind Überzeugungen, die aus Glaubenssätzen entstehen. Aus Glaubenssätzen darüber, was wir als richtig und falsch, gut und schlecht, wichtig und unwichtig empfinden.

Werte beruhen auf Glaubenssätzen, die uns bestimmte Gefühle vermitteln.

Es sind durch Erziehung erlernte Gefühle, nach denen wir uns orientieren.

Nach diesen Gefühlen richten wir unsere Handlungen und Lebensziele aus, oft mehr, als vielen Menschen bewußt ist.

Sind Menschen in der Lage, nach ihren Werten zu leben, werden sie das Gefühl eines erfüllten Lebens haben. Das heißt, wenn sie sich ihren Werten gemäß verhalten können, werden sie sich gut fühlen. Werte sind also eine zentrale Grundlage unseres Lebens, weil sie bestimmen, wie wir uns fühlen. Sie bestimmen sozusagen unser Grundgefühl.

Menschen, die nach ihren Werten leben können, werden auch dann ein positives Grundgefühl haben, wenn die Dinge einmal nicht so gut verlaufen.

Im Gegensatz dazu werden Menschen, in deren Leben anscheinend alles optimal verläuft, ein schlechtes Grundgefühl haben, wenn sie nicht nach ihren Werten leben.

Oft wissen Menschen aber gar nicht genau, welche Werte sie haben, und so kann es leicht sein, daß sie sich manchmal gut, manchmal schlecht fühlen, oder immer schlecht und gar nicht wirklich wissen weshalb.

Viele Dinge, die wir gelernt haben, sind uns nicht mehr bewußt, damit wir, optimalerweise, den Kopf frei haben. Überlegen Sie, wenn Sie gehen, noch ganz bewußt, wie Sie die Schritte machen?

Die meisten Menschen gehen einfach, ohne sich Gedanken zu machen, wie sie gehen.

Gerade das aber kann wichtig werden, wenn die Art zu gehen Schwierigkeiten bereitet, wie z. B. bei Knieproblemen.

Werte sind etwas Erlerntes und lassen sich demnach aber auch verändern, ja sie tun das laufend von selbst.

Als Jugendliche nehmen Menschen oft andere Dinge wichtig wie als Erwachsene.

Das heißt, genaugenommen bleiben die Werte oft die gleichen, nur in deren Wichtigkeit gibt es Veränderungen. Für junge Menschen steht vielleicht Freiheit an oberster Stelle und Verantwortung weiter unten. Für ältere Menschen ist Freiheit oft auch wichtig, aber Verantwortung ist nun wichtiger.

Nun wird sich ein Mensch, dem Freiheit das wichtigste ist, gut fühlen, wenn er mehr Freiheit als Verantwortung hat. Bei einem, dem Verantwortung wichtiger ist, wird es vielleicht umgekehrt sein. Man muß natürlich sagen, daß das eine das andere nicht unbedingt ausschließt, aber oft hat man das Gefühl, daß es so ist. Gerade als Chef hat man die Möglichkeit, sich sehr frei zu fühlen, obwohl man viel Verantwortung hat. Das ist einfach eine Sache der Einstellung. Und auch diese läßt sich leicht verändern. Beispielsweise in Form eines Reframing (Veränderung der Sichtweise).

Wenn Menschen nun aber Werte haben, die scheinbar gegensätzliches Verhalten erfordern, können Konflikte auftreten, die ihre Handlungen blockieren. Solche Menschen fühlen sich dann oft unerfüllt. Denn Werte haben gewisse Erfüllungskriterien, die aber sehr individuell bestimmt werden. Das hängt ganz davon ab, was man unter einem bestimmten Begriff versteht.

Viele Konflikte entstehen durch die Gegensätzlichkeit von Werten. Das gilt auf persönlicher Ebene genauso wie in Beziehungen, wie auch zwischen Stämmen und Völkern. Denn wir fühlen uns nicht nur schlecht, wenn unsere eigenen Werte miteinander in Widerspruch stehen, sondern auch, wenn andere Menschen vielleicht völlig andere

Werte haben. In Gegenwart solcher Menschen entstehen unangenehme Gefühle, wenn es nicht große Toleranz gibt.

Werte sind auch Ziele, auf die man sich zubewegt. Wie diese Ziele aber genau aussehen, und wie und wann man sie demnach erreicht hat, ist oft nur scheinbar eindeutig.

Unsere Worte sind immer nur Landkarten unserer Wirklichkeit. Haben Menschen gleiche Landschaften, werden sie sich verstehen. Wenn sie aber unterschiedliche Karten haben, wird es wahrscheinlich Konflikte geben, obwohl sie vielleicht sogar das gleiche meinen. Auch ist es günstig, für uns selbst genau zu bestimmen, welche Bedeutung und welchen Rahmen ein Wert hat.

Freiheit bedeutet für jeden etwas anderes. Daher ist es sinnvoll, genau zu bestimmen, was Freiheit für jemanden bedeutet, wenn man darüber reden will.

Es ist aber auch günstig zu wissen, wann man sich selbst frei fühlt und wie es sich anfühlt, frei zu sein, bevor man beginnt, nach diesem Wert zu leben, denn sonst kann es leicht sein, daß man am Ziel ist, ohne es zu wissen.

Welche Erfüllungskriterien ein Wert hat, ist die Grundvoraussetzung für ein erfülltes Leben.

Es ist wichtig, diese Kriterien genau zu bestimmen, z. B. mit Fragen:

„Woran werden Sie erkennen, daß dieser Wert erfüllt ist?"

„Was muß geschehen, damit Sie wissen, daß Ihre Wertkriterien berücksichtigt sind?"

„Wie verhalten Sie sich, um diesem Wert treu zu sein?"

Hierbei ist es ratsam, genau zu sein, aber bei Äußerlichkeiten doch genügend Spielraum zu lassen. Wem Attraktivität wichtig ist, der möchte wahrscheinlich einen attraktiven Partner haben, dennoch sollte die Haarfarbe egal sein. Es ist nicht verkehrt, einen attraktiven Partner haben zu wollen, nur wenn man sich zu sehr auf eine bestimmte Form festlegt, schränkt man seine Möglichkeiten sehr ein. Das kann zu unnötigen Frustrationen führen. Vielleicht hat ein Partner mit einer anderen Haarfarbe viel mehr Attraktivität, als man sich vorstellen konnte.

Genauso kann es mit allen andern Werten sein. Werte haben ein großes Spektrum und lassen daher viel Flexibilität zu. Seien auch Sie flexibel, mit der Gewißheit, daß Sie vielleicht gerade dann besser nach Ihren Werten leben können.

Es ist aber hilfreich zu wissen, was am wichtigsten ist, damit man sich danach orientieren kann.

Es gibt zwei große Bereiche im Leben der meisten Menschen, in denen es durch unterschiedliche Wichtigkeit von Werten oft zu Konflikten kommen kann:

Beziehungsleben und Berufsleben

Wenn zwei Menschen Werte unterschiedlich wichtig nehmen, werden sie sich unter unterschiedlichen Bedingungen wohl fühlen, das heißt, sehr unterschiedliche Erfüllungskriterien haben. Diese Bedingungen können aber im schlimmsten Fall einander ausschließen.

Daher ist es zu empfehlen, eine Liste zu erstellen, auf der die einzelnen Werte in ihrer unterschiedlichen Wichtigkeit geordnet werden, um sich einmal bewußter damit auseinanderzusetzen. Menschen, deren Listen ähnlich aussehen, werden wahrscheinlich leichter eine harmonische Beziehung führen können als die, die im von vorneherein sehr unterschiedliche Ansichten haben. Wenn man die Werthierarchie von Menschen kennt, ist es leichter, diese zu berücksichtigen oder zumindest anzuerkennen, besser noch darauf einzugehen.

Was ist Ihnen also in einer persönlichen Beziehung am wichtigsten?

Schreiben Sie am besten auf, was Ihnen als Antwort einfällt. Ungefähr zehn Begriffe.

Um dann die Erfüllungskriterien zu bestimmen, lautet die weitere Frage dann: „Was ist Ihnen wichtig daran, jemanden zu haben, der diesen oder jenen Wert erfüllt?“

„Was genau bedeutet es für Sie, wenn dieser Wert erfüllt wird?“

Schreiben Sie auch diese Antworten wieder auf.

Um dann eine Rangordnung zu bekommen, fragen Sie: „Was ist wichtiger, Wert eins oder zwei? Eins oder drei?“ usw.

Wenn es nichts gibt, das wichtiger ist, bleibt der erste Wert auf dem ersten Platz. Wenn es etwas gibt, so tauschen Sie den Wert aus. Dann gehen Sie zu Platz zwei der Rangordnung und überprüfen die Liste nach dem gleichen Schema usw. bis zum letzten Platz. Wenn die Entscheidung zwischen zwei Werten schwierig ist, kann oft die Frage helfen:

„Wenn Sie niemals wieder das eine hätten, dafür aber das andere, wofür könnten Sie sich dann eher entscheiden?“

Immer mit dem Wissen, daß zwei Werte einander nicht zwangsläufig ausschließen. Aber um eine Werthierarchie zu bestimmen, kann diese Frage sinnvoll sein.

Einige Beispiele für Werte können sein:
Verständnis
Leidenschaft
Treue
Achtung
Herausforderung
Schönheit
Unterstützung
Ehrlichkeit
Freiheit
Verantwortlichkeit usw.

Es kann natürlich auch sein, daß es Werte gibt, die außerhalb einer Beziehung über jeder partnerschaftlichen Beziehung stehen. Es ist gut, sich auch darüber Gedanken zu machen. Es ist sicher sinnvoll, auch eine Liste für Ihr Berufsleben zu gestalten.

Beispiele hierfür sind:
Geld
Herausforderung
Krcativität
Arbeitsklima
Entwicklungsmöglichkeiten usw.

Und auch ob das Firmenprodukt mit den eigenen moralischen Vorstellungen übereinstimmt, kann entscheidend sein, ob Sie sich in einer Firma wohl fühlen oder nicht. Zumindest unbewußt haben Sie sowieso eine Vorauswahl getroffen mit der Entscheidung für einen bestimmten Beruf, trotzdem ist es von Vorteil, genau darüber Bescheid zu wissen, was Ihnen wichtig ist. Denn nur so können Sie aktiv Ihr Leben so gestalten, daß Sie sich wohl fühlen, und leichter entscheiden, welchen Arbeitsplatz Sie möchten.

Es kann sich manchmal anbieten, die Werte in Ihrer Hierarchie zu vertauschen, um sie so den Umständen anzupassen.

Hierzu bietet sich die Arbeit mit Submodalitäten an:

Erkennen Sie einfach die Submodalitäten der Bilder (sind die Bilder groß, klein, scharf, unscharf, hell oder dunkel etc.?), die Sie für einen bestimmten Wert haben. Sie werden wahrscheinlich für Werte, die in der Rangordnung höher stehen, andere Submodalitäten haben wie für weiter unten stehende. Tauschen Sie diese, wenn Sie möchten. Das wird die Werte in Ihrer Wertigkeit wahrscheinlich verändern. Diese Technik bietet sich gerade dann an, wenn zwei Werte knapp beisammen sind und Sie Ihre Bedürfnisse mehr an die Ihres Partners oder an die Anforderungen Ihres Berufs anpassen wollen.

Wenn Sie sich bewußter mit Ihren Wertvorstellungen beschäftigen, haben Sie eine bessere Vorstellung dessen, was Sie brauchen, um ein zufriedeneres Leben zu führen. Sie können Ihr Verhalten daher bewußter gestalten, um nicht das Gefühl zu haben, daß Ihr Leben an Ihnen vorbei geht und Sie nicht so gelebt haben, wie Sie möchten. Sie können aber auch die Werte verändern, wenn es Ihnen sinnvoll erscheint, damit Sie nicht Ziele verfolgen, die Sie gar nicht befriedigen.

Es ist sehr sinnvoll, solche Listen zu erstellen, weil sie helfen, aus einem Grundgefühl des Unbehagens ein angenehmes Grundgefühl zu bekommen.

Aber auch der Fokus Ihrer Aufmerksamkeit bestimmt die Gefühle. Liegt er auf einer Situation oder einem Lebensumstand, den Sie gut finden, werden Sie auch gute Gefühle haben. Liegt Ihr Fokus jedoch auf etwas Unangenehmem, werden Sie auch unangenehme Gefühle haben.

Unsere Gefühle sind die Konsequenz aus unseren Beurteilungen. Beurteilen wir das, was in den Fokus unserer Aufmerksamkeit tritt, als gut, fühlen wir uns gut. Beurteilen wir es als schlecht, fühlen wir uns schlecht.

Uns ist bewußt, daß viele Menschen gelernt haben, daß sie nicht mehr urteilen sollen. Gemeint ist damit jedoch, daß wir nicht verurteilen sollen. Nicht beurteilen ist nicht möglich. Wir beurteilen nicht nur mit dem Kriterium gut und schlecht. Wir beurteilen alles in all seinen Eigenschaften – groß oder klein, hell oder dunkel, breit oder schmal, sinnvoll oder sinnlos und so weiter.

Wir können gar nicht nicht beurteilen. Es ist unsere bewußte Aufgabe im Rahmen unserer Gesamtpersönlichkeit. Unsere Beurteilung bestimmt unsere Gefühle. Beurteilen wir nicht, fühlen wir nichts. Das kann für jemanden kurze Zeit angemessen sein, der zuvor depressiv war, weil er alles als schlecht beurteilt hat, aber es ist nicht angemessen für einen Menschen, der sich wohl fühlen will. Es gibt nur einen Weg, dies zu bekommen: glückliche Beurteilung unserer Lebensumstände.

Unsere Beurteilung bezieht sich jedoch immer auf unsere Ziele. Es gibt nur ein Gut und Schlecht in Bezug auf ein Ziel. Will ich sterben, ist es gut, nichts zu essen. Will ich leben, ist es schlecht, nichts zu essen. Wenn wir einem Ziel näher kommen oder es erreichen, beurteilen wir das als gut und fühlen uns auch gut. Sehen wir keine Chance dazu, unser Ziel zu erreichen, beurteilen wir das als schlecht und fühlen uns schlecht. Unsere Ziele bestimmen also den Fokus unserer Aufmerksamkeit, der wiederum die Beurteilung dieser Situation auslöst. Diese wiederum ist an unsere Ziele gebunden. Unsere Ziele bestimmen also demnach unsere Gefühle.

Die neue Lösung ist ein Ziel, das dafür sorgt, daß wir uns wohl fühlen. Das einzige, was zu tun ist, ist dieses Ziel an die oberste Stelle in unserer Zielhierarchieliste zu setzen.

Das ist tatsächlich alles, was zu tun ist. Und das zu tun, ist in 90 Prozent aller Fälle sehr einfach. Deshalb soll es hier geschildert werden. Für die restlichen 10 Prozent ist etwas mehr Aufwand erforderlich. Das Ziel, das uns ein glückliches Leben beschert, ist das höchste Ziel des Menschen, mit dem er instinktiv geboren wird. Im Laufe unseres Lebens stellen wir jedoch viele Ziele über dieses genetisch vorprogrammierte höchste Ziel. Was nun zu tun ist, ist, diesem vorbestimmten höchsten Ziel wieder seinen angestammten Stellenwert zurückzugeben.

Das Ziel, um das es sich hier handelt, besteht darin, glücklich zu sein. Wenn Sie der Meinung sind, daß dies ja wohl nicht das höchste Ziel sein kann, das es in Ihrem Leben geben soll, dann möchte ich Sie bitten, folgendes zu tun: Nehmen Sie sich ein Ziel, das Ihnen wichtiger erscheint, und fragen Sie sich, ob Sie dieses Ziel auch dann noch erreichen möchten, wenn Sie sich deswegen unglücklich fühlen würden. Oder wollen Sie dieses Ziel nicht vielleicht doch nur dann erreichen, wenn Sie sich dadurch wohl fühlen? Wenn ja, dann besteht Ihr wirkliches Ziel darin, sich glücklich zu fühlen.

Würden Sie beispielsweise auch dann noch über alle Maßen erfolgreich und reich sein wollen, wenn Sie wüßten, daß Sie dadurch todunglücklich würden? Möglicherweise sagen Sie jetzt, daß Sie ja dann glücklich wären. Doch das muß nicht so sein. Was wäre, wenn durch Ihr vieles Geld irgendwelche Verbrecher auf die Idee kommen könnten, Ihre Kinder zu entführen oder ähnliches. Dann hätte Ihr vieles Geld Sie nur unglücklich gemacht.

Würden Sie reich sein wollen, wenn Sie dadurch unglücklich wären? Oder wollen Sie es nur, weil Sie glücklich sein wollen? Wenn ja, dann ist es in Wirklichkeit wichtiger, glücklich zu sein. Ihr Geld wäre nur ein Mittel zum Zweck.

Glücklichsein heißt, sich glücklich zu fühlen. Was immer Sie sich unter dem Glücklichsein vorstellen, es wäre wertlos, wenn Sie sich dabei nur unglücklich fühlen würden. So kann es durchaus sein, daß ein armer Mensch aus einem Dritte-Welt-Land sich als überaus glücklich bezeichnet, während der Star aus Hollywood, der reich, berühmt und sexy ist, plötzlich von einer Brücke springt, weil er das Leben nicht mehr erträgt. Seine Lebensumstände waren sicherlich nicht dafür verantwortlich. Er hatte alles. Nur eines fehlte ihm: Glücklichsein.

In einer großen amerikanischen Studie wurden Probanden mehrere Tage lang alle fünf Minuten nach ihrem Glücksempfinden befragt. Diese Studie offenbarte ein sehr ungewöhnliches Ergebnis. Kranke Menschen, die ihr Leben im Rollstuhl verbringen mußten, zeigten sich genauso glücklich wie Menschen, die gerade im Lotto gewonnen hatten. Diese Studie war ein Meilenstein in der menschlichen Sozialforschung.

Es ist offensichtlich, daß unsere Lebensumstände bei weitem nicht den Einfluß auf unser Glücksempfinden haben, wie wir bislang geglaubt haben. Unsere Lebensumstände können noch so gigantisch toll sein, wenn wir uns trotzdem unglücklich fühlen, sind wir unglücklich. Glücklichsein bedeutet also, sich glücklich zu fühlen.

Wir kommen mit dem Instinkt auf die Welt, uns glücklich zu fühlen. Das ist unser eigentliches Ziel bei allem, was wir tun. Manchmal opfern wir vielleicht die Gegenwart und sind bereit, uns für eine Weile schlecht und unglücklich zu fühlen. Aber nur, wenn uns dafür in der Zukunft das Glück in Aussicht gestellt wird.

Ein Extremfall dieser Sichtweise stellt ein Leben in Armut und Demut dar, bei dem wir extensiv leiden, um nach unserem Tod in den Himmel oder auf eine höhere, glücklichere Daseinsebene zu gelangen. Wir opfern also unser Glück in der Gegenwart für das Glück in der Zukunft.

Wenn Sie Glücklichsein nicht an oberster Stelle in Ihrer Hierarchieliste stehen haben, wird Ihr Unbewußtes dieses Ziel auch nicht anstreben. Damit bleibt es den seltenen Momenten überlassen, sich dann zufälligerweise einmal glücklich zu fühlen, wenn Sie ein Ziel erreicht haben. Sie beurteilen die Erreichung dieses Zieles als gut und fühlen sich dementsprechend auch gut.

Nach einer großen amerikanischen Studie fühlen sich Menschen für maximal drei Wochen deswegen gut, wenn ein wirklich großes Ziel wie ein Lottogewinn in Erfüllung gegangen ist oder wenn sie frisch verliebt sind. Danach haben sie sich an die neuen Lebensumstände gewöhnt. Sie lösen keine außerordentlichen positiven Beurteilungen und damit auch keine zusätzlichen positiven Gefühle mehr aus. Sie wenden sich wieder neuen Zielen zu. Haben sie diese dann erreicht, fühlen sie sich wieder für eine Weile gut, weil sie die Erreichung ihres Zieles als positiv beurteilen.

Meistens freuen wir uns jedoch gerade einmal ein paar Minuten oder allenfalls ein paar Stunden über unsere Zielverwirklichung.

Wenn wir uns den ganzen Tag wohl fühlen wollen, erreichen wir das nur, wenn wohl fühlen tatsächlich auch das Ziel ist, mit dem wir uns beschäftigen. Ansonsten sind wir ab und an mal ein bißchen zufrieden.

Geben wir dem Unbewußten das oberste Ziel, uns jetzt und in Zukunft wohl zu fühlen, wird es den Fokus seiner Aufmerksamkeit auf alles ausrichten, was gute Gefühle macht. Etwas anderes kann es nicht tun. Sein Job ist es, Ziele zu verwirklichen.

Es wird also anfangen, das zu genießen, was das Leben ihm anbietet. Wenn die momentane Situation nichts anbieten sollte, was kaum vorkommt, wird es in unserer Vergangenheit eine Unzahl von Ereignissen finden, die schöne Gefühle machen, wenn wir daran zurückdenken. Oder es wird an unsere Zukunft denken und in positiven Plänen und deren Verwirklichung schwelgen.

Eine weitere Möglichkeit bestände darin, die momentane Situation einmal neu zu beurteilen. Ein Glas ist gleichzeitig halbleer wie halbvoll. Die eine Betrachtungsweise erzeugt schlechte Gefühle, die andere gute. Unser Unbewußtes müßte die guten nehmen, denn es muß gute Gefühle verwirklichen.

Das Ziel, sich den ganzen Tag wohl zu fühlen, ist also vielleicht tatsächlich verwirklichbar, wenn wir wohl fühlen an oberste Stelle setzen.

Reden wir einmal über Sex

Fast in jeder Partnerbeziehung ist das Bedürfnis der beiden Partner nach Sex unterschiedlich stark ausgeprägt. Vielfach kommt es zu größeren Problemen und oft sogar zu Trennungen aus diesem Grund. Ursache dafür sind bestimmte menschliche Instinkte. Beim Sex werden automatisch und vom Bewußtsein nicht beeinflußbar Hormone ausgeschüttet, die uns das Gefühl geben, geliebt zu werden und in unserer Partnerbeziehung sicher zu sein. Diese Hormone zersetzen sich wieder nur wenige Minuten nach dem Sex. Doch diese wenigen Minuten sind genial. Wir fühlen uns zweifelsfrei geliebt und dazugehörig. Dieses tolle Gefühl haben wir sonst selten. Wollen wir es willentlich auslösen, ernten wir oft Zweifel und Ängste.

Wollen wir also wieder einmal so richtig zweifelsfrei spüren, daß wir geliebt werden, entsteht das Verlangen nach Sex. Wenn unser Partner jedoch dieses Verlangen nicht gleichermaßen teilt, erfahren wir eine Zurückweisung. Dies ist in diesem Moment genau das Gegenteil von dem, was wir eigentlich wollen. Wir wollen zweifelsfrei spüren, daß wir geliebt werden. Doch stattdessen erfahren wir Ablehnung. Das löst natürlich Zweifel aus, was wiederum das Verlangen nach einem zweifelsfreien Spüren, daß wir geliebt werden, verstärkt. Wir werden also noch mehr Verlangen nach Sex spüren und unseren Partner damit bedrängen. Vermutlich werden wir es nicht bewußt tun. Wir sagen nichts von unserer Lust und halten die Klappe. Aber unser Partner merkt es unbewußt. Er merkt jedoch nicht nur unser Verlangen. Er merkt, daß wir ihn dafür verantwortlich machen, ob wir glücklich sind oder nicht. Wir fühlen, daß wir dann glücklich sind, wenn unser Partner zum Sex bereit ist. Weist er uns zurück, sind wir unglücklich. Genau diese Denkweise wird der Partner unbewußt spüren. Er wird diese Verantwortung nicht tragen wollen. Er will nicht schuld daran sein, daß wir unglücklich sind. Dieses unbewußte Schuldzuweisen strahlen wir jedoch aus. Wenn Sie einmal Ihre Gefühle genau betrachten, werden Sie diese Schuldzuweisung auch spüren können.

Unser Partner wird sich auf jeden Fall gegen diese Schuldzuweisung wehren. Er wird sich zurückziehen und das Spiel nicht mitspielen. Dieser Rückzug wird eine Zurückweisung sein, die den Partner selbst wundert. Wieso hat er plötzlich keine Lust mehr? Er versteht sich selbst nicht. Die Ursache ist das Wehren gegen unsere Schuldzuweisung. Sie erstickt die Lust im Keim.

Habe ich Sex und das zweifelsfreie Wissen, geliebt zu werden, in meiner Zielhierarchieliste über das wohl fühlen gestellt, werde ich mich nicht mit glücklichen Gefühlen beschäftigen, sondern mit meinem Ziel. Das Unbewußte wird einen Weg suchen, wie es mehr Sex haben kann. Diese Wege bedrängen und manipulieren unseren Partner, was das Problem wiederum immer weiter verstärkt.

Stelle ich Glücklichsein auf seinen von der Natur vorgesehenen Platz zurück, verändern sich augenblicklich mein Verhalten und meine Emotionen. Es sind nicht unsere Lebensumstände, die uns glücklich machen, sondern das, was wir aus unseren Lebensumständen machen. Hier gilt der Grundsatz:

Die Dinge haben nur die Bedeutung, die wir ihnen geben.

Suchen wir das Schöne darin, weil wir glücklich sein wollen, sind wir glücklich. Verfolgen wir andere Ziele, sind wir nur dann glücklich, wenn wieder einmal ein Ziel verwirklicht wird. Das ist bei Singles und Paaren in etwa gleich oft.

Wenn ich Glücklichsein an die oberste Stelle setze, dann werde ich mich auf jeden Fall wohl fühlen. Egal, ob ich geliebt werde oder nicht. Egal, ob ich viel Sex habe oder gar keinen.

Wenn wir das leben und fühlen, werden wir unsere Emotionen ebenfalls ausstrahlen. Unser Partner wird unbewußt spüren, daß er machen und lassen kann, was er will. Es wird für uns in Ordnung sein. Glücklich sein werden wir ja sowieso. Und nur deshalb wollten wir Sex und die Sicherheit, geliebt zu werden.

Wir lassen also unserem Partner die freie Wahl, ob er mit einem zufriedenen Menschen wunderschönen Sex haben möchte. Wenn er an Sex mit uns denkt, fühlt er sich frei und wohl.

Unsere Wirkung auf andere Menschen wird also sehr viel positiver sein, wenn wir Glücklichsein wieder auf seinen genetisch vorbestimmten Platz setzen.

Von vielen Flaschen, die alle anders aussehen, obwohl das gleiche drinnen ist

Es gab einmal jemanden, der füllte einen wirklich guten Saft in verschiedene Flaschen. Diese Flaschen hatten ganz verschiedene Formen und Farben. Manche waren ziemlich ähnlich, andere aber auch ganz unterschiedlich. Diesen Saft bekamen alle Freunde, und er schmeckte wirklich gut. Doch einmal kam es zu einer wirklich interessanten Erfahrung. Normalerweise bekamen die Freunde den Saft aus gleichen oder ähnlichen Flaschen. So hatte jeder Freundeskreis, der auf Besuch kam, immer seine Flaschen. Einmal aber wurden die Flaschen mit dem gleichen Saft vertauscht, und das Ergebnis war sehr unerwartet. Die Freunde erkannten den Saft nicht wieder, und er schmeckte auf einmal ganz schlecht, obwohl es noch immer der gleiche Saft war.

Menschen haben Glaubenssysteme entwickelt, um die Wahrheit zu finden. Religionen können nur helfen, der Wirklichkeit nahezukommen. Sie können Wegweiser sein, um in der richtigen Richtung zu finden, was gesucht wird. Niemand würde glauben, ein Wegweiser sei schon das Ziel, der herbeigewünschte Ort. Aus unterschiedlichsten Motiven, auch mit viel Machtinteresse, wurde Menschen aber glaubhaft gemacht, der Wegweiser sei das Ziel. Es gibt Menschen, die sagen wenigstens, der Weg sei das Ziel.

Wie dem auch sei, ich glaube, viele Probleme ergeben sich daraus, daß Menschen von Wegweiser zu Wegweiser hüpfen, den Weg und die Landschaft nicht sehen, weil man gesagt hat, der Wegweiser sei die Wirklichkeit. Mühsame Sache. Außerdem haben sich die Wegweiser im Laufe der Zeit oft verändert, sie sind der Witterung ausgesetzt gewesen und lassen sich oft nicht mehr so deutlich lesen. Darum kann es sein, daß diese Wegweiser nicht mehr den Weg zum Ursprung weisen, was das ursprüngliche Ziel dieser Wegweiser ist.

Das birgt aber oft große Probleme, denn so ist das Bild der Welt ein ganz anderes als in Wirklichkeit, die Orientierung fällt sehr schwer, und wehe dem, der von einem Wegweiser fällt.

Wie aber die Wirklichkeit ist, kann nicht genau gesagt werden, da jeder Satz, jedes Wort nur einen Teil des Abbildes der Wirklichkeit beschreiben können. Dazu ist die Sprache gemacht, und dazu ist der Verstand gemacht, diese Sprache zu verstehen. Die Wirklichkeit ist vorallem jenseits der Worte, daher können Religionen immer nur den Weg zur Wirklichkeit beschreiben, gehen muß man selbst. Man sagt, auch am Ende dieses Weges hören die Wegweiser auf, und man kann den Rest des Weges nur (im) selbst finden.

Der Kern der Wahrheit

Am Beginn einer Religion steht ein wahres Ereignis, der Kern der Wahrheit sozusagen. Dann wird eine Lehre davon abgeleitet, die ein gutes Abbild der Wahrheit darstellt, vielleicht das Fruchtfleisch. Dann wird diese Lehre von Leuten interpretiert, die eigentlich der Wahrheit nicht mehr so nahe stehen, die Schale bildet sich. Diese Schale besteht aus Interpretationen, Ritualen und Hierarchien, die mit der eigentlichen Lehre vielleicht nur noch wenig gemeinsam haben, aber solange der Kern bis zur Schale wirken kann, besteht die Möglichkeit, durch die Schale zum Kern zu kommen. Wenn die Schale dann wichtiger wird, dann bekommen die Rituale und Hierarchien oft mehr Bedeutung als der ursprüngliche Inhalt. Die Menschen halten sich dann für sehr gläubig, obwohl gleichzeitig auf die Wahrheit vergessen werden kann.

Was bleibt, ist oft wie eine hohle, harte Schale, wobei der Kern verloren geht.

Die Schale wird undurchdringlich.

So können dann auch Streitereien entstehen, welche Religion nun die richtige sei. Im schlimmsten Fall entstehen Glaubenskriege.

Meiner Meinung nach sind Kriege, die durch religiöse Überzeugungen gerechtfertigt werden, durch schlimmste Manipulation von Menschen, denen bewußt die Schale für den Kern verkauft wurde, entstanden.

Menschen mit der Erfahrung der Essenz würden sich nicht ernsthaft streiten, höchstens debattieren aus Lust an der Sache. Ich glaube die Völker wurden und werden bewußt von Erfahrungen der Einheit ferngehalten, um sie manipulieren zu können.

Alle Religionen, die echten Frieden bringen können, sind gleichwertig. Wenn die Grundwerte wie Achtung des Lebens, des Nächsten und des Selbst wachsen, Liebe und Mitgefühl entstehen kann, dann ist die Form egal.

Die westliche Kultur z. B. ist hauptsächlich durch die christliche Religion gestaltet. Viele Menschen haben den besten Satz: „Macht euch die Erde untertan“ im Kopf fest verankert. Viele kennen aber den Kontext nicht, in dem dieser Satz gesagt wurde, wenn er überhaupt gesagt wurde. Vielleicht wurde er aber auch falsch interpretiert.

Andere Glaubenssätze sind so tief verankert, daß Sie nur schwer erkennbar sind; auch weil die meisten Menschen die Welt, in die sie hineingeboren werden, als gegeben hinnehmen, ohne sie zu hinterfragen.

Wenn aber dann doch Glaubenssysteme hinterfragt werden, stellt man sich oft aus Trotz gegen diese, ohne zu erkennen, daß man dann noch immer in diesem Kontext lebt, vielleicht mit unbewußtem, schlechtem Gewissen.

Als der Materialismus den Mystizismus der mittelalterlichen Kirche ablöste, waren viele Menschen scheinbar nicht mehr gläubig, so lange, bis ein wirklich großes Problem auftauchte. Dann nämlich besannen sie sich meist auf den Gott ihrer Kultur und nicht auf irgendeinen Naturgeist.

So ist es auch heute noch sehr oft, wenn ein waschechter Atheist auf einmal unheilbar krank wird. Übrigens: Auch Atheisten sind gläubige Menschen. Oft glauben sie glücklich zu werden, würde nur alles zu Gold werden, was sie berühren. Sie glauben so lange an das, was sie sehen, hören, fühlen …, bis sie an eine Grenze stoßen, wo ihnen ihr Glaube nicht mehr weiterhilft.

Da diese Grenzen im normalen Leben ausreichen, braucht ein Atheist oft außergewöhnliche Situationen, um die Grenzen auszudehnen. Diese Situationen sind für das Ich meist nicht angenehm, für das Unbewußte aber legitim, da das Unbewußte keine Wertung in der Art des Ichs kennt. Wenn das Unbewußte meint, es ist an der Zeit, aus seinem Wohnkarton ein paar Schritte hinaus zu machen, wird es Wege finden, den Karton zu öffnen.

Wer weiß, ob alles richtig überliefert wurde, über zwei Jahrtausende. Wie viele subjektive Filter mußte die Wahrheit auf diesem Wege durchfließen, um in unsere Generation zu gelangen? Kennen Sie die stille Post? Nach ein paar wenigen Weitergaben ist die ursprüngliche Botschaft zu einer ganz anderen geworden. Ein Heidenspaß.

Man sagt, Gott wird schon für die richtige Überlieferung gesorgt haben. Nun, eine Zeitlang tat dies die Inquisition. Im Namen Gottes ist schon viel geschehen oder gesagt oder geschrieben worden. Ich möchte Sie einladen, genau zu überprüfen, um welche Motivation es sich handelt, wenn Gott ins Spiel gebracht wird. Auch bei meinen Zeilen.

Außerdem hat jedes Ereignis für jedes Individuum eine andere Bedeutung, das liegt in der Natur der Sache.

Von Leichen im Wohnzimmer

Wer weiß, vielleicht hat sich Jesus nicht geopfert, sondern der menschlichen Sichtweise einfach einen neuen Impuls gegeben, vielleicht daß das Leben im Leid eine Illusion ist. Wer sich dessen bewußt ist, kann aber nicht leiden. Was müßte er also opfern? Wenn Fakire viele normalerweise schmerzhafte Dinge ohne Schmerzen tun können, könnte es doch sein, daß Jesus frei von Schmerzen war am Kreuz. Wir wissen es nicht genau. Genauso wenig sollten wir uns aber schuldig fühlen, denn wer weiß, ob es der Wahrheit entspricht.

Aber die Menschen lassen ihren Erlöser lieber am Kreuz hängen, als sich über die Auferstehung zu freuen. Das Kreuz ohne Leichnam könnte dann ein ganz anderes Symbol sein, vielleicht ein Symbol, das zur Freude führt. Es ist doch eigenartig, daß man ein Foltergerät im Wohnzimmer hängen hat, mit einer Leiche daran, um diese dann noch um allerlei Dinge zu bitten.

Opfer machen Schuldgefühle, und Schuldgefühle sind ein guter Anlaß, sich von der Liebe abzutrennen. Würde das ein liebender Gott wollen? Es gibt einen Spruch von einem bekannten Biologen: *„Alle Tiere wissen es, nur der Mensch weiß es nicht, daß das Leben in Freude gelebt werden soll" (Samuel Butler).*

Vielleicht ist es besser, ein paar Schritte weiter zu gehen und die vielen Leichname endlich vom Kreuz zu nehmen, damit Auferstehung, das heißt die Überwindung der Illusion des Todes und der Schuld, gefeiert werden kann. Denn vielleicht glauben Menschen nur, daß sie leiden müssen, weil sogar Jesus selbst am Kreuz angeblich Leid ertragen hat.

Und auch wenn es etwas zum Wiedergutmachen gibt, mit Freude ohne Schuldgefühle können wir einfach bessere Arbeit leisten. Probieren Sie es aus. Tun Sie etwas, das Sie in Freude tun, und etwas, das Ihnen nicht besonders zusagt. Wo haben Sie mehr Kraft und bessere Ergebnisse?

Vererbte Schuldgefühle können interessante Probleme erzeugen. Solche Probleme können durch Glaubenssätze wie „Ich bin nicht gut genug!" entstehen.

Aus diesem Minderwertigkeitsgefühl kann auch eine Abwertung des jetzigen Augenblicks entstehen. Dadurch entscheidet man, daß man sich nicht mehr wohl fühlt. So wie es ist, ist es dann nicht gut. Man muß seinen Zustand verändern. Dabei werden Ziele gesetzt und Erwartungen gebildet, die in der Zukunft, also fern vom Augenblick, liegen. Erst wenn die Ziele erreicht werden, darf man sich wieder gut fühlen.

Das ist so, wie wenn man mit der Kirche ums Kreuz fährt. Da Dinge, jetzt im erweiterten Sinn auch Zustände und Gefühle, nur die Bedeutung haben, die ihnen gegeben wird, kann man sich prinzipiell in jeder Situation „wohl" fühlen. Erst durch die Bewertung wird unterschieden in gute Situation oder schlechte Situation. So wird der Weg zur Weiterentwicklung oft erst dann frei, wenn die Ist-Situation ganz angenommen und ausgekostet wird, mit allen guten und schlechten Eigenschaften.

Es gibt viele reiche Menschen, die unglücklich sind. (In Relation zu den armen Völkern sind wir alle reich. Wir haben genug zu essen und zu trinken, müssen nicht frieren und sind durch unser Sozialsystem abgesichert, damit das auch so bleibt, wenn wir kein Geld haben.)

Einer, der in unserer Gesellschaft lebt und sich keinen Urlaub leisten kann, ist arm. Aus anderer Sicht hat er soviel Reichtum, wie sich ein wirklich armer Mensch nur wünschen kann.

Andererseits gibt es auch viele „arme" Menschen, die zufrieden sind mit dem, was sie haben.

Somit sind die „Reichen" dann die Armen, und die Armen dann die Reichen. Die Zufriedenen sind reich an Zufriedenheit. Mit der Veränderung der Sichtweise verändern sich auch die Gefühle.

Wer mit dem Kern verbunden ist, der weiß um seinen Wert Bescheid, braucht daher seinen Wert nicht über Leistung zu definieren.

Glaubenssätze sind tief verwurzelt, sie ergeben sich aus unserem konditionierten Verhalten. Und wir sind mehr konditioniert, als man glauben mag. Meistens denken wir innerhalb von gewohnten Rahmen und suchen dort nach Lösungen. Oft liegt die Lösung aber außerhalb des gewohnten Rahmens, weil gerade der Rahmen es ist, der das Problem verursacht. Das verlangt aber selbständiges Denken, das Bibermenschen leider sehr schwer fällt. Eigentlich kann man jemanden nicht als Individualisten bezeichnen, der aus Mode individuell ist.

Aus diesem Minderwertigkeitsgefühl kann auch eine Abwe des jetzigen Augenblicks entstehen. Dadurch entscheidet man, daß man sich nicht mehr wohl fühlt. So wie es ist, ist es dann nicht gut. Man muß seinen Zustand verändern. Dabei werden Ziele gesetzt und Erwartungen gebildet, die in der Zukunft, also fern vom Augenblick, liegen. Erst wenn die Ziele erreicht werden, darf man sich wieder gut fühlen.

Das ist so, wie wenn man mit der Kirche ums Kreuz fährt. Da Dinge, jetzt im erweiterten Sinn auch Zustände und Gefühle, nur die Bedeutung haben, die ihnen gegeben wird, kann man sich prinzipiell in jeder Situation „wohl" fühlen. Erst durch die Bewertung wird unterschieden in gute Situation oder schlechte Situation. So wird der Weg zur Weiterentwicklung oft erst dann frei, wenn die Ist-Situation ganz angenommen und ausgekostet wird, mit allen guten und schlechten Eigenschaften.

Es gibt viele reiche Menschen, die unglücklich sind. (In Relation zu den armen Völkern sind wir alle reich. Wir haben genug zu essen und zu trinken, müssen nicht frieren und sind durch unser Sozialsystem abgesichert, damit das auch so bleibt, wenn wir kein Geld haben.)

Einer, der in unserer Gesellschaft lebt und sich keinen Urlaub leisten kann, ist arm. Aus anderer Sicht hat er soviel Reichtum, wie sich ein wirklich armer Mensch nur wünschen kann.

Andererseits gibt es auch viele „arme" Menschen, die zufrieden sind mit dem, was sie haben.

Somit sind die „Reichen" dann die Armen, und die Armen dann die Reichen. Die Zufriedenen sind reich an Zufriedenheit. Mit der Veränderung der Sichtweise verändern sich auch die Gefühle.

Wer mit dem Kern verbunden ist, der weiß um seinen Wert Bescheid, braucht daher seinen Wert nicht über Leistung zu definieren.

Glaubenssätze sind tief verwurzelt, sie ergeben sich aus unserem konditionierten Verhalten. Und wir sind mehr konditioniert, als man glauben mag. Meistens denken wir innerhalb von gewohnten Rahmen und suchen dort nach Lösungen. Oft liegt die Lösung aber außerhalb des gewohnten Rahmens, weil gerade der Rahmen es ist, der das Problem verursacht. Das verlangt aber selbständiges Denken, das Bibermenschen leider sehr schwer fällt. Eigentlich kann man jemanden nicht als Individualisten bezeichnen, der aus Mode individuell ist.

Übrigens hier ist die Lösung des Rätsels, das zeigt wie wichtig es ist, aus dem gewohnten Rahmen hinauszusteigen (hilft auch gegen das Bibersyndrom, auf das wir später noch zurückkommen):

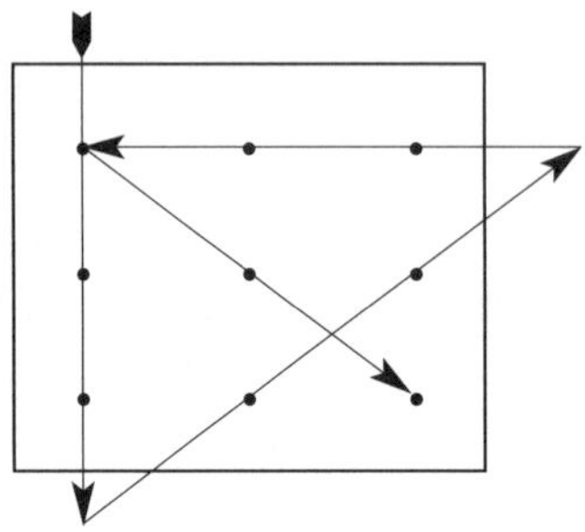

Ich habe diese Aufgabe vielen meiner Klienten gestellt. Einigen habe ich die Lösung verraten, und es hat sich gezeigt, daß sie dieses Prinzip danach unbewußt verwendet haben, um ihr Problem zu lösen.

Andere scheiterten, und ich zeigte ihnen die Lösung nicht. Nachdem sie ihre Ziele nach erfolgreicher Trancearbeit erreicht hatten, stellte ich sie noch einmal vor diese Aufgabe, und sie begannen sofort über den Rahmen hinauszufahren.

Es lohnt sich, die Konditionierung durch Medien und Erziehung bewußtzumachen, um nur das weiterzuführen, was nützlich ist. Wenn Medien z. B. den Fokus auf ein Ereignis legen, glauben Menschen, dies sei die wichtigste Sache der Welt. Sie sind betroffen, die Befindlichkeit ist auf Unglück eingestellt, auch wenn es das eigene Leben nicht beträfe, wenn sie den Fernseher nicht eingeschaltet hätten. Oder durch Werbung wird weisgemacht, was alles zum Glücklichsein gebraucht wird.

Mit den sogenannten Religionskonzepten verhält es sich oft ähnlich. Es handelt sich dabei um konditioniertes „Wissen".

Menschen fühlen sich schlecht, wenn sie innerhalb eines Konzepts unrecht handeln, und da sie sich so fühlen, glauben sie, es sei wahr. Wenn ihnen aber glaubhaft gemacht werden kann, daß nun alles anders ist, fühlen sie sich wieder gut, obwohl sie das gleiche tun.

Sex vor der Ehe galt bis vor kurzem als Sünde, heute ist er sogar erwünscht. Zuerst fühlten sich die Menschen schlecht, wenn sie Sex vor der Ehe hatten, jetzt, wenn sie noch keinen hatten. Was ist jetzt richtig?

Nun, keines von beiden, weil auch keines von beiden falsch ist. In Wirklichkeit ist es weder gut noch schlecht. Und obwohl die Menschen schon alle seit langem aufgeklärt sind, gibt es noch immer so viele Verklemmte – vielleicht ein Erbe der kirchlichen Auslegung. Wieder ein Fall von klassischer Konditionierung:

„Immer wenn sich so etwas wie Lust in deinem Körper regt, dann ist das » pfui « und gehört unterdrückt, sonst kommst du in die Hölle, und denk daran, Gott sieht alles!“ Eine schlimme Erziehungsmethode! Die Androhung einer Strafe, wobei man nicht genau weiß, wann, ob und wie groß sie sein wird, löst allein schon unangenehme Gefühle aus.

Die Phantasie hat oft eine starke Wirkung, die man körperlich spüren kann. Denken Sie mal daran, in eine saure Zitrone zu beißen oder eine süßsaure Suppe zu löffeln oder in eine Chilischote zu beißen. Mit ein bißchen Vorstellungsvermögen werden Sie Veränderungen im Mund, z. B. Speichelfluß real feststellen können. Oder stellen Sie sich eine erotische Phantasie vor, die Ihnen wirklich zusagt. Vielleicht können Sie hier auch körperliche Reaktionen etwas tiefer bemerken. Manche meinen, Sex beginnt im Kopf. Manche meinen, unsere Realität ist schon spannend genug. Finden Sie es heraus.

Nun, Vorstellungen können echte körperliche Reaktionen auslösen, weil unser Geist unseren Körper beherrscht. Damit wird aber auch verständlicher, daß durch die Androhung einer Strafe zumindest unbewußt Vorstellungen und Phantasien aktiviert werden, die in uns unangenehme Gefühle hervorrufen und verankern. Diese Gefühle werden aber als real empfunden, obwohl sie einer Vorstellung entspringen.

Da man sonst nichts als Feedback hat, werden diese unangenehmen Gefühle nun mit dieser Sache verknüpft, und so beginnt die Trennung von einer für Wesen ganz wichtigen Sache: Lust!

Sie wird nicht mehr vollständig gelebt, und so bleibt immer eine gewisse Unzufriedenheit zurück. Nun beginnt oft ein Kreislauf, in dem eine wichtige Sache ihren Stellenwert verliert und zum Hauptinteresse wird, da Wesen nun einmal lustorientiert sind. Somit kann eine Obsession entstehen.

Früher wollte die Kirche Menschen durch schlechtes Gewissen beherrschen, Beichte war nun notwendig. Heute schlägt das Pendel in die Gegenrichtung aus, bei jedem Schritt wird man mit sexuellen Inhalten überschwemmt.

Wenn Lust wieder völlig frei gelebt werden kann, ohne falschen Besetzungen der Angst, kann sie ihren ursprünglichen Platz wieder einnehmen: einen wichtigen zu ihrer Zeit, aber nicht die ganze Zeit.

Wer läßt sich schon gern von Gott beim Sex beobachten? – Trotz Aufklärung – denken Sie das nächste Mal im Bett daran, daß Sie Gott beobachtet, noch viel besser, laden Sie ihn ein, dabei zu sein. Das könnte dann möglicherweise von den Fesseln befreien.

Andererseits ist es egal, wo man Gott vermutet und was man glaubt, Hauptsache man glaubt. Bevor Jesus ein Wunder tat, sagt man, daß er fragte: „Glaubst du, daß ich das tun kann?"– „Dann steh auf und geh … dein Glaube hat dich geheilt!"

Drei Götter, die den Gott der Menschen erschaffen haben, überlegen,
wo sie ihn verstecken sollen, damit die Menschen ihn nicht finden.
Der erste meinte, auf dem höchsten Berg.
Aber es gibt Bergsteiger.
Der zweite sagte, am tiefsten Punkt des Meeres.
Aber es gibt Taucher.
Der dritte hatte darauf die Idee, daß das Herz des Menschen
der geeignetste Punkt ist, um Gott zu verstecken.

Wer nun glauben würde, daß Gott in jedem von uns Menschen ist oder wir in Gott, und glauben würde, daß wir dadurch mit allem durch Gott verbunden sind, vielleicht sogar ein Wesen sind, der würde es besser verstehen können, was damit gemeint ist:

„Was du dem Geringsten meiner Brüder getan hast, das hast du mir getan."

„Liebe deinen Nächsten wie dich selbst!" (… als ob du dich selbst lieben würdest!)

„Hilf dir selbst, dann hilft dir Gott!"

Wenn aber Religionen nur den Weg weisen können, was ist dann der Weg? Nun, ein altes Sprichwort sagt: „Der Weg ist das Ziel!"

Ein kleiner Bub sitzt mit einem Glas in der Küche und fragt seine Mutter:
„Stimmt es, daß Gott überall ist?"
Die Mutter: „Ja!"

Der Bub: „Auch in der Küche?"
Mutter: „Ja!"
Bub: „Auch in diesem Glas?"
Mutter: „Ja natürlich, mein Schatz!"
Der Bub hält daraufhin das Glas zu und sagt:
„Jetzt hab' ich dich endlich!"

Von einem, der gern ins Kino geht

„Was ist es in uns, das *ich* sagt?"
„Wer ist es in mir, der sagt *meine Gedanken, mein Körper, mein Leben*?"

Allein schon die Tatsache, daß wir sagen, wir *haben* ein Leben, einen Körper, ein *Ich*, sagt schon, daß unsere wahre Identifikation woanders liegt.

Vielleicht ist unser Leben wie ins Kino gehen.

Dann wäre unser Selbst die Leinwand.

Unser „Ich" der Projektor mit dem Film.

Man sieht viele Dinge. Schönes wie auch Katastrophen. Und der Film ist gut gemacht. Er spricht alle Sinne an. Man sinkt in tiefe Trance und vergißt, daß es nur ein Film ist.

Dann ist der Film aus, man ist noch leicht benommen, aber dann erkennt man, daß die Leinwand ganz ist, und der Film spurlos an ihr vorübergegangen ist.

Da die meisten aber mit dem Ich identifiziert sind, halten sie das Leben, das sie wahrnehmen, für real, obwohl es nur eine Illusion ist.

Außerdem wird durch das Ich die Illusion aufrechterhalten, daß die Welt, die wir wahrnehmen, außen ist. Alles, was wir wahrnehmen, nehmen wir aber über unsere Sinnesorgane auf. Das heißt, wir haben nur durch die neurologischen Prozesse ein Abbild der Wirklichkeit. Auch diese Prozesse benötigen Zeit, und so leben wir immer ein Stück in der Vergangenheit, wenn wir wahrnehmen. Dieses Abbild ist aber vielleicht im Verhältnis so wie das Niedergeschriebene zum Erlebten. Tiere haben andere Prioritäten, daher andere Wahrnehmungsbereiche. Sie nehmen andere Bereiche elektromagnetischer Wellen, andere Bereiche von Schallwellen auf und haben eine andere Wahrnehmung von Molekülen als wir. Welches Bild der Welt stimmt jetzt?

So wird verständlicher, was vor langer Zeit jemand sagte: *„Das, was wir wahrnehmen, ist nicht das Leben, sondern die Schatten, die durch den Schein eines Feuers an die Wand einer Höhle geworfen werden. Wenn ihr wissen wollt, was das Leben ist, müßt ihr schon aus der Höhle gehen.“*

Durch Tranceübungen kann man lernen, aus der Höhle zu gehen. Zuerst hinauszusehen, dann umherzugehen, um vielleicht irgendwann an einem helleren Ort zu verbleiben.

Andererseits ist es aber vielleicht so, daß wir nicht wahrnehmen, was geschieht, sondern durch unsere Wahrnehmung das, was geschieht, erst gestalten. Wie zum Beispiel unsere Gefühle. Ein interessanter Gedanke! Aus irgendeinem interessanten Grund ist beschlossen worden, daß wir uns als getrennte Wesen wahrnehmen. Wesen, die getrennt von einer „ernährenden“ Quelle leben. Die Grundlage des Mangels wurde geboren oder wahrgenommen, für wahr genommen. Daraus lassen sich dann alle Spielarten des Mangels ableiten. Zum Beispiel das Spiel der Angst. Wer Mangel leidet, braucht etwas; wenn etwas gebraucht wird, muß aufgepaßt werden, damit es nicht verloren geht. Interessanter wird die Sache noch, wenn viele Einheiten etwas brauchen und sich das scheinbar gegenseitig geben oder nehmen können. So ist der Boden für Gier, Haß, Neid und sonstiges Leid gegeben.

Zum Beispiel auch das Leid der Tiere, das unsere paradiesische Wohlstandsgesellschaft zu verantworten hat:

Es heißt einerseits, Tiere hätten keine Seele – zur Freude aller, die gerne billiges Fleisch aus Tierfabriken essen. Andererseits sagte ein Heiliger, Tiere denken und fühlen genauso wie wir. Sie können sich freuen und Schmerz empfinden und Angst haben (*Franz von Assisi*). Diejenigen, die ein Haustier haben, wissen, wovon die Rede ist.

Es gibt Filmaufnahmen, die, entgegen der zoologischen Meinung, belegen, daß Rinder weinen können. In Nahaufnahme eine weinende Kuh zu sehen, die mit gebrochenem Bein an einem Strick hängt, kann schon berühren, wenn man noch ein Herz hat. Oder wird Ihnen nicht ein wenig anders dabei, wenn Sie auch nur davon lesen? Vielleicht pressen Sie ja die Lippen ein wenig mehr aufeinander, versteifen den Kiefer, halten ein wenig den Atem an und haben ein wenig ein flaues Gefühl in der Magengegend, was normalerweise darauf hindeutet, daß auch die Hände ihre Temperatur verändern und den Tonus der

Muskulatur. Wer bewertet jetzt die Situation als gut oder schlecht? Von der Ebene des Nervensystems betrachtet, sieht die Sache so aus: Nerven werden an verschiedenen Stellen erregt und senden die Impulse weiter. Der Nervenzelle ist es egal, ob sie einen Impuls weiterleitet, der später einmal als angenehm oder unangenehm bewertet wird. Die Bewertung geschieht allerdings erst sehr spät in diesem Prozeß. Ohne die Bewertung sind die Impulse einfach nur Erregungen der Nerven. Wie kommt es aber zur Bewertung von Wahrnehmungen? Nun, alles, was den Organismus gedeihen läßt, ist auch angenehm, was ihm schadet, ist unangenehm. Lernen heißt in diesen Fällen das Verknüpfen von Ereignissen mit Bewertungen.

Für die Kuh ist es ein schlechtes Ereignis, da ihr die Unversehrtheit ihres Lebens, ohne Aussicht auf situationsbedingten Nutzen, genommen wird. Sie hat allen Grund, die Situation sehr negativ zu bewerten.

Ohne Bewertungen würde das Spiel nicht funktionieren. Das Bewerten von Situationen gehört also zu den Regeln. Wenn wir mit unserem normalen Wachbewußtsein identifiziert sind, ist es sehr schwer, nicht zu bewerten. Anders in Trance, da ist es ganz leicht, weil wir unserem Unbewußten näher sind, das sowieso nicht bewertet. Der Verstand, der wertende Anteil unseres Selbst, tritt zur Seite, und was bleibt, ist die Erfahrung, daß Dinge einfach sind. Trotzdem haben wir uns nicht aufgelöst, wir sind noch immer, sind aber nicht mehr nur mit unserem Wertungssystem identifiziert. Wären wir im wachbewußten Zustand auch mit unserem wertfreien Anteil in Verbindung, würden wir Erregungen weder als gut noch als schlecht wahrnehmen, sondern nur als Erregungen.

Das Spiel würde aber nicht mehr so funktionieren. Angenommen alle Lebewesen wären nicht nur mit ihrem wachbewußten Zustand identifiziert, sondern mit ihrem wertfreien Anteil – niemand würde sich mehr kümmern, ob es seinem Körper gut geht oder nicht, wahrscheinlich würde das Spiel nach einiger Aufregung zum Stillstand kommen. Was dann bleibt, kommt vielleicht der Wahrheit schon näher.

Oder man könnte Spielregeln erfinden, die zu jeder Zeit alle Beteiligten erfreuen. Es ist doch auch interessant, daß die größten und schwersten Tiere, also diejenigen, die am meisten Fleisch ansetzen, zumeist Vegetarier sind.

Haben Sie sich schon einmal gefragt, warum die größten Tiere der Erde mit Plankton auskommen, manche Menschen und auch Raubtiere aber keinen Tag ohne Fleisch? Wer bestimmt, was zum Überleben gebraucht wird?

Offenbar ist es nicht notwendig, Fleisch aus Fleisch aufzubauen. Pferde sind sehr stark, fressen aber nur Gras. Andere schwere Wesen leben aber hauptsächlich vom Licht. Ich habe mich öfters schon gefragt, woher die Massen von Bäumen kommen. Wird die Erde unter den Wurzeln weniger, damit daraus Holz entstehen kann?

Vielleicht ist es so, daß Bäume „glauben", von Licht leben zu können, Raubtiere von Fleisch und Wale von Plankton.

Man könnte sagen, Lebensformen funktionieren nach bestimmten Programmen oder sind bestimmte Programme.

Diese „Glaubensebene" wäre dann aber eine Ebene, von der sich das einzelne Individuum getrennt fühlen muß, damit das Spiel funktionieren kann. Aus der individuellen Sicht müssen die Spielregeln so eingehalten werden, und es gibt nur einen begrenzten Spielraum. Von der tieferen Glaubensebene oder aber Programmebene können Spielregeln geändert werden, mehr Möglichkeiten sind vorhanden. Vielleicht der Ebene des „eigenen" oder „näheren" Unbewußten oder Selbst. Von der tiefsten oder höchsten Ebene ist unbegrenzt alles möglich. Bitten oder beten ist eine der weisesten Möglichkeiten, mit diesem Unbeschreiblichen in Kontakt zu kommen. Der Fokus unserer Aufmerksamkeit bestimmt unsere Wahrnehmung.

Da jetzt aber davon ausgegangen wird, daß die Trennung nur eine Illusion ist, ist jederzeit eine Identifizierung mit dieser Ebene möglich. Wer könnte noch Mangel oder Angst empfinden, wenn alles von selbst gestaltet wird?

Andererseits wäre keine Erregung aus der Motivation des Mangels möglich, würden die einzelnen Einheiten nicht so an die Trennung „glauben". Wenn die einzelnen Einheiten es aber schaffen könnten, sich getrennt und verbunden zu fühlen, könnten Dinge und Erregungen nur aus Lust und Freude an der Erregung selbst entstehen.

Das Spiel hätte eine neue Qualität. Möglich ist es aber nur durch die Illusion der Trennung. Das liegt in unserer Natur. Stellen Sie sich ein Kind vor, das ganz vertieft ist in ein Puppenspiel. Kinder könnten keine Spiele spielen, wenn sie nicht bis zu einem gewissen Grad eine Identifizierung mit der Rolle, die sie spielen wollen, aufrechterhalten können. Die Lust am Spiel entsteht, weil sie wissen, daß sie der Spieler und der Erschaffer ihres Spieles sind. Die Puppe ist nur die Form, damit eine Identifizierung mit einer Rolle leichter fällt, hat aber nur die Bedeutung, die ihr gegeben wird.

Ein Bauer hatte einmal nur ein Pferd. Eines Morgens war das Pferd weg.
Die Leute sagten: „So ein Pech!"
Der Bauer sagte: „Man wird sehen!"
Bald darauf kam das Pferd mit lauter Wildpferden zurück.
Die Leute sagten: „So ein Glück!"
Der Bauer sagte: „Wer weiß!"
Der Sohn des Bauers begann die Pferde zuzureiten. Dabei stürzte er und verletzte sich so schwer, daß er von da an verkrüppelt war.
Die Leute meinten: „So ein Unglück!"
Der Bauer sagte: „Wir werden sehen!"
Bald darauf brach ein Krieg aus. Alle jungen Männer mußten kämpfen.
Der Sohn des Bauers aber blieb daheim.
Er war der einzige junge Mann, der überlebte.

Einmal erzählte ein Rabbi: „Meine Großmutter hatte die Angewohnheit, auf ihrem Schaukelstuhl zu sitzen und zu sticken. Als ich noch sehr klein war, konnte ich die Stickerei nur von unten betrachten. Ich sah nur ein wirres Durcheinander von hellen und dunklen Fäden und konnte mir nicht erklären, daß man mit so etwas so viel Zeit verbringen mochte.
Als ich aber größer wurde, begann ich die Stickereien von oben zu sehen und erkannte, daß das wirre Durcheinander, die hellen wie die dunklen Fäden, die ich von unten gesehen hatte, notwendig war, um all die schönen Muster hervorzubringen."

Vielleicht ist unser menschlicher Standpunkt zu begrenzt, um den Sinn der hellen und der dunklen Fäden zu erkennen.

Durch tiefe Trance kann man durch die Illusion der Zeit, der Angst, aber auch die der Lust durchgehen, um zu sehen, was dann kommt, nämlich, daß da kein Ich ist. In Trance kann man zum Beginn zurückkehren.

Ein berühmter Zenmeister kommt auf Besuch in ein Kloster, und alle Schüler verneigen sich die ganze Zeit ehrfürchtig vor ihm.
Daraufhin fragt er: „Warum verneigt ihr euch dauernd vor mir?"
„Meister, das müssen wir machen, damit unser Ego nicht zu stark wird!", antworten die Schüler.
Da sagt der Meister: „Nun, das ist gut für euer Ego, und was ist mit meinem?"

Das Ich begann mit Adam und Eva. Die beiden waren » eins « mit dem Leben, bis die Schlange sagte: „Wenn du vom Baum der Erkenntnis von Gut und Böse ißt, wirst du auch erkennen!" Nun, sie hatte nicht gelogen. Sie erkannten, und Erkennen braucht Polarität. Es braucht etwas, das da ist, und ein anderes Etwas, welches das erkennt, das da ist. Objekt und Subjekt sind entstanden. Und so gab es gewisse Subjekte, die von nun an den Objekten nachjagten.

Das heißt aber nicht, daß sich die Trennung in Objekt und Subjekt nicht wieder aufheben läßt, denn nur die Wahrheit ist unveränderlich, die Trennung aber ist nur eine Illusion. Es ist eine Sache der Verschiebung der Wahrnehmung.

Eine Welle fragt einen Tropfen: „Wo ist der Ozean?"
Der Tropfen antwortet: „Ich habe gehört, daß es ihn gibt, aber ich habe ihn auch noch nicht gesehen."

Eine Frau steht in Israel am Meer mit einem Baby am Arm, das eine rote Kappe aufhat. Daraufhin kommt eine Welle und entreißt der Mutter das Kind.
Die Frau jammert und fleht: „Bitte, bitte, gib mir mein Kind wieder zurück, dann werde ich auch ganz fromm!"
Da kommt wieder eine Welle und bringt ihr das Kind wieder, nur ohne Kappe.
Und so schimpfte die Frau: „Und was ist mit der roten Kappe!?"

Die Liebe kann helfen, die Polarität zu überwinden.

Ein Liebhaber klopft an die Tür seiner Geliebten an.
Sie: „Wer will herein?"
Er: „Ich bin es!"
Sie: „Hier ist kein Platz für zwei!"
Die Tür bleibt geschlossen.
Am nächsten Tag klopft der Liebhaber wieder.
Sie: „Wer will herein?"
Er: „Du bist es!"
Da macht sie die Türe auf und läßt ihn herein.

Es gibt eine alte Geschichte aus Indien über Gott Brahma.

Als Brahma noch ganz allein war und nichts außer ihm existierte, langweilte er sich sehr.
Da beschloß er, ein Spiel zu spielen, aber es gab niemanden, mit dem er spielen konnte.
Also erschuf er eine wunderschöne Göttin, Maya, zu dem alleinigen Zweck, Spaß zu haben. Sobald Maya erschaffen war und ihr Brahma den Grund ihrer Existenz erklärte, sagte sie: „Also gut, laß uns das schönste Spiel spielen, doch du mußt tun, was ich dir sage."
Brahma war einverstanden und indem er Mayas Anweisungen folgte, erschuf er das ganze Universum, die Sonne, die Sterne und die Planeten.
Dann erschuf er alle Formen auf der Erde, Atmosphäre, Meere, Landschaften, alle Pflanzen und Tiere und Menschen.
Nachdem er mit seiner Schöpfung fertig war, fragte er, wann das Spiel nun endlich beginnen würde.
„Wir fangen sofort an", erwiderte sie.
Sie nahm Brahma und zerschnitt ihn in unendlich viele winzige Stückchen und legte diese in alle Formen. Darauf sagte sie: „Ich werde dafür sorgen, daß du vergißt, wer du bist, und du wirst versuchen, dich zu erinnern!"
Beherrsche mich und das Spiel gehört dir.

So schuf Maya die Illusion der Trennung.

Ich möchte Sie, lieber Leser, nun zu einem weiteren kleinen Experiment animieren und eine Möglichkeit anbieten, einen Glaubensbaum wachsen zu lassen, der vielleicht dazu geeignet ist, dem inneren Frieden ein Stück näher zu kommen, und um ein Beispiel für die Arbeit mit Submodalitäten zu geben. Es ist vielleicht nicht unbedingt das typischste Beispiel für diese Technik, aber darauf werde ich später noch zurückkommen.

Daß die Arbeit mit Submodalitäten Veränderungen im Denken auslöst, beruht auf der Tatsache, daß Menschen Erfahrungen und Erlebnisse, die sie für allgemein gültig halten, auf eine typische Weise bildhaft repräsentieren.

Z. B. als Film in Farbe oder schwarzweiß. Oder als Standbild mit oder ohne Rahmen. Diese Bilder können klein und groß, scharf und unscharf sein, nah und fern.

Erfahrungen oder Glaubenssätze, die für Sie unumstößlich sind, prägen Sie sich meist auf ganz spezifische Art und Weise ein. Diese typischen Feinheiten werden als Submodalitäten bezeichnet.

Genauso haben auch die Dinge, mit denen Sie im Zweifel sind, eine eigene Art der Einprägung.

Nun liegt es auf der Hand, diese typischen Einprägemuster, die einer Art Einprägecode gleichen, zu nutzen, um die Dinge dort abzuspeichern, wo man sie haben möchte:

Das, was man lieber bezweifeln möchte, z. B. unbegründete Ängste, dort, wo Zweifel wirksam werden soll.

Und das, was wahr sein soll, dort, wo Wahrheit wirksam werden soll.

Der Vorteil bei dieser Sache ist, daß man ohne Anstrengung Veränderungen erreichen kann, die in die jeweilige Lebenssituation passen, da durch die Errichtung eines neuen Glaubenssatzes ein neuer Glaubensbaum wachsen kann.

Als erstes soll etwas angesprochen werden, das die meisten gut kennen. Wir alle fühlen uns irgendwie getrennt voneinander, von der Natur, der erschaffenden Quelle, dem inneren Frieden, nennen wir es einfach von all dem, was ist. Viele Menschen glauben sich erst entwickeln zu müssen, um zu begreifen, sich reinigen zu müssen, um der erschaffenden Quelle würdig zu sein, oder erwachen zu müssen. Das heißt, all diese Menschen fühlen sich jetzt noch getrennt.

Man könnte das in einem Satz ungefähr so formulieren:
„Ich erlebe mich als getrennt von all dem, was ist, und habe somit nur wenig Einfluß auf die Dinge!"

Begeben Sie sich nun kurz in eine entspanntere Position und machen Sie sich ein Bild von diesem Glaubenssatz. Eine Situation, in der dieser Glaubenssatz gilt.

Sehen Sie sich nun dieses Bild aufmerksam an.
Was können Sie erkennen?

Sind Sie in dem Bild oder außerhalb?
Welche Entfernung von Ihnen hat das Bild?
Hat es einen Rahmen?
Ist es nah oder weit weg?
Groß oder klein?
Scharf oder unscharf?
Matt oder glänzend?
Ist es farbig oder schwarzweiß?
Hell oder dunkel?
Bewegt oder unbewegt?
Wie ist es positioniert, oben links oder rechts, oder in der Mitte?
Ist es gerade oder gekippt?

Es ist wichtig, sich dies alles jetzt ganz bewußt zu machen und vielleicht aufzuschreiben.

Als zweites denken Sie nun an etwas, woran Sie zweifeln. Etwas, von dem Sie nicht genau wissen, ob Sie es tun oder lassen möchten, es haben wollen oder nicht, ob es eintrifft oder nicht, ob es stimmt oder nicht. Es kann etwas ganz Alltägliches sein, vielleicht eine Anschaffung oder ein Wechsel einer Lebenssituation in Beruf oder Wohnen.

Etwas, wo Sie schwankend sind.
Wie sieht dieses Bild aus?

Sind Sie in dem Bild oder außerhalb?
Welche Entfernung von Ihnen hat das Bild?
Hat es einen Rahmen? Etc.

Es ist wiederum wichtig, sich dies alles nun ganz bewußt zu machen und aufzuschreiben.

Stellen Sie nun die Unterschiede zwischen den Submodalitäten fest, die für Sie Glauben und Zweifel darstellen, vielleicht indem Sie sich die beiden Bilder nebeneinander vergegenwärtigen.

Dann sehen Sie sich an, welche Unterschiede es gibt, vielleicht indem Sie sich die beiden Bilder nebeneinander vergegenwärtigen.

Wir brauchen mindestens zwei Unterschiede. Wenn Sie nur einen bemerkt haben, überprüfen Sie, woran Sie merken, daß die zweite Situation einen Zweifel darstellt, und schreiben Sie sich das auf.

Nun stellen Sie sich das Glaubenssatzbild, das Sie anzweifeln möchten, im Rahmen der Zweifelsubmodalitäten vor.

Wenn Sie das gemacht haben, blättern Sie dieses Bild um wie die Seite eines Buches.

Dadurch entsteht ein leerer Raum, in dem Platz für etwas anderes ist, z. B. für ein Experiment:

Ich möchte Ihnen nun für unser Experiment einen Glaubenssatz anbieten, der sehr interessant und von Vorteil sein kann. Denn dann könnten wir unser Leben voll und ganz selbst gestalten und müßten uns nur noch fürchten oder ähnliches, wenn wir uns das auch wünschen.

Es kann einfach spannend sein, einmal auszuprobieren, wie es ist, mit all dem, was ist, eins zu werden, ohne dafür etwas tun zu müssen:

„Ich kann ausprobieren, wie es ist, mit all dem, was ist, immer mehr eins zu werden!"

Nun ist es wichtig, diesen Satz ökologisch zu überprüfen.

Stellen Sie sich kurz vor, dieser Gedanke ist bereits fest in Ihnen verankert!

Was hat sich geändert?
Wie reagieren Sie oder verhalten Sie sich?
Welche Einwände könnte es geben?
Wie können Sie diese Probleme umgehen?
Vielleicht denken Sie, Sie möchten nicht mit all den schrecklichen Dingen in Verbindung sein.

Wenn Sie aber eins sind mit der erschaffenden Quelle, können Sie diese schrecklichen Dinge ganz leicht verändern, wenn es Ihr Wunsch ist.

Wenn Sie bereit sind, stellen Sie sich nun eine Szene vor, die dem Glaubenssatz, eins zu sein mit all dem, was ist, entspricht. Lassen Sie sich, wenn Sie wollen, von Ihrem Unbewußten ein Bild zur Verfügung stellen, geben Sie sich aber auf jeden Fall die Zeit dafür, die Sie benötigen.

Überprüfen Sie dann die Submodalitäten des gewünschten Glaubenssatzes und verändern diese so lange, bis Ihre innere Repräsentation dieses gewünschten Glaubenssatzes dem entspricht, den wir eingangs analysiert haben.

Wie denken Sie jetzt über diese neue Überzeugung?

Vom Radiohören

Zwei Radios glaubten gleiche Ansichten zu haben, obwohl sie Unterschiedliches hörten.

Es gab einmal zwei Radios, die ganz dicht nebeneinander standen und sich unterhielten, warum die Welt so schön sei. Sie waren zufällig von gleicher Bauart, hatten aber trotzdem so manche Verständigungsschwierigkeiten.

Eines sagte: „Das Leben ist so schön, es besteht aus lauter Pop-Musik."
Eines sagte: „Das Leben ist schön, weil es immer Klassik spielt."
Eines fragte: „Was ist Klassik?"
Eines fragte: „Was ist Pop?"

In Wirklichkeit könnten sich die beiden Radios gar nicht unterhalten, obwohl sie auf engstem Raum nebeneinander stehen.

Weil ihre Empfänger nämlich auf unterschiedliche Sender eingestellt sind.

Auch für viele Menschen ist das Leben wie Radiohören.

Man dreht das Radio auf, in der Hoffnung, daß das Lieblingslied gespielt wird.

Doch meistens fühlt es sich so an, als ob die Lieblingslieder viel zu selten an der Reihe sind. Man hört halt Radio, damit es nicht ganz still ist. Während des belanglosen Geplappers der Moderatoren und Liedern, die sich so anfühlen, wie Mist aussieht, hat man die Hoffnung, die Lieder zu hören, die ein gutes Gefühl vermitteln.

Mit dem Geplapper der Moderatoren ist das so eine Sache. Es dient hauptsächlich zur Beruhigung, um die beängstigende Stille zu vermeiden.

Daher müssen Moderatoren unentwegt alle Anstrengungen unternehmen, Stille zu vermeiden, um diese Lücke zu füllen, diese Leere zwischen zwei Liedern, die ja nur ein paar Sekunden dauern würde. Denn wenn es eine solche Pause gibt, könnte sie ja vielleicht auf die Größe eines schwarzen Lochs anschwellen, das womöglich alles, was ist, verschlingt. Das wäre dann vielleicht etwas beunruhigend. Viele Menschen haben deshalb sicherheitshalber so einen Moderator gleich im Kopf miteingebaut.

So lange, bis begriffen wird, daß Stille auch etwas ist, nämlich die Grundlage für das, was ist, also für das, was gevakogt (siehe Seite 20) werden kann.

Die Stille ist die Grundlage des Denkens. Erst, wenn man die Stille im Denken beherrscht, kann man Meister seines Denkens werden. Denn nur dann ist es möglich, kontrolliert und punktgenau zu denken. Daher ist es anzuraten, Nichtdenken zu trainieren, aber das ist eine andere Geschichte.

Die Menschen entscheiden sich, ein Leben zu leben, als ob sie einen Tag Radio hörten. Sie nehmen 99,9% Schrott in Kauf, nur um dann, wenn ihr Lied gespielt wird, die Entscheidung zu treffen, glücklich zu sein.

Es ist auch klar, daß man sich nur freuen kann, wenn ein schönes Lied erklingt und nicht ein häßliches. Andererseits finden eigenartigerweise manche Menschen Lieder, die objektiv so klingen, wie ein Misthaufen aussieht, als schön, obwohl sie keine Mistkäfer sind. Nun vielleicht sind die Geschmäcker doch verschieden. Das hätte aber schwerwiegende Konsequenzen. Z. B. diese: Das, was als „positiv" bezeichnet werden kann, hängt nur von dem Geschmack des Vakogers ab! Positiv heißt hier aber auch, sich verbunden zu fühlen.

Hunde zum Beispiel finden es unheimlich interessant, an Scheiße zu riechen.

Das macht die Sache als solches, zum Leidwesen vieler sich an Wahrheiten klammernder Verstände, ziemlich relativ.

Die Wahrheiten, die wir als solche sehen wollen, sind wahrscheinlich nur temporärer Natur, so wie Dinge und Formen eben auch.

Wir selbst sind der Mittelpunkt unseres Universums, das aus unserem Glauben besteht. Durch das Resonanzgesetz bringen wir uns dann mit den Dingen in Kontakt, mit denen wir gleich schwingen. So bekommen wir immer die Bestätigung unseres Glaubens.

Ein Gedanke ist ein bestimmtes Schwingungsmuster, und so löst er dann andere gleiche Schwingungen aus.

Am Anfang steht ein Gedanke. Dieser löst andere Gedanken aus, bis ein ganzes Glaubenssystem entsteht. Wird ein Gedanke „lange" genug gedacht, wird er in die Sprache des Gefühls übersetzt. Dieses Gefühl wirkt dann wie eine Filterbrille für die Wirklichkeit. Es ist dann zum Beispiel alles rosarot, oder aber auch grau in grau.

Durch diesen Filter wird dann die Außenwelt (im äußeren Anteil unseres Selbst) nicht nur gesehen, sondern auch gestaltet.

Man kann sich das vorstellen, wie wenn man mit einer Schablone eine Form aufs Papier bringt: Man hat eine Idee für eine Form, man entwirft eine Schablone, man malt damit die Form auf Papier. So ungefähr, nur nicht zweidimensional, sondern mehr-dimensional.

Der Gedanke, das Gefühl und die Außenwelt sind alles das gleiche, nur in einer anderen Sprache.

Aus einem anderen Blickwinkel betrachtet hat kein Gedanke mehr Bedeutung als jeder andere auch. Alles hat den gleichen Wert, da es sowieso nicht die Wirklichkeit ist.

Wir sind lustorientierte Wesen, und obwohl wir außer aus masochistischen Gründen lieber angenehme Realitäten als unangenehme vakogen, finden wir dennoch wie beim Radiohören öfters unangenehme als angenehme Lieder, Situationen und Dinge vor.

Woran kann das noch liegen außer am Betrachtungswinkel?

Viele wundern sich dann, daß sie positiv denken und noch immer anderes passiert, als sie sich wünschten.

Jedes Glaubenssystem kann auf einen Grundgedanken zurückgeführt werden, auf dem alle anderen Gedanken aufbauen.

Eines haben wir alle gemeinsam. Wir dachten und denken, wir seien ein Ich, das separat von unserer Außenwelt und unserer Schöpfungsquelle existiert, daß wir getrennt seien.

Somit ist die Angst geboren. Denn wenn wir unser Leben nicht selbst erschaffen haben, sind wir abhängig von dem Wohlwollen der gestaltenden Kräfte. Wir müssen uns um unser Überleben sorgen, weil wir nie sicher sein können, was als nächstes kommt. Unsere Wahrnehmung legt sich somit automatisch auf das Sorgenmachen. Das ist unser Grundfilter.

Da wir auch glauben, von unserer Quelle getrennt zu sein, brauchen wir auch ständig etwas, das wir meistens außen suchen. Wenn es aber so ist, daß wir mit unserer Wahrnehmung unser Leben gestalten, projizieren wir nur die ständige, unerfüllte Suche nach außen, die wir dann auch erleben.

Bauen wir unser Leben nun auf dem Gedanken auf, daß wir mit der erschaffenden Quelle immer verbunden sind, werden sich diese Gedanken auch in die Sprache des Gefühls und die der Außenwelt übersetzen.

Die Formen wären auf einmal erfüllt von Verbundenheit aus tiefem inneren Frieden.

Das ist positives Denken, denn wir wollen uns verbunden fühlen, weil es sich gut anfühlt.

Positiv Denken heißt also, sich mit dem Gedanken, daß wir mit der erschaffenden Quelle verbunden sind, also identisch sind, in Resonanz zu bringen. Das löst dann alles andere aus, was wir wollen, denn es besteht dann kein Grund zur Sorge mehr, auf die sich unsere Wahrnehmung richten könnte.

Es hat wahrscheinlich wenig Sinn, diesen Gedanken erzwingen zu wollen, aber man kann ihn mit einem „Vielleicht“ denken. Dieses Vielleicht löst eine Erwartungshaltung aus, man geht unbewußt auf die Suche nach möglichen Beweisen. Irgendwann wird sich dieses „Vielleicht“ möglicherweise in der Außenwelt spiegeln, und so wird es, wenn das öfters geschieht, wahrscheinlicher. Aus dem „Vielleicht“ ist ganz von selbst eine Wahrscheinlichkeit geworden usw.

Bis sich die wahrscheinliche Verbundenheit manifestiert, kann man auf anderer Ebene die Aufmerksamkeit öfters auf die Dinge richten, die in Ordnung sind in unserem Empfinden. Das ist am Anfang vielleicht ungewohnt, kann aber genauso trainiert werden wie jede andere Fähigkeit auch. Am besten ganz spielerisch und frei von Erfolgsdruck.

So wie optimalerweise ein Kind gehen lernen darf. Und die meisten Menschen sind wieder aufgestanden, wenn sie einmal gestürzt sind – bis sie gehen konnten.

Meistens richtet sich unsere Aufmerksamkeit aber ganz automatisch auf die Dinge, die nicht in Ordnung sind, die Dinge, die uns

Sorgen machen, da wir ja den Trennungsgedanken leben. Hier kann man sich ganz einfach immer, wenn eine Angst auftaucht, eine Eigenschaft zunutze machen, die wir alle gut können: zweifeln! Wir können einfach all unsere Ängste anzuzweifeln beginnen. Daraus wird dann, wenn es längere Zeit gedacht wird, auch ein Gefühl, und somit hat man das Gefühl, daß die Ängste höchst fragwürdig werden. Das kann geschehen, indem man eine Angst herauskristallisiert und dann die Frage anhängt: „Und das glaube ich auch wirklich?"

Am Anfang wird wahrscheinlich öfters noch die Antwort „Ja" kommen, aber irgendwann kommt dann wieder dieses „Vielleicht nicht" …

Vielleicht eine Anregung für Christen, die nur das Leid Jesu am Kreuz vor Augen haben. Glauben Sie wirklich, daß uns Gott, der Liebe und Freude ist, uns als seine Kinder nur leiden lassen möchte, wenn sogar im stärksten christlichen Gebet von „… wie im Himmel, so auch auf Erden …" die Rede ist?

Glauben Sie wirklich, daß uns ein barmherziger Gott leiden lassen möchte? Vielleicht läßt er uns einfach die Wahl.

Es ist sicherlich auch sinnvoller, unser Bedürfnis des „Sorgenmachens" abzudecken, als es zu bekämpfen, denn Sorgenmachen haben wir lange genug geübt. Dahinter steht jetzt noch eine starke Kraft.

Aber eben auch mit dem „Vielleicht kommt ja alles von selbst". Wenn man Angst hat, krank zu werden, geht man am besten zum Arzt und vermittelt somit dem Unbewußten die Bitte um „Gesundwerden". Wenn man leidet, kann man beten. Somit ist die Wahrnehmung wieder auf das Positive ausgerichtet.

Wichtig ist nur, daß man die Dinge kommen läßt; nicht den Gedanken des „Verbundenseins" erzwingen wollen, denn dann fühlt sich das im Moment ja nicht wahr an, und der Gedanke des Verbundenseins würde sich mit dem Gefühl des „Nicht-Wahrseins" verknüpfen, was sich dann in der Außenwelt spiegeln und uns so länger als notwendig aufhalten könnte.

Bleiben Sie einfach bei Ihrer Wahrheit, dann wird sie sich von selbst verändern, so wie Sie es sich wünschen. Zu Ihrer Wahrheit gehört jetzt aber auch ein „Vielleicht stimmt es ja doch, daß wir identisch sind mit der erschaffenden Quelle".

Bis das Leben dann nur noch positiv ist, kann es auch hilfreich sein, nicht auf das erhoffte eine kurze Lied zu warten, das die

Empfindung „angenehm" verdient, sondern seinen Geschmack neu zu überdenken und die ein oder andere Speichererweiterung hinzuzufügen, damit die Zeit des Hörens öfters angenehm schmeckt. Das Leben ist dann viel öfters positiv, als zuvor angenommen wurde.

Es kann aber auch am allerpositivsten sein, wenn man den Geschmack dem ganzen Radioprogramm anpaßt, dann wäre es die ganze Zeit positiv.

Das wird wahrscheinlich jedoch wiederum nur dann gehen, wenn die Bewertung, wenn es schon sein muß, erst am Ende der Seifenoper stattfindet und nicht nach jeder Note. Einige Menschen leben aber so, als würden sie glauben, der Platz auf dem Notenblatt zwischen den Noten sei zum Eintragen der Noten freigehalten, die normalerweise nur von einem gewissen Menschenschlag, der sich als Lehrer bezeichnet, verwendet werden und so doch keine Melodie ergeben.

Wer bis zum Ende warten kann, wird die Noten vielleicht nur als Melodie erkennen, die weder gut noch schlecht ist und daher immer gut schmecken kann.

Wer weiß aber schon, wann Ende ist, denn auch die Geschichte mit dem Bauern, dem das Pferd weggelaufen ist, wurde nur aus Platzgründen an einer Stelle unterbrochen. Im Universum ist aber doch mehr Platz als in diesem Buch.

Warum nicht warum? Oder warum es besser ist, auf ein Ziel zuzugehen

Kennen Sie die Geschichte des Mr. Sorry?

Es war einmal ein Wettstreit zwischen drei Schützen, wer denn der beste sei. Und sie legten einem Buben einen Apfel auf den Kopf. Der erste Schütze ging 50 Meter zurück, zielte mit seinem Bogen und spaltete den Apfel mit seinem Pfeil und sagte: „I am Robin Hood!"
Der zweite ging hundert Meter zurück, schoß und spaltete mit seiner Armbrust den ersten Pfeil entzwei und sagte: „I am Wilhelm Tell!"
Der dritte ging dreihundert Meter zurück, schoß mit seiner Armbrust, traf den Jungen genau in den Kopf und sagte: „Oh, and I am sorry!"

Durch Warum-Fragen wird es auch schwieriger als leichter, ein Ziel zu erreichen, da man in die andere Richtung geht, also sich vom Ziel entfernt. Jedes Warum vergrößert die Entfernung, und man muß ein immer besserer Schütze sein, wenn man kein Mr. Sorry sein möchte.

Viel zu viele Menschen haben einen problemorientierten Ansatz, d. h. sie glauben die Ursache eines Problems kennen zu müssen, um es zu lösen. Sie begeben sich durch Warum-Fragen auf eine Ursachensuche, die immer weiter vom Ziel, der Lösung des Problems, wegführt.

Außerdem ist es die Frage, ob jemals die richtige Ursache gefunden wird, und wenn doch, dann ist das Problem damit meist noch nicht gelöst, oft noch mehr erschwert, da nun die Verantwortung abgegeben wird nach dem Motto: *„Geschieht meinem Vater schon recht, daß mich die Schuhe drücken, hätte er mir größere gekauft!"*

Weiters wird die Warumkette an einer willkürlichen Stelle unterbrochen, denn sonst kommt man immer auch zu der Frage, was war zuerst da: die Henne oder das Ei?

Aber wer diese Frage lösen möchte, braucht nur in ein Wirtshaus zu gehen und beides zu bestellen: Es ist immer das Ei.

Wenn die Schuhe aber nicht zu arg drücken, ist es manchmal gut, sich auf ein paar Umwege einzulassen, um sich die Gegend anzusehen, in der man sich befindet; dadurch kann man viel über sich selbst erfahren.

Da wir aber doch alle schlechte Schützen sind, ist es sicherlich besser, auf unsere Ziele zuzugehen, näher heranzugehen, um die Trefferwahrscheinlichkeit zu erhöhen. Das kann auch als zielorientierter Ansatz bezeichnet werden. Nicht das Warum, sondern die Lösung eines Problems rückt in den Brennpunkt der Aufmerksamkeit.

Oft stehen wir aber zu knapp vor einem Problem, um dieses lösen zu können. Einen gewissen Abstand braucht es schon, um mit Pfeil und Bogen ein Ziel treffen zu können. Ein zu geringer Abstand behindert uns, unsere ganze Kraft, unser ganzes Spektrum zu entfalten. Oft denken wir in einem eingeschränkten Rahmen, der die optimale Lösung eines Problems gar nicht zuläßt. Denken Sie an den Biber, und auch daran, daß Mr. Sorry den Apfel auch mit den Händen auseinanderbrechen hätte können, in vier Teile, um jedem Beteiligten ein Stück zum Essen anzubieten. Wer wäre dann der Überlegene gewesen?

Ein Vorschlag, auf ein Ziel zuzugehen, ist, sich genaue Schritte zu überlegen z. B.:

Was passiert jetzt gerade?
Was wollen Sie stattdessen?
Wie wird es aussehen, sich anhören und anfühlen, wenn Sie Ihr Ziel erreicht haben?
Wo würden Sie diese Veränderung gerne haben?
Wie wird diese Veränderung Ihr Leben beeinflussen?
Was hält Sie davon ab, das jetzt zu haben?
Welche Möglichkeiten haben Sie, welche brauchen Sie?
Wählen Sie den Handlungsplan!

Alles, was sich gut anfühlt, ist gut

Was wollen wir wirklich? Wir wollen uns JETZT gut fühlen! Es ist auch sinnvoll, sich auf positive Dinge zu konzentrieren, da wir dadurch leistungsfähiger und gesünder werden. Man hat mittels kinesiologischer Tests festgestellt, daß unsere Muskeln stärker sind, wenn man etwas Schönes sieht oder an etwas Schönes denkt, und schwächer wird, wenn man seine Aufmerksamkeit auf etwas Unangenehmes richtet, wie zum Beispiel einen Mord im Fernsehen. Auch die Thymusdrüse, die wesentlich unser Immunsystem beeinflußt, verhält sich dementsprechend.

Es wurden mehrfach Experimente mit Priming (vorbereiten) gemacht.

Es wurden Gruppen gebildet, die jeweils über ein bestimmtes Thema diskutieren sollten: Sport, Politik, Freizeit. Ein Thema war Alterskrankheiten. Ziel dieser Studie war herauszufinden, wie viel Zeit die einzelnen Gruppenmitglieder benötigten, um das Gebäude zu verlassen. Es stellte sich heraus, daß diejenigen, die sich über Alterskrankheiten unterhielten, am längsten brauchten.

Somit macht es Sinn, sich soviel wie möglich auf positive Dinge zu konzentrieren. Es kann auch sehr positiv sein, für andere da zu sein, wenn man handlungsfähig ist. Diese Handlungsfähigkeit ist uns aber genommen, wenn wir schreckliche Ereignisse, die weit weg sind, im Fernsehen sehen, so kann man sich leicht ohnmächtig – ohne Macht – fühlen, eine gefährliche Sache.

Es gibt noch eine andere Sache, die es nicht so leicht macht, gleich ein nur noch schönes Leben zu leben. Die Sache mit der Ursache und der Wirkung. Wenn man sich überlegt, daß wir alle vielleicht schon länger hier herumfleuchen, ist leicht vorstellbar, daß wir nicht immer nur gute Handlungen gesetzt haben. Manchmal ist es wahrscheinlich vorgekommen, daß durch den Glauben an den Mangel und die Trennung verwirrte Taten geschahen, wie sie sich z. B. durch Neid, Gier oder Haß äußerten. Es ist gefährlich und sinnlos, auf einem Misthaufen zu sitzen, ihn mit einer Plastikplane zuzudecken, sich dann die Nase zuzuhalten und sich einreden zu wollen, daß es hier gut riecht. Wenn man sich das ernsthaft einredet, verliert man den Kontakt zu dieser Realität.

Man wird ernten, was man sät. Wir müssen die Schnitzel essen, die wir gebraten haben, zum Teil vielleicht um daraus zu lernen. Am besten ist es zu versuchen alles anzunehmen, was kommt, auch wenn es unlustig ist, und dennoch ein positives Ziel, wie vielleicht inneren Frieden, im Bewußtsein zu behalten. Manchmal heißt es einfach durchhalten, auch wenn es ein saurer Apfel ist. Reframing kann hierbei gute Dienste leisten, um ein positives Grundgefühl zu behalten.

Reframing heißt, etwas in einen anderen Rahmen zu stellen, eine neue Sichtweise oder Einstellung für etwas zu bekommen.

So kam z. B. eine Mutter zu mir, deren Tochter immer um vier Uhr in der Früh mit den Worten ins Zimmer kam: „Gagau Heferl, Gagau Heferl“, daß heißt, sie wollte ihren Kakao. Die Mutter konnte dadurch nicht mehr schlafen, dies ruinierte ihren ganzen Tag.

Ich schlug ihr vor, sich folgende Szene vorzustellen:

Es ist vier Uhr morgens und alles bleibt ruhig.

Die Mutter entspannte sich mit dieser Vorstellung zunehmend.

Es wird sechs, alles ruhig – Mutter entspannt.

Es wird sieben, acht, neun, und es ist immer noch alles ruhig – aber mit jeder weiteren Stunde wurde die Mutter wieder unruhiger.

Nun sollte sie sich noch einmal vorstellen, es sei vier in der Früh und die Tochter käme wieder mit den gewohnten Worten.

Darauf hin zeigte die Mutter alle Anzeichen von Freude, und auf die Frage, was die Worte Gagau Heferl bedeuten, sagte sie: „Da ist ein Mensch, den ich sehr liebe!“

Menschen, die sehr gläubig sind, tun sich auf diese Weise um einiges leichter, sie konzentrieren sich immer auf den Sinn dahinter, der sie letztendlich zur Liebe führen wird. Schon allein aus diesem Grund macht es Sinn, ein gläubiger Mensch zu sein.

Denn wenn man sich vorstellt, daß es etwas Größeres, Liebevolleres gibt, als unsere beschränkte Wahrnehmung durch unsere Körperaugen zuläßt, ist es leichter vorstellbar und annehmbar, daß geholfen werden kann.

Wie kann ich das positive Denken in die Sprache des Gefühls übersetzen?

Wie weiß man, was gut ist? Es fühlt sich einfach gut an.

Auch Drogen fühlen sich gut an, aber nur eine Zeitlang, dann bewirken sie das Gegenteil.

Um aber zu wissen, wie es ist, wenn sich etwas gut anfühlt, ist es notwendig, das einmal näher zu betrachten. Ein angenehmes Gefühl ist für jeden Menschen ein bißchen verschieden. Einer spürt eine milde Wärme in der Brustgegend, im Bauch oder ein sanftes Ziehen oder eine weiche Weite oder eine klare Gewißheit im Kopf usw.

Je öfters und länger man dieses Gefühl hervorruft, umso besser fühlt man sich.

Wie ruft man ein angenehmes Gefühl hervor, ohne es erzwingen zu wollen?

Wer mit Selbsthypnose vertraut ist, tut sich leichter als jemand, dem das völlig fremd ist. Durch Entspannung gelingt es viel leichter, angenehme Gefühle hervorzurufen.

Oft denkt man auch, man fühlt sich zu verwirrt oder zu schlecht, als daß man sich etwas Angenehmes vorstellen könnte. Nun, es ist aber leichter, als man denkt. Irgendetwas, das sich gut anfühlt, gibt es in jedem Leben. Und sei es noch so banal, Hauptsache es fühlt sich gut an. Für den einen ist es das Lieblingslied, für den anderen eine bestimmte Speise oder das Zusammensein mit einem Menschen, den man sehr mag. Vielleicht gibt es einen Menschen, für den ist es das einzig Angenehme, wenn er am Klo sitzt.

Nun, niemand wird den ganzen Tag diese bestimmte Sache/Tätigkeit haben/machen können, das wäre dann auch nicht mehr so angenehm. Wer würde nicht genug haben, wenn er die Lieblingsspeise den ganzen Tag lang gegessen hat? Angenehm ist es, wenn sich verschiedene positive Gefühle immer wieder abwechseln.

Man kann sich also die Tätigkeit vorstellen und sich so an das Gefühl erinnern. Dabei ist es hilfreich zu beobachten, wo und wie im

Körper es sich gut anfühlt. Gut ist es auch, diese Gefühle sprachlich zu beschreiben, um sie sich noch bewußter zu machen. Weite und milde Wärme in Brust und Bauch: angenehmes Kribbeln im Becken usw. Wenn diese Körperempfindung sehr bewußt ist, kann man sich dann immer mehr an diese Empfindungen erinnern.

So kann man das mit jeder Vorstellung und auch jedem Wunsch machen, der sich gut anfühlt, um das Gefühl immer mehr zu stapeln, zu intensivieren. Mit der Zeit wird es immer leichter, ein angenehmes Gefühl im Körper hervorzurufen, bis man irgendwann einfach glücklich ist. Das heißt nicht, daß man dann nicht immer noch gewisse Formen haben möchte, aber man kann die Sache viel entspannter angehen. Wichtig ist auch, daß man sich immer wieder daran erinnert, daß die Bilder nur dazu dienen, sich jetzt gut zu fühlen. Darum ist es günstig, sich die Frage zu stellen: „Überwiegen bei diesem Bild die Gefühle, die mich jetzt gut fühlen lassen?"

Mit den Wünschen ist das so eine Sache. Man möchte sich vielleicht ein Schiff am Meer vorstellen, weil es sich gut anfühlt. Nun kommt aber sofort die Sehnsucht, dieses Schiff auch haben zu wollen, und die fühlt sich vielleicht gar nicht mehr so gut an, weil man daran denkt, daß man so ein Schiff vielleicht nie haben wird. Man denkt dann aber an den Weg dorthin und nicht mehr an das Schiff. Es ist günstig, wenn man das gut unterscheiden lernt und auch das Ziel vakogen lernt. Das ist nur am Anfang schwer und reine Trainingssache.

Außerdem geht es um den Augenblick. Es nützt nichts, wenn ich mich in der Zukunft gut fühlen werde, denn erleben kann ich es nur jetzt.

Darum kann ich jedes Wunschbild auch einfach so betrachten, mit dem Zweck, daß ich mich jetzt gut fühle, und so immer mehr in dieses Bild hineingehen. Das ist der eigentliche Zweck dieses Bildes. Vielleicht werde ich in der Realität nie so ein Schiff haben, aber solange ich mich in dem Bild wohl fühle, hat es seinen Zweck bereits erfüllt. Wenn das Gefühl der Sehnsucht immer noch überwiegt, ist es besser, sich ein anderes Bild ohne zweifelhafte Besetzung vorzustellen. Es geht nicht nur um Wunscherfüllung. Wichtig ist, daß ich mich jetzt dabei gut fühle. Denn wer weiß, ob ich ein echtes Schiff dann überhaupt noch möchte, falls ich es bekomme.

Und dennoch, die Sehnsucht, die damit vielleicht geweckt wurde, richtet dann die Aufmerksamkeit auf diese Dinge, und man verhält sich unbewußt vielleicht anders oder beginnt andere Gedanken zu denken, die außerhalb der gewohnten Gedankenschleife liegen.

Dazu möchte ich eine Geschichte erzählen:

Ein König kam einmal zu einem Meister und sagte: „Ich habe gehört, daß es nur mit Hilfe eines Meisters möglich ist, dem Pfad der Erlösung zu folgen und dennoch weltliche Freuden zu genießen." – „Ja, das stimmt", bestätigte der Meister. – „Ich verstehe aber nicht, wieso man dazu einen Meister braucht. Das alles kann man doch auch so erreichen. Wie kommst du eigentlich dazu, das Gegenteil zu behaupten?" – „Nun", – entgegnete der Meister, „ich komme demnächst für einen Monat in deine Hauptstadt. Dann werde ich dir zeigen, was ich meine."
Als der Meister in die Hauptstadt kam, führte der König ihn sogleich in den Garten seiner Residenz. Der Meister hatte sich nämlich für die Dauer seines Aufenthalts die freie Verfügung über den Schloßpark erbeten. Nun hängte er als allererstes ein Schild ans Eingangstor, auf dem zu lesen stand: „Dieser Park steht allen Bürgern offen. Alle Arten von Freizeitgestaltung sind erlaubt. Es ist jedoch verboten, irgendwelche Früchte oder Blumen zu pflücken. Wer gegen diese Bestimmung verstößt, wird bestraft. Wer sie befolgt, wird mit Früchten und Blumen belohnt." Als nächstes ging der Meister hin und pflückte alle voll erblühten Blumen von den Beeten und alle reifen Früchte von den Bäumen. Dann stellte er sich mit dem König am Ausgang auf. Die Blumen und die Früchte legte er neben sich. Die Besucher ließen nicht lange auf sich warten. Viele brave Bürger machten ihren Rundgang durch den Park und bekamen am Ausgang ihre Belohnung: eine Blume oder Frucht. Eines Tages betrat nun ein halbwüchsiger Junge den Park. Er hielt sich für ein ziemlich schlaues Bürschchen, und so riß er etliche Früchte ab und füllte sich damit die Taschen. Da aber alle reifen Früchte schon abgeerntet waren, waren die seinen noch ganz grün und ungenießbar.

Als er zum Meister kam, bat er wie alle anderen auch um seine Belohnung und versicherte, nichts angerührt zu haben. Der Meister hakte nach: „Gut, dann zeig mir einmal deine Taschen."
Dort fand er natürlich die abgerissenen Früchte – sehr zum Leidwesen des Übeltäters, der nun seine Strafe erhielt.
Da wandte sich der Meister zum König und sagte: „Du verhältst dich im Grunde nicht besser. Auch du verläßt dich bei allem, was du tust, auf deine Klugheit. Und was bringt dir das ein? Nichts als unreife Früchte, die erstens sauer schmecken und dich zweitens unglücklich machen. Ein Meister würde dir hingegen nur ausgereifte, wohlschmeckende Früchte geben."

Für diesen Meister in uns müssen wir erst unsere Wahrnehmung schärfen, um zu unterscheiden, was sich wirklich gut anfühlt und wo wir nur wollen, daß es sich gut anfühlt.

Die Strafe ist aber keine Strafe im eigentlichen Sinne; doch es ist gut zu warten, bis das angenehme Gefühl die Ängste und Zweifel überwiegt, wenn man eine Entscheidung treffen möchte, denn sonst projiziert man wieder den Zweifel und die Angst mit nach außen. Und das einzige, was man anzweifeln sollte, sind die eigenen Ängste.

Hierbei ist „Probedenken" eine gute Möglichkeit: Wie fühlt es sich an, wenn ich das und das mache? Nicht gleich zu einer Lösung kommen wollen, einfach immer wieder „Probefühlen", dann beiseite legen und weitermachen wie bisher und sich wieder daran erinnern, was man eigentlich möchte: sich jetzt gut fühlen. Also wieder in das Bild oder ein anderes einsteigen, bis der Wunsch allein genügt, um sich in seinem Körper angenehm zu fühlen.

Dann kann man besser loslassen und ist nicht mehr so zwanghaft auf eine bestimmte Sache fixiert. Ich meine das „Ich will meinen Teddy"-Syndrom!

Oft glaubt man sich nur mit einer bestimmten Sache gut zu fühlen, mit einem bestimmten Menschen, einer bestimmten Situation. Dabei vergißt man dann, was man wirklich möchte: sich gut fühlen.

Man glaubt dann aber sich nur mit dieser bestimmten Konstellation gut fühlen zu können. Alles andere ist dann wertlos, wenn man diese eine Sache nicht hat. Aber stimmt das wirklich? Ist es nicht viel mehr so, daß es viele Dinge gibt, die sich gut anfühlen? Nur, man will das dann nicht mehr glauben, wenn man sich auf eine Sache versteift hat. Was kann man machen? Nun, das gleiche wie mit jeder Angst. Angst deshalb, weil man Angst hat, ausschließlich auf diese eine Art glücklich zu werden, was natürlich die Wahrnehmung auf das Vermeiden des Verlierens richtet. Das ruft dann vielleicht wieder die Ereignisse hervor, die man zu vermeiden sucht. Man kann aber die fixierte Sache anzweifeln mit Fragen wie: „Ist das wirklich das einzige auf der Welt, was mich glücklich machen kann?" Wenn man sich diese Frage in der jeweiligen Situation oft genug stellt, kommt dann wieder dieses: „Vielleicht gibt es noch etwas …"

Drogen sind nur kurzfristig angenehm und haben einen hohen Preis. Arbeit mit Vorstellung und Phantasie kann genutzt werden, um das Denken zu schulen.

Wenn man Übungen mit Vorstellungen macht, ist es hilfreich, in gleichem Maße zu trainieren, das wahrzunehmen was ist, frei von Phantasie, am besten mit einem Lehrer, sonst besteht die Gefahr, sich in Phantasien zu verlieren.

Es gab Versuche mit Ratten, denen eine Elektrode in ihr Lustzentrum im Gehirn gesteckt wurde. Diese Elektrode hatte die Aufgabe, der Ratte Lust zu verschaffen. Nun konnte die Ratte mittels einer Taste diese Elektrode selbst betätigen. Das gefiel der Ratte sehr gut. Interessanterweise ist die Ratte aber bald darauf gestorben, weil sie mit der Stimulation so beschäftigt war, das sie auf Essen und Trinken vergaß. Nun, Ratten sind intelligente, liebenswerte Wesen so wie Biber, nur denken sie anscheinend manchmal ein wenig zu kurzfristig.

Wenn man weiß wie, kann man mit dem Denken eine starke Wirkung auf den Körper hervorrufen, auch Schmerzen lassen sich so auflösen.

Und dennoch gibt es im Leben eines Wesens so etwas wie einen roten Faden, der sich am leichtesten finden läßt, wenn man trainiert wahrzunehmen, was ist, ohne anzuhaften, ohne zu verspannen, ohne zu beurteilen als gut oder schlecht. Dinge sind einfach. In einem Geist so klar und rein wie ein Bergsee lassen sich die Dinge leichter erkennen. Mit dieser Haltung als Grundlage lassen sie sich leichter verändern.

Je feinfühliger wir werden, umso besser können wir auch unterscheiden, was uns wirklich gut tut. Oft fühlt es sich gerade am allerbesten an, wenn wir etwas für andere tun, vielleicht ist Geben wirklich seliger als Nehmen, einfach deshalb, weil es sich am besten anfühlt.

Ein großer Guru ist auf Reisen und macht auf einer Insel Station, auf der drei Mönche leben. Als er bei ihnen vorbeikommt, hört er, wie sie ein Mantra völlig falsch rezitieren. (Ein Mantra ist ein Gebetsspruch, den man immer wieder wiederholt.) Er bleibt stehen und bringt ihnen das Mantra korrekt bei. Woraufhin sich die Mönche überglücklich bedanken. Daraufhin setzt der Guru seine Reise fort. Das Schiff hat bereits abgelegt, da hört er vom Ufer laute Stimmen. Er schaut zurück und sieht die drei Mönche übers Wasser auf ihn zulaufen und dabei rufen: „Meister, wartet! Wir haben vergessen, wie das Mantra lautet."

Alles, was man berührt, wird zu Gold – ein schöner Traum?

Das Leben kann man vergleichen mit Träumen in der Nacht. Wenn wir schlafen, ist uns nicht bewußt, daß wir träumen, erst wenn wir aufwachen, erkennen wir, daß wir geträumt haben.

Nun wacht einer in einem Saal von Schlafenden auf und erkennt, daß die anderen tief und fest schlafen. Nur am anderen Ende sieht er jemanden, der auch gerade aufwacht.

Am Ende jeder Veränderungsarbeit steht das Aufwachen aus dem Phantasieren. Es ist aber, solange man träumt, egal, ob es wahr ist oder nicht, weil der Traum für die Realität gehalten wird. Daher sind Albträume trotzdem unangenehm, bis man aufwacht. Somit besteht ein weiteres Ziel der Veränderungsarbeit, aus einem Albtraum einen schönen Traum zu machen, weil es angenehmer ist, aus einem schönen Traum zu erwachen. Am Ende steht immer das Erwachen. Dann kann man das Leben auf eine neue Art wahrnehmen.

Nun, wie macht man einen schönen Traum?

Es kann manchmal günstig sein, sich Ziele zu suchen, die in den schönen Traum hinein gehören sollen. Dabei ist es ganz wichtig zu „vakogen", ob das Ziel wirklich den erhofften Beitrag zum Glück bringen kann.

Sonst geht es Ihnen vielleicht so wie König Midas.
Er wünschte sich, daß alles, was er angreift, zu Gold werde. Eines Tages ging sein Wunsch in Erfüllung. Bald darauf erkannte er aber, daß man Gold nicht essen kann. –

Eine Parallele zu unserer Zeit, in der die einzige Beziehung zur Natur dann besteht, wenn einem ein Reh vor den Kühler rennt. Die Werte unserer Demokratien sind oft hauptsächlich wie die des König Midas!

„Erst, wenn der letzte Baum gefällt, der letzte Fisch gefischt, …
… werdet ihr erkennen, daß man Geld nicht essen kann.
(Hopi-Indianer Weisheit)

Das kann mit Hilfe eines „Ökochecks“ nicht geschehen:

Stell dir vor, du hast dein Ziel erreicht, welche negativen Folgen können sich daraus ergeben, privat wie auch beruflich?
Was kann getan werden, um negativen Konsequenzen dieser Art vorzubeugen?

Oft weiß man aber gar nicht, wann man ein Ziel erreicht hat.

Hier hilft das sogenannte „Zielmodell“.

Jeder möchte zufrieden sein. Glücklich sein. Reich sein.

Woran erkenne ich, daß ich reich bin?
Wenn ich Zeit für meine Hobbys habe?
Wenn ich ein Haus habe?
Wenn ich Freunde habe?
Wenn ich gesund bin?

Als erstes ein Problem bestimmen:
Finden Sie eine Situation in Ihrem Leben, die Ihnen nicht so gut erscheint.

Wo sind Sie in dieser Situation?
Wie ist Ihre Körperhaltung, und was fühlen Sie in dieser Haltung?
Was können Sie sehen?

Und wenn Sie das sehen, was können Sie hören?
Und wenn Sie das alles wahrnehmen, was können Sie riechen oder vielleicht schmecken?

Kleine Zwischenfrage:
Wissen Sie, ohne Ihre Uhr anzusehen, wie die Zahl Acht auf dem Zifferblatt aussieht (römisch, arabisch, ein Punkt oder Strich, welche Farbe)? Jetzt bitte noch nicht auf die Uhr schauen!

Zweitens: ein Ziel bestimmen:
Was wollen Sie erreichen?
Welches Ziel haben Sie in dieser Situation?
Und wo und wann werden Sie sich wem gegenüber wie verhalten?
Woran werden Sie erkennen, daß Sie Ihr Ziel erreicht haben?
Was können Sie vielleicht lernen, damit das Ziel erreicht werden kann?
Woran können Sie frühzeitig erkennen, daß Sie auf dem richtigen Weg zu Ihrem Ziel sind?
Formulieren Sie auf jeden Fall positiv ohne Verneinungen? Wenn das schwerfällt, zeigt das die gewohnte Denkstruktur.
Nun gehen Sie mit allen Sinnen in Ihre Zielvorstellung. Was können Sie wahrnehmen?
Überlegen Sie sich nun drei Situationen, in denen Sie lieber das alte Verhalten behalten möchten.
Nun überlegen Sie sich, während Sie in Ihr Ziel noch einmal hineingehen, ob sich irgendwelche negativen Konsequenzen aus dem neuen Verhalten ergeben könnten und wie Sie diese vermeiden können!
Wenn es keine Einwände gibt, haben Sie ein neues Ziel!

Ein Mönch sitzt meditierend unter einem Baum. Da kommt eine Maus und kriecht unter seine Kutte. Der Mönch jagt sie weg, aber die Maus kommt zurück. Er verscheucht sie wieder und ruft: „Störe mich nicht, ich suche die Einigkeit mit Gott!"
Die Maus piepst zurück: „Das wird wohl nichts werden, wenn du dich nicht mal mit mir einigen kannst ..."

Wie war das mit Ihrem Zifferblatt?

Wenn Sie jetzt auf die Uhr sehen, vergleichen Sie, ob die Beschaffenheit der Zahl Acht mit Ihrer Vorstellung übereinstimmt.

Die meisten Menschen irren sich.

Dieses Beispiel zeigt die Fähigkeit, Dinge auszublenden, die nicht in unserem Fokus liegen. Normalerweise schaut man auf die Uhr, um festzustellen, wie spät es ist, somit ist die Beschaffenheit des Zifferblatts unwichtig. Oder man möchte wissen, wie die Uhr aussieht, dann ist die Zeit egal. Genauso verhält es sich, wenn z. B. ein Freund ein neues Auto hat und man sich wundert, daß auf einmal so viele Fahrzeuge desselben Typs unterwegs sind. Dieses Prinzip können wir uns zunutze machen, indem wir unsere Aufmerksamkeit in gleicher Weise nur auf die positiven Dinge richten und dadurch nur Positivem begegnen.

Übrigens: Wissen Sie eigentlich, ohne jetzt auf Ihre Uhr zu sehen, wie spät es ist?

Biber sieht fern, Habicht sucht Ziel

Wenn die Mechanismen von Kommunikation und Manipulation bewußter werden, verlieren sie ihren Schrecken und man kann sich bewußt davor schützen und freier damit umgehen.

Die Lenkung der Aufmerksamkeit ist ein Schlüssel in jeder Interaktion. Medien zum Beispiel lenken stündlich Millionen von Gehirnen auf negative und unglückliche, katastrophale, niederträchtige Ereignisse. Wie viele Gedanken werden da synchronisiert? Wieviel Kraft kommt da zusammen, wenn man bedenkt, daß Gedanken ihre Wirkung auf die Materie haben? Denken Sie an die saure Zitrone, oder etwas Schärferes wie Chili oder Sex.

Was passiert mit dieser Kraft, die in eine negative Richtung gelenkt wird?

Wieviel Gefühl von Wut und Ohnmacht stellt sich ein, weil ja sowieso alles so weit weg ist und man nichts tun kann? Durch die Glasscheibe, auch Bildröhre genannt, sind wir von den Ereignissen und Mitmenschen getrennt, werden also handlungsunfähig. Durch die Vielfalt der negativen Ereignisse werden wir ohnmächtig. Man kann nicht überall helfen, und in der Zeit, die man nützen könnte, um sich auf positive Dinge zu konzentrieren, vielleicht mit einem Hund aus dem Tierheim spazieren zu gehen oder dem Nachbarn zu helfen, lassen wir uns von unserer Handlungsfähigkeit ablenken. Wir sind mächtige Wesen!

Es ging einmal ein Mädchen am Strand entlang. Am Tag davor hat es einen Sturm gegeben und Tausende von Seesternen lagen am Strand. Da nahm das Mädchen einen dieser Sterne und warf ihn zurück ins Meer. Ein Mann, der das sah, fragte verwundert, warum sie das tat, da es doch so viele Sterne waren, die hier herumlagen, und sie doch nicht alle retten konnte und es keinen Unterschied mache, wenn sie den einen rettete. Das Mädchen antwortete: „Für den einen macht es einen Unterschied!"

Stare sind kleine Vögel mit kluger Taktik, um einem Habicht, der ein exzellenter Jäger ist, zu entkommen. Sie fliegen in so großen Schwärmen durcheinander, daß es einem Habicht unmöglich wird, sich auf einen Vogel zu konzentrieren. Jeder Versuch, einen zu erwischen, geht ins Leere. Wenn es aber dem Habicht gelingt, einen Vogel abzusondern, verfehlt er sein Ziel nie.

Medien können eine super Sache sein, wenn man sie zu nutzen weiß und den Mechanismus der Überladung kennt, der auch in der Hypnose eingesetzt wird.

Dann kann man nämlich gezielt darauf reagieren.

Der Schlüssel muß ins Schloß, ob es ihm paßt oder nicht …

Der klassische Ansatz von Hypnose wird auch autoritärer Stil genannt. Er arbeitet mit direkten Suggestionen. Der Rapport ist durch die Autorität des Hypnotiseurs gegeben – oder auch nicht. Wenn die Autorität vom Unbewußten akzeptiert wird, wird die Hypnose wahr scheinlich erfolgreich sein.

Einleitung oder Tranceinduktion erfolgt über die Aufmerksamkeitsfixierung eines äußeren Objekts, z. B. eines Gegenstands oder über die Stimme des Hypnotiseurs. Dann werden direkte Suggestionen, die das erwünschte Ziel anstreben, gegeben. Z. B. „Ihre Augen werden müde. Schlafen Sie jetzt. Ihr Arm wird schwer usw."

Das kann auch in Form einer Selbsthypnose wie beim „Autogenen Training" geschehen, wobei man sich die direkten Suggestionen selbst vorsagt.

Falls der Klient das nicht blockiert, spricht man von einem hypnotisierbaren Menschen. Wenn doch, ist er unhypnotisierbar. Das war es.

Mit der Autorität ist das so eine Sache. Viele Menschen sind eher bereit, Autoritäten zu akzeptieren, früher mehr als heute, viele aber auch nicht, was eher unserem individuellen Zeitgeist entspricht.

Die Menschen, die Autoritäten eher hinterfragen, werden das auch bei einem klassischen Hypnotiseur tun. Und so entsteht oft ein Kampf, wo einer dem anderen beweisen will, wer der Stärkere ist. Das Ergebnis sieht denkbar unharmonisch aus.

Laut Literatur sind 5 bis 30 Prozent unhypnotisierbar. Allein diese Uneinigkeit über die Zahl der hypnotisierbaren Menschen läßt darauf schließen, daß in der klassischen Hypnose die Persönlichkeit des Klienten eine große Rolle spielt. Andererseits könnte aber auch die Persönlichkeit des Hypnotiseurs eine große Rolle spielen. Wahrscheinlicher ist aber, daß es auf die Interaktion zwischen den beiden Personen ankommt. Wenn zufällig der Klient zu einem Hypnotiseur kommt, oder der Hypnotiseur zu einem Klienten, der die passende Interaktion durch die gegebene Technik herstellen kann, dann kann Hypnose stattfinden.

Der Hypnotiseur hat sozusagen den richtigen Schlüssel zum Schloß des Klienten gefunden.

Nun kann es sein, daß der Hypnotiseur zwar den richtigen Schlüssel hat, aber nicht in der für das Schloß passenden Weise sperren kann. Er wird das Schloß vielleicht aufbekommen, aber vielleicht etwas unharmonisch. „Bist du nicht willig, so brauche ich Gewalt." Vielleicht werden die Suggestionen bestimmter oder lauter gegeben, als ob der Klient plötzlich taub wäre. Wie Kinder das ja kennen; nach dem Motto: „Hörst du nicht? Muß ich laut werden?" Als ob plötzlicher Gehörsturz eintreten würde.

Vielleicht ist es aber auch so, daß das Schloß viel feiner ist, ein Präzisionsschloß, das nur eine bestimmte Art Schlüssel akzeptiert, und der Schlüssel ist ein grober Schlüssel, vielleicht eine Art Schuppenschlüssel oder Klotürschlüssel. Dann wird von „Unhypnotisierbarkeit" gesprochen, denn das Schloß bleibt zu: Die Hypnose funktioniert nicht.

Wie helfe ich dem Biber?
Oder was ist „Moderne Hypnose“?

Alles was existiert, hilft, in Trance zu gehen; oder sollte ich sagen: in Trance zu bleiben?!

Da aber erfahrungsgemäß „angenehmere“ Zustände bevorzugt werden, möchte ich über Trance nur mit dem Ziel sprechen, wie aus einer nicht so angenehmen Trance eine angenehme Trance werden kann.

Es gibt Trancetechniken, die ohne bestimmte Inhalte arbeiten. Man geht dabei z. b. durch Trommeln, rhythmisches Atmen oder Mantras ohne bestimmte Führung in Trance. Hier geht es um die Erfahrung der Trance selbst, die das Dasein auf andere Weise erleben läßt. Durch Trance läßt sich unmittelbar Einheit erfahren. Dies hat eine sehr heilsame Wirkung auf alle Ängste.

Bei moderner Hypnose handelt es sich um geführte Trancearbeit. Man arbeitet mit Inhalten, Geschichten, Bildern, Metaphern, also mit bestimmten Themen, die in Trance führen und gleichzeitig weiterverarbeitet werden. Dienen diese Inhalte rein zur Entspannung, spricht man aber trotzdem von „Leertrance“.

Für Menschen aus unserer Gesellschaft bietet eine geführte Trance einen sicheren Ein- und Zugang in ein scheinbar fremdgewordenes Land. Nicht zuletzt durch das „Zurücknehmen“ einer Trance wird ein sichereres Zurückkehren von diesen Ausflügen gewährleistet.

In der modernen Hypnose heißt es auch: „Kein Weg führt an der Trance vorbei. – Oder: Alles führt in Trance.“ Das ist ein großer Unterschied zu klassischen Formen und wird im Kapitel über Technik der Tranceinduktionen näher betrachtet.

Außerdem hat ein Gesinnungswandel stattgefunden. Es wird nicht mehr verlangt oder gefordert, vielmehr wird gebeten, eingeladen und verhandelt und vorgeschlagen – eine deutliche Verfeinerung der Kommunikation, die auch unser Unbewußtes zu schätzen weiß.

Die verbale Sprache ist ein wichtiges Werkzeug der modernen Hypnose, obwohl auch die Körpersprache und die Körperrhythmen, wie Atmung und Puls, ihre Beachtung finden. Aufeinander abgestimmt kann dies alles helfen, Kommunikation zu intensivieren.

Es gibt viele Arten von Kommunikation, wobei moderne Hypnose immer Hilfe zur Selbsthilfe darstellt. Ein Hypnotiseur hilft einer

Person, in Trance zu gehen, gehen tut sie aber selbst. So gesehen ist jede „Fremdhypnose" immer auch „Selbsthypnose".

Bei der Einleitung einer Trance wird die Aufmerksamkeit weg von äußeren Reizen hin auf ein inneres Erleben gelenkt. Die Hypnose hat eine individuelle Wirkungsweise, die meistens mit einer Beruhigung der Körperrhythmen einhergeht, und ermöglicht jedem Menschen, auf seine eigene Art und Weise den Blick auf sein inneres Erleben zu richten.

In der modernen Hypnose wird weitgehend ohne vorgegebenes Schema gearbeitet. Es gibt aber gewisse Richtlinien, die ein wenig im Kapitel über Technik zum besseren Verständnis, was moderne Hypnose ist, erörtert werden. Dabei möchte ich die individuelle Färbung durch meine eigenen Erfahrungen und Vorstellungen betonen, wie jede Kommunikation nie objektiv, sondern immer nur subjektiv sein kann.

Gerade weil in moderner Hypnose relativ frei gearbeitet wird, kann sich erst durch die richtige Einstellung die volle Wirkungsweise entfalten. Die richtige Einstellung stellt sich aber am besten durch Selbsterfahrung ein, was einen sehr wissenschaftlich orientierten Menschen hier nicht sehr erfreuen wird. Dafür möchte ich aber erzählen, wie moderne Hypnose helfen kann, das „Bibersyndrom" zu überwinden (siehe Neun-Punkte-Rätsel).

Es wurde einmal ein Biber mit einer Falle gefangen und in einem sehr engen Käfig gehalten, in dem er viel zu wenig Platz hatte. Der Käfig ist so klein, daß der Biber nur drei Schritte auf die eine Seite machen kann, um sich dann an den Gitterstäben aufzurichten und umzudrehen und dann wieder drei Schritte zurück zu machen.
Das ist das einzige, was er machen kann, und dies tut er den ganzen Tag. Der Biber ist natürlich sehr unglücklich. Irgendwann bekommt er ein neues, großes und schönes Gehege. Zur großen Verwunderung macht der Biber aber immer noch drei Schritte, richtet sich auf, dreht sich um und geht drei Schritte zurück, obwohl gar keine Gitterstäbe mehr da sind. Offensichtlich hat der Biber noch nicht erkannt, daß er jetzt viel mehr Möglichkeiten hat.

Die Arbeitsweise des Unterbewußtseins

„Ohne Freundschaft, Offenheit und Vertrauen sind Fertigkeiten steril, und Wissen kann zu einem außer Kontrolle geratenen Geschoß werden.“ *Frank Rodes*

Die klassische Hypnose kennt nur einen Hammer. Aber wenn man nur einen Hammer kennt, dann schaut alles verdammt nach Nagel aus.

Die moderne Hypnose arbeitet mit einem ganzen Werkzeugkasten mit verschiedenen Schüsseln, Dietrichen, Schraubenziehern, Hämmern usw., um Tore zu öffnen und alte, überlebte Einrichtungen umzugestalten.

Aber auch hier ist so einiges Geschick notwendig, um die Werkzeuge richtig einzusetzen. Neben der Materialkunde beginnt die Arbeit mit der Kenntnis des Werkstücks.

Erickson bemerkte, daß es selten stimmt, was Menschen sagen, aber immer richtig ist, was sie zeigen. Die Körpersprache spricht immer die Wahrheit. Er erkannte dies über die Feinwahrnehmung des Körpers. Muskelzuckungen, Hautfärbung, Pulsschlag, Augenstellung usw.

Es ist hilfreich, diese Fähigkeit der „Feinwahrnehmung“ von Signalen zu trainieren, um die wirkliche Sprache des Gegenübers zu verstehen.

Um diese Technik richtig anzuwenden, sollte man aber auch wissen, wo sie wirken soll. Es trägt wesentlich zum Verständnis bei, wenn man ein wenig Bescheid weiß, wie unser Unbewußtes arbeitet.

Es gibt drei wichtige Arbeitsweisen unseres Unterbewußtseins, die man als Gesetzmäßigkeiten bezeichnen kann:

1. *Das Gesetz der das Gegenteil bewirkenden Anstrengung!* Je mehr Mühe man sich macht, um etwas zu erreichen, umso schwerer wird es.
2. *Jede bildhafte Vorstellung hat das Bestreben, sich zu verwirklichen.*
3. *Wenn der Wille und die Vorstellung sich feindlich gegenüberstehen, gewinnt immer die Vorstellung.*

Es zeigt sich durch viele Erfahrungen, daß die Wertungen, die das Unbewußte vornimmt, andere sind als die des verstandesorientierten Denkens. Es lernt, vorsichtig ausgedrückt, eher wertfrei. Aber alles, was gelernt wird, wird auch weitergelebt, bis Neues gelernt wird. Richtig und Falsch, Gut und Böse sind eher Wertigkeiten des verstandesorientierten Denkens (in weiterer Folge nur noch als „Verstand" bezeichnet). Somit gibt es nur Reaktionen auf Aktionen, und so gesehen ist es hilfreich, „Nicht-Funktionieren" auch nur als wertfrei zu betrachtende Antwort zu sehen. Daß uns diese Antworten nicht immer gefallen, ist wieder unserem wertenden Teil des Denkens zuzuordnen. Diese Betrachtungsweise kann helfen, Krankheit und Schmerz in einem anderen Licht zu sehen. Wertfrei betrachtet ist da nichts, gegen das zu kämpfen notwendig wäre. Die Frage fängt immer mit: „Was passiert, wenn …" an. „… dieses oder jenes getan wird … diese oder jene Haltung eingenommen wird … so oder so gelebt wird …" – Die Antworten werden auf die individuellen Inhalte gegeben.

Einfacher ausgedrückt: *„Leben Sie so, wie Sie bisher gelebt haben, werden Sie bekommen, was Sie bisher bekommen haben!"*

Die wirksamste Technik zielt immer auf eine Änderung der Einstellung ab, und dieses Ziel ist es, das die moderne Hypnose sehr wirksam machen kann. Eine Möglichkeit kann sein, Streß abzubauen, eine andere Möglichkeit ist es, mit Streß umzugehen, eine weitere Möglichkeit besteht auch darin, zu einer Haltung zu gelangen, in der Streß nur noch in „gesundem" Maße auftritt. Alle drei Möglichkeiten haben, je nach Ansatzpunkt, ihre Berechtigung.

Eine „richtige" Technik beginnt mit einer geeigneten Haltung. Eine gute Möglichkeit besteht darin, Kommunikation zwischen unbewußten Polen anzustreben. Das kann in einer „nach außen gerichteten Trance" geschehen, um den eigenen Verstand ein wenig beiseite treten zu lassen. „Wenn Sie ein Ziel haben, brauchen Sie nur loszugehen, der Weg kommt von selbst."

Damit Sie mich richtig verstehen: Der Verstand spielt eine wichtige Rolle, er soll tun, wozu er erschaffen wurde, um zu verstehen, um zu analysieren, um zu werten, was geeignet und was ungeeignet erscheint. Schließlich wollen wir ja nicht alles so hinnehmen, wie es ist, sondern lieber eine Auswahl treffen, was sich manchmal als

„überlebensnotwendig“ erweisen mag. Aber alles zu seiner Zeit, und nicht die ganze Zeit.

Oft ist es besser, Motivationen und Ziele vorher abzuwägen, um dann zu handeln, ohne weiter zu analysieren, was ja auch zerlegen und zergliedern heißt. Trancearbeit verbindet.

Ein harmonisches Zusammenspiel beider Handlungsweisen ist anstrebenswert. Sex ist gerade dann schön, wenn währenddessen verstandesmäßige Betrachtungen eher im Hintergrund sind, obwohl es auch hier vorteilhaft sein kann, sich seiner Motive vorher klar zu sein, also bei klarem Verstand zu sein. Man kann auch an Musik denken. Beim Spielen eines Instruments stört zuviel Arbeit des Verstandes, obwohl andererseits während des Lernens ein hohes Maß an Verstandesarbeit erforderlich sein kann. Gewisse Kommunikationsformen kommen offenbar ganz gut zurecht, ohne daß der Verstand eingreift.

Um aber überhaupt in Kontakt mit einem Menschen zu kommen, ist so etwas wie „Rapport“ notwendig. Mit gutem Rapport haben alle Beteiligten schon so gut wie gewonnen. Rapport bezeichnet das Abstimmen und Einstimmen aufeinander. Dabei ist es wichtig, sich auf die Körperrhythmen, vorerst auf die Atmung und Bewegungen, einzustimmen, später aber auch auf kleinere sichtbare Bewegungen wie Puls und Augenzwinkern. Wenn dann auch noch Spannungsmuster der Muskeln des Gegenübers „gespiegelt“ werden können, gehören Sie schon zu den Fortgeschrittenen.

Rapport findet erst wirklich statt, wenn Sie die Person wirklich wertschätzen, in ihre Haut schlüpfen und sie dort annehmen, wo sie es selbst noch nicht kann.

Dann kann so etwas wie Heilung stattfinden. Darum möchte ich vorschlagen, wirklich erst dann mit jemandem zu arbeiten, wenn Sie sich mit dieser Art von Rapport gründlich beschäftigt haben. Denn es gibt genug Leute, die an anderen Experimente vornehmen, deren Ausgang ungewiß ist.

Üben, in die Haut von jemandem zu schlüpfen, dennoch bei sich bleiben, zentriert und klar, sich dabei wohl zu fühlen und den anderen dort wirklich anzunehmen, wo er es selbst noch nicht kann – das braucht meist viele Jahre und viel Liebe. Ich kann Sie nur bitten, viel Selbsterfahrung zu sammeln, bevor Sie mit anderen Menschen in dieser Form arbeiten.

Spiegeln und Rapport

Spiegeln, auch Pacing genannt, und Rapport gehen Hand in Hand. Spiegeln bedeutet darlegen, was ist. Wird ein Mensch in seiner Haltung, aber auch in seiner Art zu sprechen, gespiegelt, fördert das guten Rapport. Wenn aber bewußt gemacht wird, was jetzt ist, aber im Moment nicht bewußt ist, wird das auch als Spiegeln bezeichnet, und fördert Trance. Mit Spiegeln fängt die Sache an zu laufen. Spiegeln kann auch zur Induktion einer Trance eingesetzt werden.

Ich möchte Sie nun bitten, sich die Zeit zu geben, um einmal auf Ihre Atmung zu achten, auf das Einatmen und Ausatmen, langsam, in Ihrem eigenen Tempo, um dann, während Sie, jetzt gleich oder auch erst, wenn es für Sie richtig ist, zu entspannen beginnen, um auf den Stoff, der sich auf Ihrem Körper befindet, zu achten.

Wie fühlt er sich an?

Wie empfinden Sie das Gewicht dieses Stoffs, an welchen Stellen ist er mehr in Kontakt mit Ihrem Körper und an welchen weniger?

Kämmen Sie so noch ein wenig, aber solange Sie möchten, auf diese Weise den Körper durch, um dann wieder aufmerksam weiterzulesen.

Ich habe hier auf sensibler Ebene gespiegelt. Um einen Menschen auf weiteren Ebenen anzusprechen, ist es günstig, auch Augen und Ohren anzuregen, indem man z. B. über Farben und Geräusche spricht, die wahrgenommen werden können.

Hier kann es sehr hilfreich sein, die Sprache eines „Hellsehers" zu verwenden – die einzige Hellsehtechnik übrigens, die zu empfehlen ist. Nur Bibermenschen glauben zu wissen, was andere denken oder fühlen, lassen sich aber auch leicht entdecken, wenn sie zum Beispiel sagen: „Brauchst gar nicht so schauen, ich weiß genau, was du jetzt denkst!", oder „… ich weiß, was er/sie jetzt macht und warum …" oder ähnliches.

Wieder zurück zu unserer Technik: Man spricht z. B. nicht eine bestimmte Farbe an, sondern bittet Sie, die Farbe wahrzunehmen, die der Stoff auf Ihrer Haut hat. Oder ich möchte Sie bitten, auf Geräusche, die Sie hören, zu achten – auf die Lautstärke und die Entfernung.

So entgehe ich der Gefahr, Ihnen meine eigenen Interpretationen aufzudrängen, was sonst später auch bei geführten Geschichten und Reisen problematisch sein könnte. Je mehr eigenes Erleben angeregt wird, umso mehr ist der Mensch beteiligt. Er füllt sozusagen die angebotenen Schalen mit eigenen Inhalten auf. Außerdem werden dadurch nicht zuletzt seine eigene, kreativen Potentiale angeregt und nicht, wie z. B. beim Fernsehen, andere Interpretationen suggeriert; somit hat Märchenerzählen viel Bedeutung, da immer zu eigenen Bildern angeregt wird.

Weiters habe ich mit der Einladung, auf den Stoff auf Ihrer Haut zu achten, auch schon mit „Führen“, auch Leading genannt, begonnen mit den Worten: „… langsam … zu entspannen beginnen …“

Mit: „… aber in Ihrem Tempo …“ und „… oder auch erst, wenn es für Sie richtig ist …“ habe ich auf Ihr Unbewußtes und die Zeit, die es für unbewußte Reaktionen benötigt, Rücksicht genommen. Diese Reaktionen benötigen bei verschiedenen Menschen verschieden lange Zeitspannen und erfolgen häufig mit einer Verzögerung. Es ist gewöhnlich am besten, das eigene Unbewußte des Menschen und die für jede Reaktion benötigte Zeitspanne selbst bestimmen zu lassen.

„Früher oder später kann es sehr angenehm sein, die Augen zu schließen … Ihre Kopfschmerzen (oder was auch immer) können jetzt vergehen, sobald Ihr Organismus dazu bereit ist. … Ihr Symptom kann jetzt verschwinden, sobald Ihr Unbewußtes weiß, daß Sie dieses Problem auf konstruktivere Weise lösen können.“

Geschichten in der Gegenwart zu formulieren spricht mehr an, als in der Vergangenheit zu sprechen. – Sie geschehen jetzt und sind demnach umso wichtiger. Außerdem ist Zeit für Ihr Unbewußtes etwas anderes, als es scheinen mag.

Am Anfang einer Hypnose gibt es eine „Tranceinduktion“, welche darauf abzielt, den Verstand ein wenig beiseite treten zu lassen, um ihn eher beobachten zu lassen als einzugreifen. Die Fixierung der Aufmerksamkeit ist seit je der klassische Ansatz zur Auslösung von Trance gewesen. Ein Hypnotiseur fordert einen Menschen auf, seinen Blick auf einen bestimmten Punkt, eine Kerzenflamme, ein helles Licht, einen sich drehenden Spiegel oder auf die Augen des Hypnotiseur, auf bestimmte Gesten oder was auch immer zu richten.

Mit zunehmender Erfahrung stellte sich heraus, daß alles, was fixiert werden konnte, geeignet war, um die Aufmerksamkeit des Patienten zu fesseln. Der Fixierungspunkt braucht nicht äußerlich zu sein; sehr wirksam ist es, die Aufmerksamkeit des Patienten auf dessen eigenen Körper und sein inneres Erleben zu konzentrieren. So wurden Methoden wie „Handlevitation“ (unwillkürliches Schweben der Hand) und Körperspannung entwickelt. Die Bitte an den Patienten, sich auf Körperempfindungen oder innere Bilder zu richten, lenkt die Aufmerksamkeit noch wirksamer nach innen.

Einer der nützlichsten psychologischen Effekte der Aufmerksamkeitsfixierung besteht darin, daß sie dazu beiträgt, die gewohnten psychologischen Einstellungen, die z. B. manchmal auch Schmerz verursachen können, außer Kraft zu setzen (siehe auch Kapitel über Schmerz). Ihre gewohnten Glaubenssysteme werden für einige Augenblicke unterbrochen. Der Verstand wird abgelenkt oder beschäftigt. Während dieser vorübergehenden Aufhebung erhalten latente Assoziationsmuster und Sinneswahrnehmungen (auch Suggestionen, die auffordern, in Trance zu gehen) Gelegenheit, sich durchzusetzen, die den veränderten Bewußtseinszustand (Trance) auslösen können (siehe auch „Hypnotherapie“ *Erickson* u. *Rossi* S. 18ff.).

Das verstandesorientierte Denken tritt eher selten ganz in den Hintergrund, vielmehr nimmt es eine gleichwertige Beobachterrolle ein ohne den Drang, gleich agieren zu müssen.

Dies ermöglicht eine erweiterte Identifizierung mit Anteilen seiner selbst, die vorher unbewußt waren und trotzdem immer da sind. Somit ist man nicht mehr allein auf eine verstandesmäßige Sichtweise der Dinge beschränkt. Eine gute Tranceinduktion setzt genau diesen Prozeß in Gang. Sie macht Dinge, Ereignisse usw. bewußt, die vorher unbewußt waren.

Ein Jude betet in einer Moschee mit gewaltigem Stimmaufwand.
Sein Nebenmann sagt beschwichtigend:
„Mit Gewalt wirst du hier auch nichts ausrichten!“

In einer Synagoge betet ein reicher Jude neben einem armen Juden.
Der Arme betet: „Lieber Gott, lieber Gott, bitte schenke mir ein paar Rubel, bitte schenke mir ein paar Rubel!“
Daraufhin sagt der reiche Jude zu dem Armen: „Da hast du ein paar Rubel, und nun sei still und lenke mir Gott nicht ab!“

Lachen ist einer der schönsten Formen von Trance und eignet sich daher sehr gut als Tranceinduktion. Witze können da sehr hilfreich sein und bei entsprechendem Inhalt gleichzeitig auch als Metapher wirken. Ich jage schon mein ganzes Leben lang Witzen hinterher (leider ist es nicht umgekehrt), und wenn ich sie dann gefangen habe, lasse ich sie in Gegenwart meiner Klienten frei. Hungrig beginnen diese Witze dann die Probleme meiner Klienten aufzufressen.

Jeder Suchprozeß ist schon Trance, eine Tatsache, die Ihnen, wenn Sie das nächste Mal versuchen, einen Witz zu verstehen, bewußt werden kann. Außerdem wurde durch Studien herausgefunden, daß Lachen eine sehr starke gesundheitsfördernde Wirkung hat. Wieder ein Beweis dafür, daß die Natur auf Freude ausgerichtet ist, denn nur das Gesunde überlebt.

Ein Philharmoniker kam in den Himmel und wurde begrüßt: „Gut, daß du kommst, es ist nämlich gerade ein Platz frei geworden im Orchester!"
Der Philharmoniker freute sich und antwortete: „Und wer dirigiert?"
„Gott selbst!"
„Und wie ist er so?"
„Nicht schlecht, nur manchmal glaubt er, er sei der Karajan!"

Eine Frau war bei einer feinen Dame auf Besuch und bewunderte eine schöne Vase.
Die Gastgeberin sagte: „Hier drinnen ist die Asche meines Mannes!"
Die Besucherin bedauerte das und sagte, es täte ihr leid.
Daraufhin sagte die Dame: „Das braucht Ihnen nicht leid zu tun, der Kerl ist einfach zu faul, um sich einen Aschenbecher zu holen!"

Einmal kam ein Urlauber nach Israel und bestellte einen Anzug. Dieser wurde aber nicht und nicht fertig, und der Urlauber mußte abreisen.
Im Jahr darauf kam der Urlauber wieder, und bald darauf kam auch der Schneider und zeigte ihm voller Stolz den neuen Anzug, worauf der Urlauber sagte: „Wieso brauchen Sie für einen Anzug ein Jahr, wenn Gott die Welt in sieben Tagen erschaffen hat?!"
Der Schneider antwortete: Schauen Sie sich diese Welt an und schauen Sie sich diese Hose an!"

Verwirrung schafft Neuorientierung, und oft ist der Verstand dankbar für jede Orientierungshilfe, in unserem Fall z. B. eine Bitte, in Trance zu gehen. Hypnose hält diesen Prozeß aufrecht.

Eine sehr effektive Tranceinduktion ist die

„Handlungsunterbrechung"

Ich verwende sie oft beim Händeschütteln. Händeschütteln ist eine Handlung, die stereotyp, das heißt ohne bewußte Kontrolle abläuft.

Es gibt viele solcher Handlungen, die, sind sie einmal erlernt, unbewußt ablaufen. Das hat den Vorteil, daß wir bei alltäglichen Dingen nicht mehr nachdenken müssen und so den Kopf frei haben für andere Dinge. Wie mühsam wäre doch das Leben, müßten wir bei jedem Schritt noch immer genau überlegen, welche Haltung wir als nächstes einnehmen möchten.

Es ist sehr interessant, diese Tranceinduktion zu beobachten:

Ich streckte zum Beispiel einer Kursteilnehmerin meine Hand zum Gruß entgegen. Als die Kursteilnehmerin mir artig ihre Hand ebenfalls zum Gruß entgegenstrecken möchte, griff ich, kurz bevor unsere Grußhände sich berührten, mit der linken Hand ihre rechte am Handgelenk, hob sie in die Höhe mit der Handfläche nahe an ihr Gesicht und deutete mit dem Zeigefinger darauf, während ich sagte: „Sehen Sie diese Hand an und bitte studieren Sie ganz genau die Farbe, die Formen der Linien und Furchen, und während Sie so diese rechte Hand auf diese Weise beobachten, können Sie beginnen, diese Hand langsam in Ihrem Tempo sinken zu lassen. Und während diese Hand auf Ihre eigene ganz typische Weise immer tiefer sinkt, können Sie sich vielleicht auch erlauben, in Trance zu sinken, immer tiefer, so wie diese rechte Hand das längst begonnen hat zu tun und wie auch die Augenlider vielleicht schon jetzt auch beginnen möchten, auf diese angenehme Weise tiefer zu sinken, um zu sehen, wie es ist, in eine angenehme Trance zu sinken und Ihre Hand dann meine ergreift, als ob Sie eben erst hier angekommen wären." Und als sie ziemlich unten war, gab ich ihr wirklich die Hand zum Gruß, und sie hatte vergessen, was die Minuten zuvor geschehen war.

Es gibt viele Arten der Hebelinduktion, die Phänomene auslösen, die von vielen als veränderter Bewußtseinszustand bezeichnet wird.

Man kann sich auch einen Arm „ausleihen", in die Höhe heben und schütteln, bis er stehen bleibt usw.

„Überladung“ kann für den wissenden Beobachter auch eine sehr amüsante Induktion sein. In meinen Hypnosekursen werden viele Informationen in einem sehr hohen Tempo geboten, so daß eine Überprüfung immer schwerer fällt. Irgendwann, aber umso schneller, je mehr man bemüht ist zu prüfen, kommt es zur Ermüdung und die Trancebereitschaft ist sehr hoch, man begibt sich in die Passivität und überläßt gerne die Führung.

Die Inhalte müssen aber logisch nachvollziehbar und – sofern unmittelbar überprüfbar – auch wahr sein.

Eine andere traditionelle für den Hypnotiseur sehr einfache, gleichzeitig aber hocheffektive Form der Überladung:

Schließen Sie die Augen und fangen Sie langsam und laut an, von Zweihundert in Dreierschritten rückwärts zu zählen, und während Sie das tun, legen Sie eine Hand auf den Kopf und beginnen zu kreisen, während die andere Hand rhythmisch auf den Bauch klopft und Sie sich zusätzlich im Kreis drehen. Wenn es dabei an irgendeiner Stelle angenehmer wird, in Trance zu gehen, können Sie das jederzeit tun.

Auf diese Weise ist Ihr Verstand überfordert, und wenn das Buch sprechen könnte, wäre es ab nun ein leichtes, Ihnen Suggestionen zu geben, die Ihnen in eine angenehme, heilsame Trance verhelfen, um Einheit zu erfahren.

Es kann jede komplizierte Aufgabe dafür gewählt werden, mit der Wahl, auch einfach in Trance gehen zu dürfen.

Es gibt viele Mittel, um gewohnte Bezugssysteme außer Kraft zu setzen. Jeder Schock und jede Überraschung fesseln die Aufmerksamkeit vorübergehend und unterbrechen vorhergehende Assoziationsmuster.

Aber auch jedes Erlebnis des Unrealistischen oder Phantastischen ermöglicht es z. B., Dinge auf eine neue Weise zu erfassen. Zu diesem Zwecke eigenen sich Handlevitation, vermeintliches Festkleben oder auch Namen und Zahlen vergessen lassen.

> „Welches Pferd hat mehr Beine? – Ein Pferd oder kein Pferd?“ Wie lautet Ihre Antwort?

„Separatoren“, Unterbrecher, können unter anderem Witze sein und auch dazu dienen, zwischen verschiedenen Inhalten eine gewisse Trennung vorzunehmen. Ein Separator fördert auch die „Amnesie“, das Verlagern von Inhalten ins Unbewußte. Außerdem ist die Trancebereitschaft nach dem Setzen eines Separators erhöht. In diesem Sinn kann auch zwischendurch das Öffnen-Lassen der Augen in einer Trance eingesetzt werden.

> Wie war das mit den Pferden? – Kein Pferd natürlich,
> denn kein Pferd hat hundert Beine.

Geschichten einstreuen, um deren Inhalte später wieder aufzugreifen und zu nutzen, kann als „Seeding“ bezeichnet werden.

Man kann aber auch Geschichten ineinander verschachteln, um das bewußte Denken zu überfordern. Verschachtelte Geschichten sind Geschichten in Geschichten in Geschichten …

Es wird begonnen eine Geschichte zu erzählen, die dann an einer beliebigen Stelle unterbrochen wird, um eine neue zu beginnen, die dann unterbrochen wird, um eine dritte zu beginnen, die nun fertig erzählt wird, um dann die zweite weiter zu erzählen und dann die erste zu beenden.

Es können aber auch Realitäten verschachtelt werden.

Oft ist es einfacher, von jemandem zu erzählen, der in einer ähnlichen Situation wie Sie war und davon berichtete, wie angenehm es ist, in dieser Lage zu sein und sich dabei zu beobachten, wie es sich anfühlt, in eine leichte, entspannte Trance mit offenen Augen zu gehen, als Sie direkt dazu aufzufordern.

„Säen“ oder auch „Seeding“

bereitet auf nächste und übernächste Schritte vor. Es kreiert ein Umfeld für zukünftige Reaktionen. Seeding heißt, so zukunftsorientiert wie ein Landwirt zu denken: Heute säen, morgen ernten. Die menschliche Psyche ist offenbar so strukturiert, daß sie für zuvor Angesprochenes empfänglicher ist.

Für eine Entspannungsübung kann z. B. angekündigt werden, daß im Verlauf der Übung bis fünf gezählt wird und die Teilnehmer, die möchten, sich dann besonders tief entspannen können.

Es kann hier aber auch hilfreich sein, in diesem Sinne „vor“ einer Hypnose z. B. einem Menschen mit Schmerzen von Menschen zu erzählen, die gelernt haben, ihren Körper zu beherrschen: „Ein Shaolinmönch schleckt weißglühendes heißes Eisen mit der Zunge ab, und das scheint ihm auch noch recht leicht zu fallen, da er vorher und danach scherzt, Bier trinkt und Zigaretten raucht ... Yogis stechen sich Nägel durch den Körper, ohne mit der Wimper zu zucken. Normale Menschen lernen an einem Tag über glühende Kohlen zu gehen, ohne sich zu verletzen ... Zahnärzte setzen Hypnose zur Schmerzausschaltung z. B. bei Wurzelbehandlungen ein ..."

Auch hier empfiehlt es sich aber, aus moralischen Gründen bei der Wahrheit zu bleiben. Um zu helfen, Grenzen zu überschreiten, begibt man sich manchmal in die Nähe von Grenzen. Dies erfordert Achtsamkeit.

Wenn ich nun frage: „Wenn Menschen gelernt haben, Schmerzen zu beherrschen, können Sie sich dann vorstellen, daß Ihre z. B. Kopfschmerzen in Hypnose für eine Sekunde verschwinden?"

Um Ihnen dann vielleicht vorzuschlagen, die Zeit der Freiheit von den Schmerzen jeweils zu verlängern bis zu einer für Sie geeignete Zeitspanne. Oder auch um nur vielleicht eine z. B. zwanzig- oder vierzigprozentige Erleichterung zu erreichen, damit Sie nicht an die Allmacht von Hypnose glauben müssen, wenn Sie sich eine um diese Prozentzahl verminderte Erleichterung vorstellen können. Wobei wir aber schon mitten in hypnotischer Kommunikation wären.

Anker

„Anker" sind nicht nur für Bootfahrer von Bedeutung, sie können auch helfen, nicht in „Sehnot" zu geraten. Mit der Hilfe von Ankern kann man lernen zu sehen, daß ein kleiner Teil eines Erlebnisses so eng mit der gesamten Erfahrung verbunden ist, daß dieser kleine Teil die Fähigkeit hat, das gesamte Erinnerungsmuster inklusive der zugehörigen Gefühle abzurufen. Dies läßt sich gut für die Arbeit mit Trance nutzen.

So kann ein Anker z. B. eine gewohnte Umgebung sein oder auch eine bestimmte Haltung, die gewisse Gefühlsmuster hervorruft, was z. B. gut für Tiefenentspannungsübungen zu verwenden ist, indem man immer die gleiche Haltung in gewohnter Umgebung einnehmen läßt.

Anker können aber auch Wörter, Geschichten und der Tonfall in der Stimme sein. Wenn Sie Äpfel sehen, riechen oder hören, kann es sein, daß Sie bewußt oder unbewußt den Inhalt des ersten Kapitels abrufen.

Wenn Sie Boote und Schiffe oder Ankerplätze und Wasser in irgendeiner Form wahrnehmen, kann es leicht geschehen, daß Sie wieder bewußt oder unbewußt an die Inhalte des Moments der Erhabenheit denken, wenn es für Sie paßt.

Auf jeden Fall werden Sie sich wahrscheinlich erinnern, wenn ich Sie nach der Lügenrunde frage, daß Sie schon Tranceerfahrung haben.

Und wenn Sie an Biber denken, wird Ihnen vielleicht bewußt, daß Hypnose helfen kann, Grenzen aufzulösen, wenn es für Sie richtig ist.

Man kann alles wertfrei betrachten. Da man das aber öfters nicht allzu gerne tut, haben Anker auch vermeintlich ungewollte, unerwünschte Auswirkungen. – Mit Hilfe von Ankern läßt sich auch das Phänomen des „Schmerzgedächtnisses“ auf andere Weise betrachten.

Denken Sie jetzt ja nicht an einen „fliegenden rosa Elefanten mit großen Ohren“. Wie sieht dieser nicht aus? Direkt zu formulieren ist jedenfalls besser verständlich, als den Umweg über Verneinung zu gehen. Wenn ich sage „Ärgern Sie sich nicht, daß ich Ihnen kein Kochrezept für eine gute Entspannungsrunde gebe, kann es vielleicht sein, daß Sie sich doch ärgern.“

Es ist jedenfalls geschickter, froh zu sein, nur Zutaten zu bekommen, da nun Möglichkeiten für eigene Kreativität und Spontaneität bestehen.

Das Glas ist somit wieder einmal nicht halb leer, sondern halb voll. – Und Sie können es mit Ihrer eigenen Mischung versehen.

Die beste Technik …

… erinnert höchstens an roboterhaftes Handeln, ohne den Willen, sich auf seinen Partner einzustellen. Ohne diesen Willen kann man seine Bemühungen gleich einstellen.

Üblicherweise werden Techniken vermittelt, die darauf abzielen, anderen Menschen zur Veränderung oder Heilung zu verhelfen. Wenn jedoch Technik im Vordergrund steht, kann sich dies als kontraproduktiv erweisen. Folgendes Beispiel soll dies aufzeigen:
Ein Mann steht auf einem Brückengeländer, um sich in die Tiefe zu stürzen. Ein psychologisch geschulter Polizist versucht ihn davon abzuhalten, indem er sagt: „Tun Sie es nicht! Denken Sie an Ihre Frau und Ihre Kinder“ (Technik). Da antwortet der Mann: „Das ist ja gerade der Grund, warum ich sterben möchte“, und springt von der Brücke. Diese Geschichte zeigt, daß gelernte Techniken nicht pauschal anwendbar sind. Meiner Meinung nach ist es sehr wichtig zu fühlen,

was ein Mensch braucht. Dies ist jedoch nur möglich, wenn es gelingt, schnellstmöglich in die Welt des anderen einzutreten, um ihm auf seiner Ebene zu begegnen. Wenn dies gelingt, könnte die Geschichte mit dem Selbstmörder auch einen anderen Ausgang nehmen.

Ein Mann steht auf einem Brückengeländer, um sich in die Tiefe zu stürzen. Ein Polizist versucht ihn davon abzuhalten, indem er ohne nachzudenken seine Pistole zieht, auf ihn anlegt und sagt: „Du verdammtes Arschloch, wenn du runterspringst, erschieß ich dich.“ Da stieg der Mann wieder herunter.

In diesem Beispiel hat die Intervention deshalb gewirkt, weil der Suizidgefährdete erkannte, daß es jemanden gab, für den er wichtig war. Das Paradoxon, daß er in beiden Fällen tot gewesen wäre, konnte er in seiner Welt nicht sehen. Viele werden wahrscheinlich die Vorgangsweise des Polizisten als brutal einstufen. Meiner Meinung nach aber ist es jedoch durchaus legitim, alles zu sagen oder zu tun – Hauptsache es funktioniert.

Ich möchte folgendes Modell vorschlagen um zu lernen, wie Sie zu einer geeigneten Einstellung gelangen können:

Oder wie Sie den längsten Weg im Kosmos gehen können.

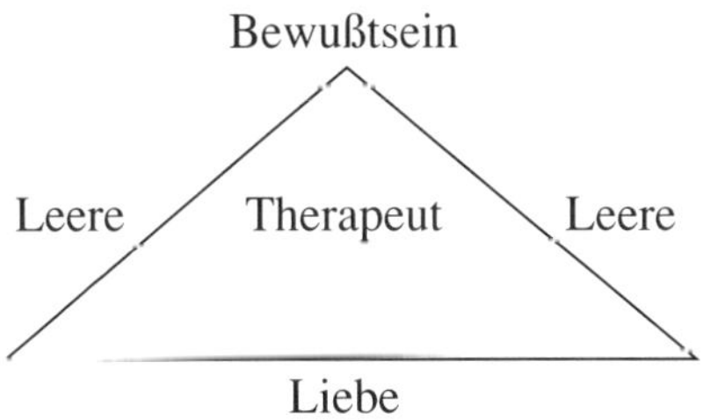

Bewußtsein: bewußt werden lassen, was geschieht. Oft fehlt es an Bewußtheit und Kontakt, um den anderen zu spüren.

Leere: leer machen von Vorurteilen, Urteilen und Bewerten

Liebe: von Liebe getragen (wem das zu viel ist, kann es auch durch „Empathie“ ersetzen, obwohl dieses Wort auch schon sehr strapaziert ist). Es ist oft viel wirkungsvoller, wenn einem ein guter Freund in Liebe zuhört, als wenn man zu einem professionellen Therapeuten geht, dem es an Liebe mangelt.

Wenn Sie sich in der Mitte des Dreiecks aufhalten, wird es eine erfolgreiche Hypnose werden.

Leer sein heißt, sich von allen Konzepten zu befreien und nicht auf die Krankheit oder Vergangenheit zu konzentrieren.

Deshalb wäre es auch vernünftiger, Krankheiten keinen Namen zu geben, da dadurch Menschen in Schablonen gepreßt werden. Man pauschaliert und glaubt zu wissen, ob etwas heilbar oder unheilbar ist. In meiner Arbeit gehe ich davon aus, daß jeder Klient auf Punkt A steht und nach Punkt B möchte. Meine Aufgabe besteht nur darin, ohne zu werten die Klienten dabei zu unterstützen, von A nach B zu gelangen.

Therapie ist Ausdruck der Liebe am Mitmenschen. Liebe ist die beste Therapie, und die Welt braucht Therapeuten, weil es der Menschheit an Liebe mangelt.

Einer fragte einen alten Mann, was denn Himmel und Hölle sei.
Der alte Mann führte ihn zu einer Lichtung im Wald, wo einige Menschen um einen Topf mit Essen im Kreis saßen und jeder mit einem viel zu langen Löffel versuchte, das Essen in den Mund zu bekommen.
Sie waren alle schon fast verhungert und gaben ein jämmerliches Bild ab!
Der Mann sagte ihm: „Siehst du, das ist die Hölle!"
Dann gingen sie weiter zu einer anderen Lichtung, wo wieder einige Menschen um einen Topf mit Essen saßen mit den gleichen Löffeln, nur waren diese Menschen alle sehr vergnügt, denn sie fütterten sich alle gegenseitig. Da sagte der alte Mann: „Siehst du, das ist der Himmel!"

Ein Ritter fragte einen weisen Mann, was denn Himmel und Hölle seien.
Da antwortete der weise Mann: „Warum soll ich dir räudigem Hund eine Antwort geben?!"
Da zückte der Ritter sein Schwert und wollte ihn niederstrecken.
Geschwind rief der weise Mann: „Siehst du, das ist die Hölle!"
Erschüttert ließ der Ritter sein Schwert sinken.
Da sagte der weise Mann: „Siehst du, und das ist der Himmel!"

Eine der wirksamsten Fragen, die Sie sich stellen können, lautet: „Was sagt Ich in mir?" Es kann sehr spannend sein, voll Neugier zu beobachten, welche Antworten gegeben werden.

Um wirklich zu verinnerlichen, was Rapport, die Grundlage von Kommunikation, ist, kann es sehr hilfreich sein, intuitiv durch viel Selbsterfahrung zu lernen.

Echter Rapport kann nur durch echte Wertschätzung geschehen. Heilung kann geschehen, wenn ein Mensch einen anderen dort wirklich annehmen kann, wo er es selbst noch nicht kann. Wenn Sie genug Liebe in sich tragen, wird die Technik sekundär, aber Technik ohne Liebe kann gefährlich werden.

Günstig ist es, sich im anderen wiederzuerkennen, was sehr hilfreich dabei ist, den längsten Weg im Kosmos zu gehen: vom Kopf zum Herz!

Der „Kern" der Zwiebel

Wer kann sagen, wo der „Kern" der Zwiebel beginnt? Beginnt er direkt unterhalb der Schale oder soll viel tiefer weiter geschält werden, um an den „Kern" heranzukommen, der dann aber vielleicht sehr klein sein kann? Oder soll die Zwiebel als Ganzes genommen werden, um mehr davon zu haben?

Ein Schüler fragte seinen Meister, wie er reines Bewußtsein erlangen könne.
Der Meister antwortete: „Wenn ich liege, dann liege ich, wenn ich sitze, dann sitze ich, wenn ich stehe, dann stehe ich, und wenn ich gehe, dann gehe ich!"
Der Schüler sagte: „Das mache ich ja auch!"
Hierauf antwortete der Meister: „Nein, wenn du liegst, dann sitzt du bereits, wenn du sitzt, dann stehst du schon, wenn du stehst, dann gehst du bereits, und wenn du gehst, dann bist du schon angekommen!"

Ein Schüler fragte, wie er denn reines Bewußtsein erlangen könne.
Daraufhin schickte der Meister ihn zu einem König, dem er diese Frage nochmals stellen solle.
Der König sagte ihm, als er die Frage hörte, er könne ihm helfen, aber zuerst müsse er eine Aufgabe erfüllen, dann werde er es ihm verraten.
Der Schüler sagte, er würde jede Aufgabe übernehmen.

Da erklärte ihm der König, er müsse mit einer vollen Schüssel Wasser auf dem Kopf rund herum um die Burg gehen und dürfe dabei keinen einzigen Tropfen Wasser verschütten. Noch dazu werde hinter ihm ein Scharfrichter gehen und ihm sofort den Kopf abhacken, wenn es ihm doch passieren sollte.
Der Schüler machte sich sogleich sehr konzentriert an die Aufgabe und schaffte es wirklich, keinen einzigen Tropfen zu verschütten. Dann ging er wieder zum König und fragte ihn erneut, wie er denn reines Bewußtsein erlangen könne.
Da sagte der König: „Du hast es soeben praktiziert!"

Laßt uns etwas Schönes träumen!

All die Techniken, die nun vorgestellt werden, haben eines gemeinsam: Sie sollen uns etwas Schönes träumen lassen, und es sind Techniken, die direkt mit einem Chef arbeiten und somit ohne Anstrengung funktionieren. Sie sind ein repräsentativer Querschnitt aus den Möglichkeiten der Veränderungsarbeit mit hypnotischer Kommunikation.

All diese Techniken sind als Kommunikation mit sich selbst oder auch mit anderen möglich. Wenn Sie möchten, können Sie einfach im entspannten Zustand ein bißchen auf innere Reisen mitgehen, soweit es passend ist.

Viele der Techniken eignen sich hervorragend für individuelle Problemlösungen. Die hier angebotenen Inhalte machen eine Auflistung wirklich interessant; sie beziehen sich auf Lösungen, die allgemein sehr brauchbar scheinen, und lassen die Möglichkeit offen, diese jederzeit individuell anzupassen.

Psychischer Erste-Hilfe-Koffer

Ich möchte Ihnen an dieser Stelle Strategien aus dem NLP-Bereich vorstellen, von denen ich meine, daß sie sehr einfach anwendbar und äußerst effizient sind. Im ersten Teil beschäftigen wir uns jetzt mit Techniken, die darauf abzielen, belastende Erfahrungen aus der Vergangenheit positiv zu verändern. Die Submodalitätsarbeit besteht aus mehreren Modulen, die beliebig untereinander kombiniert werden können. Es ist hierbei völlig gleichgültig, wie lange die belastenden Ereignisse zurückliegen. Egal ob fünfzig Jahre oder erst fünf Minuten, es spielt keine Rolle.

Prinzipiell läßt sich alles damit bearbeiten. Nur bei schwer traumatischen Ereignissen, wie z.B. Folter, Vergewaltigung usw., empfiehlt es sich, die Hilfe eines Therapeuten in Anspruch zu nehmen.

Eines der allerwichtigsten Werkzeuge ist das sogenannte Dissoziieren.

Dissoziiert zu sein bedeutet, sich selbst zu beobachten, sich also von außen zu betrachten, beziehungsweise geistig woanders zu sein. Assoziiert zu sein bedeutet, mit allen Sinnen aus dem eigenen Körper heraus wahrzunehmen.

Diese Prinzipien sind in den verschiedensten Lebenssituationen anzutreffen. Wenn wir frisch verliebt sind, stören uns Eigenheiten eines Partners, die wir bislang an anderen kritisiert haben, plötzlich nicht mehr. Im Volksmund nennt man das „durch die rosarote Brille sehen". Wir alle kennen Beispiele wie das folgende: Eine Freundin sagt zur anderen: „Dein neuer Freund rülpst unentwegt. Ein Verhalten, das du bisher immer verurteilt hast. Wie kommst du damit zurecht?" Sie antwortetet darauf: „Komischerweise stört es mich bei ihm nicht." Was ist hier geschehen? Am Anfang einer Beziehung ist es meist so, daß man bei den Verhaltensweisen des Partners, die man selbst als positiv einstuft, assoziiert ist, bei allen negativen automatisch dissoziiert. Um bei dem Beispiel zu bleiben: In dem Augenblick, wo der Partner rülpst, steigt man unbewußt aus dem Körper heraus und sieht sich selbst von außen mit dem Partner. Man ist sein eigener Zuschauer, was etwa zur Einstellung führt: „Was gehen mich die beiden an?" Zu einem späteren Zeitpunkt ist es häufig so, daß sich diese Struktur leider umkehrt. Bei negativen Dingen wird assoziiert, bei positiven dissoziiert. In dieser Beziehung scheint es nichts Positives mehr zu geben.

Wenn man einen geliebten Menschen verliert, ist das sicher sehr schmerzhaft. Es heißt, die Zeit heilt alle Wunden. Jedoch ist es nicht die Zeit, die alle Wunden heilt, sondern es vergeht geraume Zeit, bis es im Gehirn „klick“ macht und etwas Neues geschieht. Wenn man weiß, wie dieses „Klick“ aussieht, braucht man nicht mehr auf die Zeit zu warten. In diesem Fall besteht dieses „Klick“ meist aus dissoziieren.

Wenn Sie an ein Ereignis aus Ihrer Vergangenheit denken, das damals sehr schmerzhaft war, worüber Sie heute jedoch lachen können beziehungsweise neutrale Gefühle dazu haben, werden Sie bemerken, daß Sie sich selbst in Ihrem Erinnerungsfilm sehen – sprich dissoziiert sind. Es gibt auch sogenannte Dauerdissoziierer, das sind Menschen, die unentwegt neben sich stehen, sich also selbst von außen zusehen. Diese Menschen gleichen lebenden Zombies. Sie empfinden weder Freude noch Leid, was auch durch ihre Wortwahl zum Ausdruck kommt. Sie sagen von sich selbst: „Ich habe das Gefühl, neben mir zu stehen“ (im wahrsten Sinne des Wortes). Einer der schlimmsten Zustände überhaupt. Denn es ist besser, Trauer und Leid zu spüren, als gar nichts zu fühlen. Diese Menschen müssen lernen, wieder in ihren Körper einzusteigen (assoziieren). In Fällen von Folter oder Vergewaltigung etc. geschieht es häufig ganz von selbst, daß Menschen unbewußt aus ihrem Körper heraus steigen. Ein natürlicher Schutzmechanismus, um den Schmerz nicht zu fühlen. In vielen Schilderungen Betroffener hörte ich oft Aussagen wie: „Ich habe mich selbst von oben gesehen.“ Zusammenfassend kann man sagen: Wenn Sie etwas fühlen wollen, sorgen Sie dafür, daß Sie assoziiert sind. Möchten Sie etwas nicht spüren, achten Sie darauf, dissoziiert zu sein.

Ein kleines Experiment:

Sind Sie schon einmal Achterbahn gefahren beziehungsweise auf einer Schaukel gesessen? Fühlen Sie nun den Sessel unter Ihrem Gesäß und stellen Sie sich vor, daß Sie auf Ihrem Sessel im Wiener Prater vor der Hochschaubahn sitzen. (Gegebenenfalls übertragen

Sie das folgende auf die Schaukel.) Während Sie in dem Bewußtsein bleiben, den Sessel unter Ihrem Gesäß zu spüren, sehen Sie sich nun selbst von außen zu, wie Sie Achterbahn fahren. Nehmen Sie wahr, wie Sie steil nach oben gezogen werden und es dann rasant bergab geht, Ihre Haare im Wind flattern, Sie eventuell ein Looping machen, usw. Und nun machen Sie dieselbe Fahrt noch einmal, aber jetzt dissoziiert. Sehen Sie ihre Hände vor sich, die sich an der Stange festhalten, wie es vor Ihnen steil nach oben geht, um nun wieder rasant nach unten zu fahren und zu erleben, wie die Erde sich auf Sie zu bewegt. Springen Sie zwischen beiden Erfahrungen hin und her, einmal aktiv und dann wieder passiv, und achten Sie dabei auf den Unterschied im Körpergefühl. Sie werden sicher bemerkt haben, daß Sie als Aktiver ein Kribbeln im Magen beziehungsweise ein Ziehen im Unterleib usw. empfunden haben, während sich als Passiver eher neutrale Gefühle eingestellt haben. Denken Sie das nächste Mal, wenn Sie wieder müde sein sollten, daran, anstatt Aufputschmittel wie Kaffee oder Cola zu konsumieren, lieber assoziiert Achterbahn zu fahren.

Film im Retourgang

Suchen Sie in Ihrer Erinnerung nach einem Erlebnis, das heute noch unangenehme Empfindungen wie z. B. Ärger, Zorn oder Trauer etc. hervorruft. Schauen Sie sich Ihren Erinnerungsfilm vom Anfang bis zum Ende an. Am Ende angelangt, lassen Sie nun den Film so schnell wie möglich retour laufen. So als würden Sie ein Videoband im Bildsuchlauf auf schnellster Stufe zurückspulen. Schauen Sie sich nochmals an, was geschehen ist. Was hat sich nun verändert? Fühlen Sie sich nun besser? Haben sich vielleicht jetzt schon neutrale Gefühle eingestellt? Diese und folgende Strategien sind bis zu fünfmal wiederholbar, und man kann sie miteinander kombinieren. Erfahrungsgemäß verlieren die negativen Gefühle mit jeder Wiederholung an Kraft. Sollten Sie nach dem fünften Durchgang noch immer nicht zufrieden sein, gehen Sie zum nächsten Modul über.

Eine lustige Melodie

Eine andere Möglichkeit besteht darin, an eine lustige Musik zu denken. Wählen Sie eine Melodie, die in Ihnen Fröhlichkeit beziehungsweise lustige Gefühle hervorruft. Ein Lied, das Sie auch summen könnten. Lassen Sie wieder die unangenehme Szene ablaufen, während Sie die lustige Melodie parallel dazu begleitet. Diese Melodie ist ein Anker für ein positives Gefühl, und wann immer Sie wieder an dieses Erlebnis denken, wird nun die lustige Musik bewußt oder unbewußt ablaufen.

Bilderrahmen einmal anders

Beginnen Sie wie schon zuvor damit, die unangenehme Szene in Ihrem Kopf ablaufen zu lassen. Diesmal jedoch in Ihrem Bilderrahmen, und hören Sie parallel dazu die lustige Melodie. Am Ende angelangt, lassen Sie den Film so schnell wie möglich wieder retour laufen. Somit nutzen Sie hier bereits alle drei Strategien in Kombination.

Wir alle haben schon sehr viele gerahmte Bilder gesehen, aber ein Bild ist ein Bild und nicht die Wirklichkeit. Wenn Sie also einen Erinnerungsfilm in einen Bilderrahmen setzen, gewinnen Sie dadurch Abstand. Sie sind also automatisch dissoziiert.

Film schnell retour, lustige Musik und Bilderrahmen, diese drei Elemente reichen meistens aus, um negative Gefühle zu neutralisieren. Sollte dies einmal nicht der Fall sein, gibt es noch viele andere Möglichkeiten, mit Submodalitäten zu arbeiten.

Denken Sie an irgendein Bild, das bei Ihnen zu Hause an der Wand hängt. Um sich die weiteren Submodalitätsmöglichkeiten zugänglich zu machen, stellen Sie sich folgende Frage: Wie könnte dieses Bild noch anders aussehen?

Es könnte z.B. sein: größer oder kleiner, heller oder dunkler, farbig oder schwarz-weiß, mehr oder weniger Kontrast, weiter entfernt oder näher, mit oder ohne Rahmen, es könnte dreidimensional sein, oder ein Panoramabild, es könnte auch auf dem Kopf stehen, scharf oder unscharf sein, usw.

Gefühle werden meistens intensiver, wenn man Bilder größer und schärfer werden läßt, die Farbe und die Helligkeit aufdreht, mehr Kontrast hinzufügt, sie näher heranzieht usw. Die umgekehrte Strategie führt meistens zur Abschwächung von Gefühlen. Um herauszufinden, welche Submodalitätsveränderungen für Sie am wirkungsvollsten sind, ist es ratsam, viel zu experimentieren.

Machen Sie Ihre Erinnerungsbilder größer und kleiner, heller und dunkler usw. und achten Sie auf den Unterschied in Ihrem Erleben.

Mickey Mouse auch für Erwachsene und ungebetene Gäste im Haus

Oft geschieht es, daß negative Aussagen zu sehr unangenehmen Gefühlen führen und einen mitunter Tag und Nacht beziehungsweise ein Leben lang quälen. Z.B. Aussagen von Eltern und Geschwistern wie: „Du hast zwei linke Hände", „Du bist unmusikalisch", „Du bist zu allem zu blöd" etc. Folgende Techniken sind nicht nur hervorragend geeignet, um sich von diesen Aussagen und damit oft äußerst unangenehmen Gefühlen zu befreien, sondern vor allem auch seine eigenen negativen Gedanken wie „Das schaffe ich nicht" usw. konstruktiv umzuwandeln.

Ich betrachte negative Gedanken genauso wie ungebetene Gäste im Haus. Stellen Sie sich vor, Sie sitzen gerade zu Hause beim Frühstück und es läutet. Ein nicht eingeladener Gast steht vor der Tür, und weil sie ein freundlicher Mensch sind, laden Sie ihn ein, mit Ihnen Kaffee zu trinken. In weiterer Folge bleibt er zu Mittag, Jause und Nachtmahl. Sie bieten ihm Wein und Knabbergebäck an und ärgern sich darüber, daß er so unverschämt ist, so lange zu bleiben.

Dank Ihrer freundlicher Bewirtung können Sie darauf setzen, bald wieder diesen ungebetenen Gast im Haus zu haben.

Genauso verhält es sich mit unseren negativen Gedanken. Wir geben ihnen unentwegt Nahrung, sie werden immer fetter und fetter. Fol gende Strategien zielen darauf ab, negativen Gedanken die Nahrung zu entziehen:

1. Finden Sie eine Situation, in der jemand etwas zu Ihnen sagte, das auch heute noch unangenehme Gefühle hervorruft, wenn Sie daran denken.

2. Fragen Sie sich: „Wo in mir erklingt die Stimme?" Bei den meisten Menschen wird sie im Bauch- oder Brustbereich wahrgenommen (seltener im Kopf).

3. Ist die Stimme leise oder laut?
   Spricht sie schnell oder langsam?

4. Ortswechsel! Wenn die Stimme z. B. aus Ihrem Bauch zu hören war, verlagern Sie sie in Ihre Brust. Hierbei ist die Vorstellung

hilfreich, einen Lautsprecher an einer Schnur von Ihrem Bauch in die Brust zu ziehen.

5. Hören Sie sich die Aussage noch einmal an.

Denken Sie nun an Mickey Mouse oder Donald Duck. Hören Sie diese Worte noch einmal, aber jetzt so, als würden Mickey Mouse oder Donald Duck sie singen.

6. Nun ziehen Sie den Lautsprecher nach oben zu Ihrer Stirn und hören Sie sich wieder diese Aussage Mickey-Mouse- oder Donald-Duck-mäßig singend an. Von hier aus ziehen Sie den Lautsprecher über Ihren Kopf und hören nun über Ihnen, wie Mickey Mouse oder Donald Duck diesen Satz singt.

7. Von hier aus ziehen Sie Ihren Lautsprecher langsam weiter kontinuierlich nach oben, während Sie unentwegt diese Aussage in Micky Mouse- oder Donald-Duckmäßiger Form wiederholen. Je weiter sich der Lautsprecher nach oben entfernt, umso leiser hören Sie Mickey Mouse oder Donald Duck singen. So lassen Sie die Stimme zunehmend leiser werden, bis sie schließlich ganz verstummt.

8. Überlegen Sie nun, welche Aussagen Sie sich anstelle der negativen gewünscht hätten, z.B. bei eigenen negativen Gedanken: anstelle von „Ich kann das nicht“ „Ich schaffe das ganz leicht“. Oder wenn der Vater sagte: „Du bist total unmusikalisch“, statt dessen: „Du hast eine sehr schöne Stimme.“

9. Bringen Sie nun die positive Aussage an die Stelle Ihres Körpers, wo zu Beginn die negative war (siehe Schritt 2). In derselben Lautstärke und Geschwindigkeit. Hören Sie diesen Satz mindestens dreimal an und lassen Sie ihn dort stehen.

Wie fühlt sich das jetzt an?
Sie haben nun einen perfekten Austausch von Programmen vorgenommen, der dazu führt, daß die neue positive Aussage jetzt dieselbe Kraft besitzt wie zuvor die alte.

Eine andere Variante mit negativen Aussagen oder Stimmen umzugehen ist die folgende:

1. Schritt eins bleibt gleich – Wo in mir erklingt die Stimme? Ist sie laut oder leise, schnell oder langsam gesprochen?

2. Anstatt sie nun nach oben zu verlagern, stellen Sie sich nun den Lautstärkeregler einer Stereoanlage vor. Es ist dabei vorteilhaft, den Arm auszustrecken. Fühlen Sie nun den Lautstärkeregler in der Hand. Drehen Sie an dem Regler und hören Sie, wie die negative Aussage immer lauter und lauter wird. So laut, daß Sie es kaum noch aushalten. Mit diesem Zwischenschritt nutzen wir etwas, das wir schon sehr gut beherrschen – nämlich Elend noch elendiger werden zu lassen. Dies bedeutet aber, daß wir bereits Kontrolle darüber haben. Denn wenn wir in der Lage sind, die Stimme lauter werden zu lassen, impliziert dies, daß wir sie genausogut leiser machen können. Drehen Sie nun den Lautstärkeregler nach links und hören Sie, wie die Aussage dabei immer leiser wird, bis sie wieder die ursprüngliche Lautstärke erreicht hat.

Nun gibt es zwei Möglichkeiten: Entweder Sie drehen den Regler kontinuierlich weiter nach links, sodaß diese Aussage immer leiser und leiser wird, bis schließlich nichts mehr zu hören, also abgeschaltet ist. Oder Sie formen diese Stimme um, indem Sie wie zuvor bereits den Regler nach links drehen und dabei hören, wie die Stimme immer leiser und leiser wird. An dem Punkt, wo sie kaum noch zu hören ist, lassen Sie ein Katzenmiauen oder Regentropfen etc. daraus werden.

Um sich auch noch die restlichen auditiven Submodalitäten zugänglich zu machen, stellen Sie sich nun folgende Frage: „Was kann ich alles mit einer hervorragenden Stereoanlage machen?“

Z.B. Auf- oder abdrehen, lauter oder leiser drehen, Mono oder Stereo, Surround-, diverse Hall- und Echoprogramme hören, mehr oder weniger Höhen einstellen und verschiedene Equalizerfunktionen usw. Sie werden sicher viele interessante Erfahrungen machen, wenn Sie beginnen, auch mit auditiven Submodalitäten zu experimentieren.

Noch ein paar Beispiele dazu:

Sie nehmen sich vor, morgen zeitig aufzustehen, um joggen zu gehen. Doch beim Erwachen meldet sich oft eine innere Stimme, die sagt: „Ich bin so müde, ich möchte lieber schlafen.“

Überprüfen Sie nun die Submodalitäten und fragen Sie sich:
Wo in mir erklingt die Stimme?
Ist sie laut oder leise?
Schnell oder langsam? etc.

Sie werden höchstwahrscheinlich entdecken, daß die Stimme sehr langsam, sehr leise und schläfrig klingen wird. Im übrigen ganz im Gegensatz zu der Stimme, die einen oftmals in der Nacht wach hält. Dann ist die Stimme nämlich sehr laut und sehr schnell. Das bedeutet also: Wenn Sie einschlafen möchten, sorgen Sie dafür, daß Ihre innere Stimme zunehmend langsamer, leiser und schläfriger klingt.

Nochmals zurück zum Joggen. Wenn Ihre innere Stimme also langsam, leise und schläfrig klingt, dann fehlt Ihnen die Motivation. Falls die Stimme Ihnen also sagt: Ich bin zu müde, ich möchte schlafen – sagen Sie sich statt dessen mit einer lauten, schnellen und kräftigen Stimme in etwa: Ich stehe jetzt auf und gehe joggen. Damit Sie auch genügend Motivation zur Verfügung haben, um dieses Vorhaben zu verwirklichen, experimentieren Sie mit folgenden Submodalitäten. Hören Sie sich diese Stimme in Stereo an, fügen Sie Hall- und Echoeffekte hinzu, unterlegen Sie die Stimme mit motivierender Musik, (ich denke dabei z. B an die Italo-Westernmusik von Ennio Morricone). Sie können natürlich auch Pauken- und Trompetenklänge oder ähnliches hinzufügen.

Manchmal ist es auch sehr hilfreich, sich an einem Vorbild zu orientieren. Das bedeutet, daß Sie anstelle Ihrer eigenen Stimme z. B. die Stimme von Clint Eastwood hören, der zu Ihnen sagt: „Raus aus den Federn, Zeit zum Joggen". Finden Sie also heraus, welche Submodalitätsveränderungen Ihnen die meiste Power bringen.

Die Veränderung der Gegenwart

Sicherlich befanden auch Sie sich schon in Situationen, in denen Sie aufgeregt waren oder sich unwohl gefühlt haben (Polizei, Gericht, Chef, Streit). Auch in diesen Situationen kann es angebracht sein zu dissoziieren. Stellen Sie sich vor, Sie treten geistig aus Ihrem Körper heraus, treten hinter sich und sehen über Ihre Schulter hinweg in den Raum. Dies schafft sofort Abstand. Diese Strategie ist auch zu empfehlen, wenn es um Meinungsverschiedenheiten geht, vorausgesetzt Sie wollen objektiv bleiben. Es ist kaum möglich objektiv zu sein, so lange man assoziiert ist. Mit zunehmendem Training wird es Ihnen immer schneller gelingen, geistig aus Ihrem Körper herauszutreten.

Wenn es um Autoritätskonflikte geht, Ihnen z. B. im Beisein Ihres Chefs die Knie schlottern, sind folgende Strategien sehr brauchbar:

Stellen Sie sich Ihren Chef winzig klein vor. So klein, daß er trotz Zylinderhut nicht über die Teppichkante hinausragt. Ich habe herausgefunden, daß Menschen, die unter Autoritätskonflikten leiden, dies häufig unbewußt in ihrem Gehirn genau umgekehrt machen. Sie erleben sich selbst als winzig und ihr Gegenüber wird überdimensional groß.

Eine andere Möglichkeit besteht darin, Ausschnittsvergrößerungen vorzunehmen. Konzentrieren Sie sich nur auf den Mund Ihres Gegenübers und lassen Sie diesen immer größer werden. Sehen Sie nur noch zwei Lippen, die sich auf und ab bewegen.

Eine der wirkungsvollsten Strategien, die trotz ihrer Banalität sehr effektiv ist, besteht darin, sich Ihr Gegenüber in Windelhosen, mit Kasperlmütze auf dem Kopf und Schnuller im Mund, auf dem WC sitzend vorzustellen. Dies verändert radikal Ihr inneres Erleben, und Sie müssen eher darauf achten, nicht zu lachen, weil dies in manchen Situationen fehl am Platz sein könnte. Aber nichtsdestotrotz – Lachen ist in jedem Fall besser, als sich schlecht zu fühlen.

Gute Freunde

Hier möchte ich Ihnen noch eine Strategie beschreiben, die Sie dabei unterstützen kann, aus einer festgefahrenen Situation herauszukommen. Denken Sie an eine(n) gute(n) Freund(in). Wählen Sie jemanden aus, den Sie wirklich respektieren und dessen Meinung Ihnen am Herzen liegt. Stellen Sie sich nun vor, wie Sie dieser Person Ihr Problem schildern. Kaum beginnen Sie zu erzählen, fängt Ihr(e) Freund(in) zu lachen an. Immer mehr und mehr, um sich vor lauter Lachen zu krümmen und sich den Bauch zu halten. Schließlich fleht er (sie) um Gnade und bittet Sie, mit Ihren Schilderungen aufzuhören, aus Angst, vor lauter Lachen zu ersticken.

Dies hat folgende Konsequenzen: Entweder Sie müssen auch lachen, oder aber Sie werden ärgerlich. In beiden Fällen befinden Sie sich jetzt in einem anderen Zustand.

All diese in diesem Kapitel angeführten Strategien bezeichne ich als psychischen Erste-Hilfe-Koffer. Ein Erste-Hilfe-Koffer ist nur dann von Nutzen, wenn man ihn immer bei sich hat. Deshalb empfehle ich Ihnen, diese Strategien stichwortartig auf einem Zettel festzuhalten und bei sich zu tragen, um im Fall des Falles die passende Strategie auszuwählen. Vor allem die Mickey-Mouse-Strategie sollte täglich bereits bei jedem negativen Gedanken wie z.B.: „Das schaffe ich nicht", „Es ist alles sinnlos", „Das lerne ich nie" etc. zum Einsatz kommen. In weiterer Folge wird sich das mehrmals tägliche Praktizieren so automatisieren, daß Sie sich schließlich von vielen unangenehmen Verhaltensmustern auf immer verabschieden können.

Informationen verändern

Es sind Informationen, die uns verändern. Über unsere Sinnesorgane sind wir mit dem, was wir als Außenwelt wahrnehmen, in Kontakt. Sie liefern uns andauernd Reize und Impulse, die von unserem Nervensystem verarbeitet werden. Auch wie es in unserem Inneren aussieht, wird über Nervenbahnen zu unserem Gehirn weitergeleitet. Dort werden diese Informationen dann verarbeitet und entsprechende Reaktionen veranlaßt.

Reaktionen sind Veränderungen.

So wie auch unsere Zellen miteinander Informationen, teils auf chemischem, teils auf elektrischem oder anderem Weg austauschen, so tauschen auch Menschen Informationen auf unterschiedliche Weise aus.

Viel Informationsaustausch geschieht über die Körpersprache, vieles wird über Sprache vermittelt.

Wörter können uns unmittelbar verändern. Sind Sie schon einmal beschimpft worden?

Hat Sie das kalt gelassen?

Wörter können Einfluß auf die Temperatur unseres Körpers haben, sie können unseren Herzschlag beschleunigen und vieles mehr.

Auch die Zusammenstellung der Wörter in diesem Buch wird Sie in gewisser Weise verändern, soviel ist gewiß. Wie tiefgreifend diese Veränderung aber sein wird, hängt von Ihnen ab: von Ihrer momentanen Bereitschaft, ob es die richtigen Informationen zur richtigen Zeit sind, und von vielem mehr.

Wenn Sie die hier angebotenen Trancetechniken lesen, werden Sie sich verändern. Es sind vielerprobte, wirksame Techniken. Und so kann es leicht sein, daß nur durch das Lesen die richtigen Informationen an die richtigen Stellen kommen, um gewünschte Veränderungen zu bewirken. Wir gehen davon aus, daß sich unser Unbewußtes automatisch die im Moment brauchbaren Inhalte herausnimmt. So ist es vorstellbar, daß es durch das bloße Hören oder Lesen von Veränderungsprozessen zu einer gewissen Verarbeitung von anstehenden Themen kommen kann.

Es kann daher auch hilfreich sein, manche der Trancereisen auf Band zu sprechen und dieses dann zu hören. Manche können Sie öfters hören, manche aber sind Prozesse, die für ein Thema nur einmal gemacht gehören.

Besser wird es auch sein, sich von einem in hypnotischer Kommunikation ausgebildeten Menschen, dem man vertrauen kann, helfen zu lassen, oder an einem Hypnoseseminar teilzunehmen.

Betrachten Sie das Lesen der auf diese Weise angebotenen Techniken als Experiment und beobachten Sie, welche Wirkungen diese Informationen auf Sie haben können.

Weiters können Sie durch die gewählte Darstellung der Techniken auf einer weiteren Ebene als der des Verstandes einen Einblick bekommen, wie Hypnose funktionieren kann. Ich habe Sprachmuster und Inhalte mit den Techniken verwoben, die sich für Trancesitzungen eignen. Diese können als Vorschläge dienen und sollen so auch ein Gefühl für hypnotische Kommunikation vermitteln.

Meistens wird über hypnotische Kommunikation in analytischer Sprache geschrieben und kann so nur sehr eindimensional aufgenommen werden.

Durch die Wahl dieser Darstellung kann eine weitere Dimension dazukommen.

Durch den Kontakt mit einem in hypnotischer Kommunikation geübten Menschen kann es zu der natürlichen Vielfalt an Informationskanälen kommen, die uns helfen, uns zu verändern. Veränderung aber heißt in Bewegung bleiben. Und nur was starr ist, lebt nicht.

Selbsthypnose – oder der Biber kommt ins Zauberland

Die Selbsthypnose ist die Basis für jeden, der sich mit Hypnose genauer beschäftigen will oder Hypnose zur Selbstführung verwenden möchte. Nur wer selbst mit dem Wesen der Hypnose vertraut ist, kann auch jemanden anderen in eine/r Hypnose gewissenhaft begleiten, da „Fremdhypnose“ immer auch eine Anleitung zur Selbsthypnose ist.

Die geeignete Haltung für Selbsthypnose ist die Rückenlage, wobei man darauf achten muß, daß man nicht einschläft, oder auf einem Stuhl in aufrechter Position sitzend, angelehnt oder leicht vorgebeugt mit hängendem Kopf, die Unterarme abgestützt auf die Oberschenkel.

Die geeignete Haltung ist sich vorzustellen, man kommt in ein Wunderland, in dem alles möglich wird, gleichsam einem Schlaraffenland, in dem es kein „Ich kann nicht … und es geht nicht …“ gibt. Je schneller der logische, linear denkende Verstand beiseite gelassen werden kann, umso schneller sind Veränderungen möglich. So werden auch die oft verblüffenden Heilerfolge erklärbar, denn man kann lernen, nicht lineare Veränderungen hervorzurufen. Zeit spielt dann eine andere Rolle als bisher angenommen. Es gibt Teile in uns, die sehr kräftig sind, aber anders arbeiten als der Verstand, mit diesen wichtigen Teilen kann man durch Selbsthypnose Kontakt aufnehmen.

Und wenn man denkt, es geht nicht, tut man am besten so als ob.

Z. B. kann man in Selbsthypnose problemlos in der Zeit vor und zurück springen, man kann sich vorstellen, man sieht eine Bank in 50 Meter Entfernung und ist im nächsten Augenblick dort. Der Verstand wird sich eventuell melden und meinen, daß das nicht geht, doch in Selbsthypnose braucht man diesem keine Beachtung zu schenken.

Am einfachsten lernt man Selbsthypnose, wenn man sich von jemandem helfen läßt, in Trance zu gehen.

In meinen Seminaren lernen die Teilnehmer die Selbsthypnose auf indirekte Weise durch die Art der Kommunikation, da der ganze Inhalt in Trance vermittelt wird und durch Gruppenhypnosen und Einzeldemonstrationen, die Vorbildwirkung haben, unterstützt wird.

Weiters helfen posthypnotische Aufträge, besser in Trance zu gehen.

Ein posthypnotischer Auftrag ist eine Vereinbarung, die durch ein Schlüsselwort ausgelöst wird, sofern es zum Wesen paßt. Die Vereinbarung ist hier eine Suggestion, die in Trance gegeben wird und dann zu einem späteren Zeitpunkt, der genau definiert wird, ausgelöst wird. Diese Vereinbarung muß der eigenen Persönlichkeit entsprechen, damit sie überhaupt angenommen wird.

Ich gebe folgenden posthypnotischen Auftrag in meinen Seminaren: „Immer wenn Sie mit der Absicht, in Trance zu gehen von eins bis drei zählen, gleiten Sie von Mal zu Mal schneller und tiefer in Trance!“

Trance-Einleitungen

Es gibt verschiedene Methoden, Trance einzuleiten. Zu Beginn dieser Einleitungen zählen Sie mit der Absicht, in Trance zu gehen, von eins bis drei.

1. EINLEITUNG (nach *Betty Erickson*):
Sie fixieren einen beliebigen Gegenstand und machen drei Aussagen über Ihr visuelles Erleben,
Z. B.: „Ich sehe den Lampenschirm, ich sehe die Glühbirne, ich sehe das Bild an der Wand."
Dann machen Sie drei Aussagen über Ihr kinästhetisches Erleben: „Ich spüre meine Kleidung am Körper, ich spüre, wie sich mein Brustkorb hebt und senkt. Ich fühle, wie meine Füße den Boden berühren."
Jetzt machen Sie drei Aussagen über Ihre auditive Wahrnehmung, „Ich höre das Ticken der Uhr, ich höre meinen Atem, ich höre das Zwitschern der Vögel."
Behalten Sie dieselbe Position und Blickrichtung bei, und machen Sie diesmal in jedem Wahrnehmungskanal nur zwei, wenn möglich neue Aussagen.
Dann gehen Sie die Kanäle noch einmal durch und machen nur noch eine Aussage.
Sollten vor Ablauf dieser drei Aussagen Ihre Augen bereits zugefallen sein, ersetzen Sie Ihre äußere visuelle Wahrnehmung durch innere. Wenn Ihre Augen nach diesen drei Runden noch offen sind, lassen Sie diese einfach zufallen.

2. EINLEITUNG:
Fixationsmethode:
Fixieren Sie einen etwas oberhalb der Augen liegenden Punkt. Zählen Sie:
„Eins – meine Augen werden ganz schwer!" Wiederholen Sie diesen Satz so oft, bis Ihre Augen schwer sind. Dann sagen Sie: „Zwei – meine Augen sind schwer, so schwer, daß sie gleich zufallen." Dann sagen Sie:
„Drei – meine Augen sind jetzt fest geschlossen und bleiben zu."

3. EINLEITUNG:
Handlevitation:
Mit der Hand fest gegen eine Unterlage drücken, dabei bis zehn zählen und mit jeder Zahl fester drücken. Dann explosionsartig Spannung entweichen lassen und vorstellen, wie sich Leichtigkeit einstellt und die Hand sich immer leichter zu heben beginnt, vielleicht hilft auch die Vorstellung eines Ballons, der die Hand nach oben zieht, oder einer Wolke, welche die Hand hebt. Dabei sagen Sie sich:
„Je höher die Hand geht, umso tiefer wird die Trance!“ Hilfreich für die Handlevitation ist auch folgendes:
Man legt die Hand bequem hin und baut einzeln in jedem Finger eine Spannung auf, wobei der Finger noch nicht abhebt, aber auch nicht mehr ganz aufliegt. Finden Sie dann die Mitte zwischen Abheben und Liegenlassen, dabei stellt sich ein eigenes typisches Ziehen im Finger ein. Das machen Sie ein paar Mal mit jedem Finger, dann mit der ganzen Hand. Das bereitet die Hand vor, wie von selbst nach oben zu wandern.

4. EINLEITUNG:
Eine andere Möglichkeit besteht darin, die Hand zu heben und ohne bewußtes Dazutun langsam nach unten ziehen zu lassen und sich dabei zu suggerieren: „Je tiefer die Hand sinkt, umso tiefer wird die Trance!“

5. EINLEITUNG:
Stellen Sie sich vor, die Augen werden immer schwerer, dabei schließen Sie die Augen so langsam wie möglich. Dann öffnen Sie die Augen wieder ganz langsam. Die Augen werden dabei wirklich schwerer, wenn man sie nur langsam genug auf und zu macht.
Körperteile durchgehen – wie fühlen sie sich an, in welcher Lage befinden sie sich?
Auch Anspannen und dann Entspannen ist als Einleitung möglich (siehe *Jakobson*).

Es gibt unzählige Arten, in Trance zu gehen, allen gemeinsam ist es, Unbewußtes bewußt zu machen (Pacing), das kann man hier „Eigenpacing“ nennen.

Trancevertiefung

Das nun Folgende wird am Ende der Einleitungen angefügt.

1. Konzentrieren Sie sich auf die Atmung: „Meine Atmung geht ruhig und gleichmäßig." Öfter wiederholen.
2. Ausschalten von Nebengeräuschen: „Nebengeräusche sind völlig gleichgültig und unwichtig!"
3. An jeder Stelle einfügbar: „Ich fühle mich ganz wohl und vollkommen geborgen. Ganz ruhig und gleichmäßig geht jetzt mein Atem. Mit jedem Atemzug lasse ich mich tiefer sinken."
4. Schwere: „Meine Arme werden schwer." Wiederholen Sie, bis Armschwere spürbar ist, dann:
   „Meine Arme sind jetzt schwer, und genauso schwer wie meine Arme werden jetzt auch meine Beine. Meine Beine werden schwerer, immer schwerer" usw. Wenn Ihre Beine spürbar schwerer geworden sind: „Genauso schwer wie jetzt meine Beine geworden sind, wird jetzt mein ganzer Körper. Diese angenehme Schwere breitet sich nun aus, von meinen Augen über meinen Kopf und über meinen Nacken, Schultern, Brust, Bauch, Oberkörper, Unterkörper. Mein ganzer Körper wird nun schwer und müde."
5. Begeben Sie sich an Ihren geistigen Entspannungsort.
   Malen Sie sich selbst diesen Ort aus, wie er Ihnen am besten gefällt, einen Wunschort wie im Urlaub oder im Paradies. Gehen Sie mit allen Ihren Sinnen in diesen Ort hinein. Was sehen, hören, fühlen, riechen, schmecken Sie? Sie können sich immer an diesen Ort zurückziehen, um sich zu erholen. Genießen Sie diese herrliche Ruhe und den Frieden, den dieser Ort ausstrahlt. Dann stellen Sie sich vor das obere Ende einer Treppe. Diese Treppe hat zehn Stufen. Sie wissen, daß Sie jede Stufe Ihrer Treppe immer weiter nach innen in die Entspannung führt. Sagen Sie sich: „Ich werde jetzt gleich von zehn bis eins zählen, und mit jeder Zahl steige ich eine Stufe tiefer auf meiner Treppe hinab. Von Stufe zu Stufe, von Zahl zu Zahl versinke ich immer tiefer und tiefer in dieses angenehme Gefühl der Schwere und der Entspannung. Spätestens mit der Zahl Eins werde ich so tief und fest entspannt sein wie nie zuvor." Dann zählen Sie:
   „Zehn – ich gleite immer tiefer."

„Neun – immer weiter nach unten."
„Acht – noch tiefer ..." usw. bis eins, während Sie empfinden, wie Sie die Treppe hinabsteigen. Wenn Sie die letzte Stufe der Treppe verlassen haben (Sie können gegebenenfalls die Hypnose weiter vertiefen, wenn Sie noch zehn Stufen steigen), genießen Sie für einige Zeit diese angenehme Entspannung, ohne etwas Bestimmtes zu tun. Lassen Sie sich einfach dahintreiben.
Pause (mindestens drei Minuten)
An dieser Stelle kommen Ihre Zielsuggestionen mit den dazugehörigen Vorstellungsbildern. Stellen Sie sich Ihr Ziel möglichst lebendig vor. Je theatralischer Sie es gestalten, umso besser. Sehen Sie sich zuerst dissoziiert, also als Beobachter. So als ob es bereits mit einer Videokamera in Ihrer Zukunft gefilmt worden wäre. Wenn Sie z.B. krank sind, sehen Sie sich vollkommen vital und gesund. Malen Sie sich aus, wie Ihnen andere dazu gratulieren, Sie sich darüber freuen, eine Feier veranstalten usw. Dann erleben Sie diesen Zukunftsfilm noch einmal, aber diesmal assoziiert, indem Sie einfach in Ihren Körper einsteigen, um dadurch in Kontakt mit Ihren positiven Gefühlen der Freude und des Stolzes zu kommen, es aus eigener Kraft geschafft zu haben, wieder vollkommen gesund zu sein.
Dann geben Sie sich den posthypnotischen Auftrag:
„Jedes Mal, wenn ich bis drei zähle mit der Absicht, in Trance zu gehen, komme ich noch leichter, viel schneller und noch tiefer in diesen angenehmen Entspannungszustand."
Wiederholen Sie diesen Satz öfters, aber mindestens dreimal. Dieser Satz ist von großer Wichtigkeit, da Ihre Selbsthypnose dadurch enorm erleichtert wird.
Pause (mindestens drei Minuten)
Einfach wieder die Entspannung genießen, da sich Ihr Unterbewußtsein in dieser Zeit verstärkt auf die zuletzt gegebenen Suggestionen vor der Pause konzentriert.

6. Wecken
„Ich werde mich gleich wecken und bis 5 zählen, und mit 5 bin ich wieder hellwach, frisch und ausgeruht. Jede Müdigkeit und Schwere ist dann aus meinem Körper verschwunden."
Dann zählen Sie:

„Eins – ich beginne langsam zu erwachen."
„Zwei – jede Müdigkeit schwindet."
„Drei – mein ganzer Körper ist wieder leicht und frei."
„Vier – mein Kopf ist frei und klar. Jede Müdigkeit und Schwere ist jetzt aus meinem Körper geschwunden."
„Fünf – ich bin jetzt wieder hellwach, frisch und munter. Ich fühle mich wohl, entspannt und ausgeruht" (eventuell etwas strecken).
Sie können den Text innerhalb der eigenen Abschnitte natürlich auch in Ihre eigenen Worte kleiden, solange sie den Gesetzen der Suggestion entsprechen.

Bitte beachten Sie auch folgendes:

Formulieren Sie alle Suggestionen zielorientiert und positiv. Statt: „Ich möchte keine Kopfschmerzen mehr haben", formulieren Sie: „Mein Kopf ist frei und klar." Es ist ganz wichtig, daß Sie sich in Ihre Suggestionen hineinfühlen. Wenn Sie sich z. B. die Suggestion der Armschwere geben, dann glauben, erwarten und spüren Sie, wie Ihre Arme schwerer werden. Da die Sprache des Unterbewußtseins das Bild ist, verbinden Sie Ihre verbalen Suggestionen mit den dazugehörigen Vorstellungsbildern. So können Sie sich vorstellen, schwere Gewichte zu tragen. Wenn Sie wollen, daß Ihr Körper warm wird, können Sie sich vorstellen, ein warmes Bad zu nehmen oder in der Sonne zu liegen.

Zeit beachten:

Suggestionen brauchen Zeit, um sich zu realisieren. Deswegen werden alle Suggestionen zunächst in der Zukunftsform gegeben (z. B. „Meine Arme werden ganz schwer") und erst bei realisierter Form in der Gegenwart („Meine Arme sind nun schwer"). Suggestionen müssen öfters erfolgen, damit sie ihre optimale Wirkung entfalten können. Kurzes, aber tägliches Üben führt schneller zum Erfolg als lange Übungszeiten in größeren Abständen.
Wichtig für eine erfolgreiche Hypnose ist auch die Nutzbarmachung von allem, was ist, um dahin zu gelangen, wo man hinmöchte. Dies nennt man auch *„utilisieren"*.
Z. B. kann man häufige Situationen utilisieren:

Utilisieren von Alltagsgedanken:

Solche Gedanken werden häufig als störend empfunden und haben anscheinend nichts mit der Hypnose zu tun.
Hier kann man sich vorstellen, daß die Gedanken vorbeiziehen wie Wolken und dahinter befindet sich der strahlend blaue Himmel, der immer ruhig ist.
Oder man stellt sich einen Tunnel im Kopf vor, durch den die Gedanken ziehen, ohne von ihnen berührt zu werden. Man kann ihnen gelassen nachschauen und wieder zurückkehren zu dem, wo man gerade war.

Utilisieren von Jucken:

Ich werde mich gleich kratzen und durch das Kratzen komme ich noch tiefer in Trance.

Utilisieren von Nebengeräuschen:

Alles, was Sie während Ihrer Selbsthypnose registrieren, kann zur Vertiefung verwendet werden. Wenn Sie z. B. eine Tür zuschlagen hören, sagen Sie etwa: „Ich höre das Zuschlagen einer Tür, und mit dem Zuschlagen lasse ich mich noch tiefer sinken." Einige meiner Klienten benützen diese Geräusche unbewußt gegenteilig und geben sich dadurch negative Suggestionen. Sie erzählen mir z. B.: „Ich konnte mich nicht hypnotisieren, weil meine Kinder so viel Lärm machten." Diese und ähnliche Aussagen stellen ganz starke und zuverlässige Autosuggestionen dar, derentwegen erst die Selbsthypnose verhindert wird. Es ist sehr wichtig, sich selbst auf solche eventuellen Negativsuggestionen („Das Lärmen der Kinder stört mich") zu prüfen und gegebenenfalls zu korrigieren („Jedes Geräusch bringt mich immer tiefer" oder: „Jedes Geräusch ist gleichgültig und bringt mich nur noch tiefer in Trance").
Anfangs ist es ratsam, immer dieselbe Haltung und denselben Platz einzunehmen, da dies als Anker wirkt. Dasselbe gilt für Musik. Es ist gut, auch das Telefon abzuschalten, da dies einen Anker zu raschem Reagieren darstellt.
Letztendlich ist es aber das Ziel, Selbsthypnose in jeder Situation zu beherrschen.
Wenn man die Selbsthypnose in seiner Grundstruktur sicher beherrscht, ist es sinnvoll, sich durch Suggestionen vorzubereiten wie:

„Ich werde gleich die Augen öffnen und aufstehen und währenddessen noch tiefer in Trance gehen … gleich sprechen, und mit jedem Wort tiefer gehen … gleich gehen, und mit jedem Schritt …“
Auch geschlossene Augen dienen nur dazu, leichter mit der Innenwelt in Kontakt zu kommen, damit man nicht so leicht von der Außenwelt abgelenkt wird.

Als Vertiefungen kann man z. B. verwenden:
„Mit jedem Atemzug lasse ich mich tiefer nach unten gleiten!“, diesen Satz kann man an jeder Stelle einfügen.
Abwärtszählen und Treppen hinabsteigen oder mit einer Rolltreppe hinunterfahren.
Pausen: „In dieser Zeit sinke ich mit jeder Sekunde immer tiefer.“
Nun wünsche ich Ihnen viel Freude im Land Ihrer Träume!

Selbsthypnose einmal anders – der Biber und der Flaschengeist

Dies ist ein anderer Ansatz aus der systemischen Hypnotherapie nach *Gunther Schmidt.*

Es geht um einen wertschätzenden, würdigenden Umgang mit inneren Teilen.

Statt von Bewußtsein und Unterbewußtsein sprechen wir hier von „Ich“ und „Es“.

Oft hat es den Anschein, als wäre das Unbewußte ein eigenes Wesen, und es fühlt sich so an, als hätte das „Es“ einen eigenen Willen, der scheinbar gegen das „Ich“ arbeitet.

Menschen sagen oft auch z. B.: „Ich möchte abnehmen, aber es zieht mich zum Kühlschrank!“

Manche sehen das „Es“ auch wie einen Flaschengeist. Wenn wir den Geist aus der Flasche befreien, haben wir Wünsche frei. Aber möglicherweise ist es ein böser Geist. Was dann?

Bevor man sich in Selbsthypnose versetzt, halte ich es daher für wichtig, sich mit dem „Es“ bekannt zu machen. Wenn man mit jemandem in Kontakt kommen möchte, zeigt man am besten Bereitschaft. Dieser Ansatz ist sehr wertschätzend und betrachtet alle Teile als gleichwertig und gleichberechtigt. Er zielt darauf ab, Harmonie zwischen allen Teilen herzustellen, indem sie miteinander kooperieren. Denn oft löst es in einem System Chaos aus, wenn ein Teil gegensätzlich arbeitet.

Die Vorgangsweise:

1. Ziel ist es, mit allen Sinnen in Kontakt mit dem „Es“ zu gehen.
   Wie zeigt sich mir mein Unterbewußtsein jetzt? Am besten schließen Sie dabei die Augen, um sich auf die inneren Prozesse einzustimmen.
   Wie sieht „Es“ aus? (Vielleicht wie ein Brunnen, wie ein alter Mann, wie ein Schloß?)
   Ist es statisch oder in Bewegung? Kann ich es berühren?
   Gibt es einen Geruch oder einen Geschmack, der mir anzeigt, daß ich in Kontakt mit meinem „Es“ bin?
   Und wenn ein Ton oder eine Musik dabei wäre, wie würde es klingen?
   Wie ist die Antwort meines Organismus darauf, daß ich in Kontakt mit dem „Es“ bin?
   Wie ist die Atmung, gibt es Bewegungsimpulse?

2. Optimale Kooperation zwischen „Ich“ und „Es“
   Nehmen Sie die Hände nach vorne mit den Handflächen nach oben. Wichtig ist ein spielerischer Umgang. Welche Hand steht für „Es“, welche für „Ich“? Fühlen Sie sich in Ihre Hände ein, und beginnen Sie die Hände zu bewegen. Machen Sie zuerst willkürliche Bewegungen und lassen Sie diese mehr und mehr unwillkürlich werden. Erkennen Sie dabei die Grenze zwischen den willkürlichen und den unwillkürlichen Bewegungen.
   Wie sieht die optimale Kooperation zwischen meinem „Ich“ und meinem „Es“ aus? Wie fühlt sie sich an? Würden Sie tanzen oder sich z. B. streicheln? Experimentieren Sie spielerisch damit.
   Wenn Sie eine geeignete Bewegung gefunden haben, die die optimale Kooperation zwischen „Ich“ und „Es“ symbolisiert, fungiert diese als Anker (z. B. eine Hand liegt in der anderen).
   „Wie nehme ich es wahr, wo ist meine Position?“ (vielleicht ein Hochstand, in einem Theater, vor einem Fernseher …)
   „Gibt es eine Musik dazu?“ (bekannt oder selbstkomponiert)
   „Gibt es vielleicht auch eine ‚Teammusik’, die anzeigt, daß ich in optimaler Kooperation mit meinem Es bin?“
   „Mein ‚Ich‘ und mein ‚Es‘, wir beide sind ein optimales Team, für welches Ziel auch immer!“
   „Wie antwortet mein Organismus darauf? Wie reagiert meine Atmung?“

Vielleicht gibt es etwas zu riechen oder zu schmecken!
Gehen Sie wieder mit allen Sinnen in Kontakt.
Wie können „Ich“ und „Es“ zueinander finden? Für welches Ziel auch immer!

3. Das Kernstück, die eigentliche Arbeit dieser Selbsthypnose
Es handelt sich eigentlich um ein „Sich-selbst-Abholen“, um ein Eigenpacing. Wichtig dabei ist eine neugierige, würdigende, anteilnehmende Haltung. Aktivieren Sie als erstes den Anker für optimale Kooperation wie vorhin beschrieben.
„Was ist mir jetzt gerade bewußt?
Z.B „Ich fühle meine Füße, die den Boden berühren, *und was kommt jetzt?*
Ich spüre meinen linken Arm auf dem Sessel liegen, *und was kommt jetzt?“* usw.
Durch diese neugierige Fragehaltung begibt man sich in eine passive Position, die ohne bewußte Erwartungshaltung Trance induziert. Der Vorteil hierbei ist, daß alles richtig ist, was kommt, und oft gehegte Zweifel am Mißlingen erst gar nicht entstehen.
Oder es fällt Ihnen während der Selbsthypnose ein, daß Sie bestimmte Dinge zu erledigen haben: „Es ist sehr interessant, ich denke gerade an dies und das (Pacing), *und was kommt jetzt?“*
Es geht auch um sanftes, spielerisches Führen und um höfliches Bitten.
„Gib mir bitte etwas von den schönen Gefühlen aus dem letzten Urlaub, *und was kommt jetzt?“*
Steigen Sie dann nach einiger Zeit wieder aus diesem Prozeß aus.

Eine weitere Möglichkeit, damit zu arbeiten, ist folgende:
Normalerweise möchte man erwünschtes Verhalten ins Unbewußte bringen.
Hier geht es darum, unerwünschtes Verhalten aus dem „Es“ ins „Ich“ zu bringen, um es in ein erwünschtes Verhalten umzuwandeln und wieder ins „Es“ zu führen.
Ein Beispiel:
„Eine Seite in mir ist hektisch (= Eigenpacing und dabei gleichzeitig Ausschau halten nach der ruhigen Seite), *und was kommt jetzt*?“

Nun pacen Sie wie oben beschrieben, um dann das „Es“ sanft zu bitten, etwas von dem Erwünschten zu bekommen.
Diese Einstellung hat allen Erscheinungen gegenüber eine wertschätzende Haltung und nimmt so den Druck weg, was geschehen soll und was nicht – alles führt in Trance!

4. Störgedanken werden nicht als solche gesehen, sondern als hilfsbedürftige Seite in uns (sonst würde sie sich nicht melden). Hier bietet sich eine Haltung wie bei Kindern an: Obwohl man sie liebt, gibt man sie zeitweise in einen Kindergarten, um ungestört arbeiten zu können. Der Kindergarten ist ein liebevoller Ort, wo für sie gesorgt und auf ihre Bedürfnisse eingegangen wird, von wo man sie auch wieder abholt.
   Um diesen Ort für sich zu finden, gehen Sie wieder mit allen Sinnen (vakogen) an diesen Ort: Ist es ein Haus, ein Pavillon, von Licht durchflutet?
   Wie sieht der Weg dorthin aus? Gibt es Straßen, Stiegen, Serpentinen?
   Wenn sich hilfsbedürftige Seiten melden, laden Sie diese ein, an den angenehmen Ort zu gehen, wo gut für sie gesorgt wird und von dem Sie sie dann auch wieder zu geeigneter Zeit abholen. Wichtig ist es, diesen Seiten dann aber auch wirklich ab und zu Raum zu geben. In dieser Art kann man mit allen Gedanken, die man bisher als störend definiert hätte, angemessen umgehen.

Persönlicher Schutzraum

Dieser soll es ermöglichen, sich in allen Lebenssituationen geborgen zu fühlen und nur das Positive hereinzulassen und das Negative draußen zu lassen (Antivirusprogramm).

Was wäre der optimale Raum, den ich brauche, um mich wohl zu fühlen und so richtig durchatmen zu können? Nehmen Sie beide Hände nach vorne und erfühlen Sie die Grenzen in allen Richtungen mit den Händen. Wie sieht er aus? (vakogen)

Wie sind die Grenzen des Schutzraums beschaffen? Ein Raum, in dem ich mich ganz sicher fühle, wo nur Positives hereingelassen wird und alles Negative draußen bleibt. Wie schaut diese halbdurchlässige Membran aus?

Wie ist sie beschaffen? (Ein Vorhang, eine Lichtschranke, ein Wasserfall?) Tasten Sie die Grenzen ab. Wie fühlen sie sich an? Bestimmen Sie ihr Ausmaß, und finden Sie dann eine passende Bewegung als Anker, der Ihnen zeigt, daß Sie sich in Ihrem Schutzraum befinden.

Leitsatz: „Wo auch immer ich hingehe, ich bleibe in meinem geschützten Raum in Kontakt mit all meinen Kompetenzen!“

Arbeit mit dem Schutzraum

Denken Sie an eine Problemsituation.

Aus welcher Richtung kommt das Problem auf Sie zu? Wie reagiert Ihr Organismus darauf? (Mit Verspannungen? Wie ist der Atem, die Muskulatur usw.?)

Wie sieht das Raumangebot aus? Wird es kleiner durch das Problem? Schieben Sie das Problem vorerst zur Seite und begeben Sie sich in den Schutzraum. Nutzen Sie dazu die beiden Anker für optimale Kooperation und den Schutzraum.

Nehmen Sie nun Kontakt auf zur inneren Forschungs- und Entwicklungsabteilung, der inneren hilfreichen Wissensinstanz.

Wie sieht diese Abteilung aus? (vakogen)

Gibt es vielleicht Wissenschaftler in einem Kreis, oder ein Labor?

Gibt es Düfte und Farben, Klänge oder vielleicht Musik?

Tasten Sie nun neuerlich die Grenzen ab.

Denken Sie nun nochmals an die Problemsituation aus Ihrem Schutzraum heraus. Ist jetzt etwas anders?

Bleiben Sie in Kontakt mit Ihrer inneren Forschungs- und Entwicklungsabteilung und bitten Sie diese, eine Lösung für diese Aufgabe zu finden, jetzt gleich oder in einem passenden Zeitrahmen. Lösungen tauchen oft durch Träume und Assoziationen auf (z. B. durch einen Film, der Ihnen neue Perspektiven für eine kreative Lösung bietet). Wie können Sie Ihre innere Forschungs- und Entwicklungsabteilung in Ihrer Arbeit unterstützen (wie können Sie Energie zuführen? z. B. durch Bauchstreicheln), in welchem Teil Ihres Körpers spüren Sie Resonanz?

Nun betrachten Sie diese Aufgabenstellung aus Ihrem Schutzraum völlig ruhig und gelassen und sind neugierig, welche Lösungen Ihnen nun einfallen und zufallen.

Die Arbeit mit dem Schutzraum ist auch hilfreich bei z. B. Asthma, Allergien, Neurodermitis (Raum ist so eng, daß alles unter die Haut geht).

Problemlösung

Denken Sie an einen Problemzustand und den bisherigen Lösungsversuch und finden Sie mit Ihren Händen ein Symbol für diesen Lösungsversuch.

Dann denken Sie an eine Ausnahme (es gibt immer Ausnahmen, denn man hat nie dieselbe Beziehung zu etwas), wo Sie diese Angelegenheit besser lösen konnten, und finden Sie auch dafür mit den Händen ein Symbol.

Nun finden Sie ein Symbol für eine angemessene Lösung.

Man muß nicht wissen, was ein Symbol bedeutet, aber man hat die Lösung somit gleichsam schon in Händen. Symbole sind immer zuerst da, konkretes Handeln folgt später.

Jetzt bitten Sie Ihr „Es“, dieses Symbol in konkretes Handeln umzusetzen, und seien Sie wieder neugierig, in welcher Form Lösungen auftauchen.

Negatives miteinbeziehen

Man ist gewohnt, nur das Positive zu visualisieren, aber manchmal ist es auch angebracht, das Negative zu visualisieren, wenn man z. B. feststellt, daß positive Visualisierung nicht den gewünschten Erfolg bringt.

Dr. Gunter Schmidt erzählte einmal, daß er als junger Assistenzarzt einige Verbesserungsvorschläge hatte und diese seinem etwas autoritären Chef unterbreiten wollte. Er bereitete sich durch Visualisieren auf ein Gespräch vor. Der Chef hatte die Angewohnheit, seine Mitarbeiter immer durch ein schroffes „So!“ zum Sprechen aufzufordern. Als *Dr. Schmidt* so aufgefordert wurde, wurde seine Stimme immer höher und er selbst innerlich immer kleiner, seine Vorschläge waren nicht sehr überzeugend (er regredierte in eine kindliche Phase).

Beim zweiten Versuch erging es ihm ähnlich.

Daraufhin visualisierte er, daß er nach dem „So!“ immer kleiner wurde, aber gleich darauf sehr rasch wieder zu seiner gewohnten Sicherheit fand, diese Vorgangsweise brachte ihm den gewünschten Erfolg.

Es kann immer wieder Situationen geben, in denen eine negative Reaktion durch einen Anker ausgelöst wird. Hier ist es dann günstig die negative Reaktion miteinzubeziehen und dann eine positive Reaktion folgen zu lassen. Siehe Ankerausgleich.

Arbeiten mit negativen Symbolen

Finden Sie ein Symbol für einen negativen Problemzustand. Dies sollte nun ein Gegenstand sein, den Sie leicht mitnehmen können, z. B. etwas aus einem Setzkasten.

Diesen Gegenstand nehmen Sie überall mit und legen ihn z. B. im Büro, oder einem Lokal auf den Tisch, spielen damit herum oder betrachten ihn von Zeit zu Zeit, und beobachten Sie einfach, was passiert. Somit arbeiten Sie intuitiv an diesem Problem.

Betrachten Sie es einfach als Experiment, das Sie ungefähr zehn bis 14 Tage ausführen.

Körperhaltung und Stimme

Finden Sie eine Körperhaltung für ein Problem und fühlen Sie diese ganz genau. Wie ist die Atmung, die Spannung der Muskulatur, der Blick, die innere Stimme usw.? Bleiben Sie in dieser Körperhaltung und gehen dabei auf und ab. Dann finden Sie eine positive ressourcenreiche, Energie ausdrückende Haltung, in der Sie ebenfalls einige Schritte gehen.

Nun spazieren Sie mehrmals von der Problemhaltung in die positive Haltung und fühlen dabei sehr genau, was sich verändert an Gefühlen, Gedanken usw.

Wichtig ist es, bei allen Interventionen immer erst diese Schritte zu durchlaufen:

1. Wie zeigt sich mein „Es“ jetzt?
2. Nehmen Sie den Anker für optimale Kooperation.
3. Bitten Sie Störgedanken, sich an einen liebevollen Ort zu begeben.

Dieser Ansatz fördert einen respektvollen, toleranten, liebevollen Umgang mit sich selbst.

Die nun folgenden Techniken funktionieren am besten, wenn Sie sich zuerst wie zuvor beschrieben in Selbsthypnose versetzen.

Der Moment der Erhabenheit

Wir sind doch eigentlich unternehmungslustige Wesen. Wir erleben gerne schöne Dinge. Doch oft denken wir, wir könnten uns diese schönen Dinge nicht leisten, vielleicht sogar, weil wir sie nicht verdient haben. Und mancher denkt gar, diese schönen Dinge nur zu verdienen, wenn große Anstrengungen aufgebracht werden.

Oft sind es aber gerade die Anstrengungen, die uns behindern, tiefen Frieden zu erfahren. Denn wir glauben, erst wenn wir uns genügend angestrengt haben, haben wir es verdient, froh zu sein.

Doch warum wollen wir schöne Dinge erleben? Weil wir uns davon Erfüllung erhoffen.

Ein Gefühl des Glücks, tiefer Befriedigung und inneren Friedens.

Viele glauben also, sich nur gut fühlen zu dürfen, wenn sie dafür große Leistungen bringen. Und es kann sich schon sehr gut anfühlen, wenn man große Leistungen bringt. Doch was wäre, wenn der bloße Wunsch reichen würde, um sein Ziel zu erreichen? Wer möchte, kann dann immer noch große Leistungen bringen und sich währenddessen auch schon gut fühlen.

Im Urlaub und auf Reisen sind wir viel eher bereit, die Wunder des Augenblicks zu erkennen und zu genießen. Vergangenheit und Zukunft sind hier völlig gleichgültig. Wir erlauben uns dann als einziges Ziel, Wohlbefinden zu haben und die Seele baumeln zu lassen.

Wer ist nicht gern auf Urlaub, vielleicht in den Bergen, auf dem Land oder auch am Meer. Vielleicht sogar mit einem Schiff, mit dem man irgendwo ankern kann, wo es wirklich herrlich schön ist. An einem Ankerplatz, der wirklich angenehmes Wohlbefinden und tiefen inneren Frieden auslöst. Ein Friede, der das ganze Sein erfaßt und worin man völlig frei und nur im Augenblick ist.

Solche Ankerplätze gibt es sehr zahlreich auf der Erde und vielleicht sogar irgendwo auf Ihrem Körper.

Darum möchte ich Sie jetzt gleich zu Beginn einladen, auf solch eine Reise mitzugehen, um sich auf ein kleines Experiment einzulassen.

Finden Sie nun also eine Stelle auf Ihrem Körper, die für Sie jetzt gerade passend erscheint, aber noch ganz neutral ist. Diese Neutralität läßt sich überprüfen, indem Sie sich an dieser Stelle berühren und sich dabei fragen, ob die Stelle okay ist, um dort später ein ressourcenreiches Gefühl zu ankern, oder ob sich damit irgendwelche Gefühle positiver oder negativer Art einstellen.

Finden Sie bitte jetzt diese Stelle, bevor Sie weiterlesen. Diese Stelle kann an jedem Ort sein, vielleicht am Knie oder am Handgelenk, oder wo auch immer.

Lassen Sie sich Zeit, um diese Stelle zu finden. Berühren Sie sich an der geeigneten Stelle, warten Sie ein paar Atemzüge, bis Ihnen klar ist, ob Sie die für Sie richtige Stelle gefunden haben.

An dieser Stelle möchte ich auch gleich anmerken, daß es wirklich wichtig ist, diese und auch andere der vorgeschlagenen kleinen Übungen mitzumachen, um möglichst viel von diesem Buch zu profitieren, und ich denke, Sie möchten von diesem Buch profitieren.

Nun, lieber Leser, können Sie sich vielleicht sofort, vielleicht auch erst nach einer gewissen Zeit, an drei Situationen erinnern, in denen Sie all Ihre Fähigkeiten zur Verfügung hatten, in hervorragender Verfassung waren und sich wirklich ausgezeichnet gefühlt haben. Das mag zunächst vielleicht als keine leichte Aufgabe erscheinen. Mancher wird vielleicht behaupten, noch nie in einer solchen Situation gewesen zu sein, und dennoch gibt es in jedem Leben Momente, in denen wirklich angenehme Gefühle da waren. Manchmal sind sie einfach nur ein wenig in Vergessenheit geraten, weil man die Aufmerksamkeit allzuoft auf die unerfreulichen Dinge richtet, und mit diesem Gefühl fallen Erinnerungen an sehr schöne Momente oft nicht so leicht.

Manchmal aber zehrt man regelrecht von sehr schönen Momenten und ruft sich diese immer wieder in Erinnerung, wie z. B. einen schönen Urlaub.

Sie können dies jetzt tun, indem Sie nach diesen schönen Erlebnissen suchen oder auch einfach Ihr Unbewußtes bitten, Ihnen nun diese schönen Erfahrungen zur Verfügung zu stellen, vielleicht momentan auch nur auf unbewußte Weise.

Das heißt, auch wenn Sie im Moment noch keine bewußten Bilder wahrnehmen können oder möchten, laufen schon Vorgänge für Sie in Ihrem Unbewußten ab, um Ihnen diese friedvollen Erfahrungen zu ermöglichen.

Und daher möchte ich Sie nun bitten, auf so eine Urlaubsreise zu gehen.

Eine etwas andere Urlaubsreise, die Ihnen erlaubt, wirklich gute Gefühle wieder zu erleben.

Und auch während ein bewußter Teil in Ihnen vielleicht meint, keine drei Situationen zu finden, hat ein anderer, vielleicht unbewußter Teil bereits begonnen, diese Situationen zu finden, und Sie können daher darauf vertrauen, daß Ihnen Ihr Unbewußtes diese Situationen und Gefühle zum passenden Zeitpunkt zur Verfügung stellen wird, wenn vielleicht auch nicht gleich ganz bewußt. Es ist so leicht, sich zu erinnern, wir erinnern uns jeden Tag an so vieles.

Um wirklich sehr viel von diesem Buch zu profitieren, ist es sicher wichtig, sich nun die Zeit zu nehmen, die notwendig ist, um diese wirklich interessante Reise anzutreten.

Hierbei kann es hilfreich sein, einfach so zu tun, als ob man schon diese drei Situationen mit den wirklich angenehmsten Gefühlen noch einmal erlebt, mit der Möglichkeit, daß das Unbewußte bereits weiß.

Und während vielleicht schon bewußte Bilder und Gefühle, vielleicht auch verursacht durch sehr schöne Klänge oder Melodien, auftauchen, möchte ich Sie bitten, zwanzig Atemzüge zu zählen, ohne die ganz typische Eigenart des Rhythmus und Tempos zu verändern, und erst dann weiterzulesen.

Nun wählen Sie aus diesen guten Situationen diejenige aus, die Ihnen momentan am meisten zusagt. Gehen Sie ganz in Ihrer Vorstellung in diese wirklich sehr schöne, wohltuende Situation und erleben Sie diese mit allen Sinnen.

Wie ist Ihre Körperhaltung dabei?
Und wenn Sie Ihren Körper auf diese sehr wohltuende Weise wahrnehmen, was sehen Sie, welche Farben und Formen, welches Licht?
Wie hell ist es?

Farben, die sehr angenehme Gefühle auslösen.
Formen, die vielleicht sehr vertraut sind.

Wie groß ist das Bild oder die Bilder?
Ist es mehr ein Film, der abläuft, oder ein Standbild?
Sind Sie in diesem Bild oder Film, oder sehen Sie sich von außen?
Welche Geräusche, Klänge, Wörter oder Töne, welche Melodien können Sie hören?
Vielleicht Geräusche der Natur oder Lieder, die Sie nur einmal gehört haben oder auch gut kennen?

Melodien von Instrumenten, an denen Sie immer wieder Gefallen finden.
Bestimmte Worte, vielleicht des Lobes oder Wohlwollens, oder auch nur einfach die Herrlichkeit der Stille.

Welche Gefühle stellen sich ein, und wie fühlen sie sich an?
Und wo können Sie diese sehr angenehmen Gefühle wahrnehmen?

Und woran erkennen Sie, daß sie angenehm sind?
Vielleicht an einem angenehmen Ziehen in der Brust, einem feinen Kribbeln an einer bestimmten Stelle oder einer sich ausdehnenden Weite?

Jeder Mensch hat seine eigene, typische Art, angenehme Gefühle wahrzunehmen.

Wie sind die Ihren? Welchen Geruch oder Geschmack können Sie schmecken und riechen?

Düfte, die Ihnen vielleicht sehr vertraut sind und in Ihnen Geborgenheit auslösen, und Lust?

Vielleicht der Geruch einer sehr schönen Landschaft zu einer besonderen Jahreszeit.

Oder ein Geschmack, der Freude auslöst in Ihrem Körper und Befriedigung?

Von dieser wirklich schönsten Situation suchen Sie sich den allerschönsten Moment heraus. Wenn er nur ganz kurz ist, haben Sie nun die Gelegenheit, diesen Augenblick beliebig zu verlängern, um ihn in vollen Zügen zu genießen, während Sie nun beginnen, mindestens zwanzig Atemzüge zu beobachten, die in einem für Sie wirklich angenehmen Tempo kommen und gehen.

Und während Sie nebenbei Ihre Atmung spüren, gehen Sie an Ihren neuen Ankerplatz und lassen Sie sich dort berühren, auch von einer Hand auf die für Sie angemessene Art und Weise. Und vielleicht kann dieser wirklich wohltuende Moment von nun an Ihr Boot sein, das Ihnen zur Verfügung steht, wann immer Sie es wünschen, wie ein treuer Gefährte, in jeder Situation, wann immer Sie diese Stelle berühren.

Auch wenn Ihnen dieser wirklich schönste Moment vielleicht jetzt noch nicht ganz bewußt zur Verfügung steht, haben bereits Prozesse begonnen, die immer deutlicher diese wirklich immer angenehmeren Erfahrungen ganz bewußt jederzeit zur Verfügung stellen werden, da dieser Moment in Ihrem Unbewußten wurzeln kann, um schöner und stärker zu werden, wie der Samen einer wirklich wunderbaren Pflanze in einem sehr fruchtbaren Boden.

Dieser fruchtbare Boden kann der Wunsch sein, jederzeit wirklich glücklich und im inneren Frieden zu sein, und wer möchte das nicht?

Und so kann es leicht sein, das Sie, wenn Sie von Schiffen oder Booten, Wasser, Ankern oder Ähnlichem lesen oder diese Dinge auf irgendeine andere Weise wahrnehmen, Sie so bewußt oder unbewußt an diesen Moment der Erhabenheit erinnert werden und er dadurch immer größer und stärker in Ihr Leben treten kann.

Ankerausgleich

Ein Ankerausgleich ist immer dann hilfreich, wenn eine Problemsituation mit „Immer wenn …" definiert werden kann. Z. B.: Immer wenn ich meinen Chef sehe, fühle ich mich schlecht.

1. Finden Sie eine Problemsituation, die mit „Immer wenn …" beginnt. Beispiel: Immer wenn ich mich in einer Prüfungssituation befinde, bin ich aufgeregt.
2. Wählen Sie aus allen ähnlichen Erfahrungen Ihrer Vergangenheit diejenigen aus, in der dieses Problem am stärksten aufgetreten ist (stellvertretend für alle anderen Situationen).
3. Schließen Sie Ihre Augen und gehen Sie noch einmal in diese Situation hinein, als ob sie jetzt gerade stattfinden würde.
   Was gibt es zu sehen?
   Was hören Sie?
   Gibt es vielleicht etwas zu riechen oder zu schmecken?
   Was fühlen Sie?
4. Sobald Sie dieses unangenehme Gefühl spüren können, ankern Sie es, indem Sie mit Ihrer linken Hand Ihr linkes Knie drücken. Dann öffnen Sie Ihre Augen und kommen wieder in die Gegenwart zurück. Testen Sie Ihren Anker und drücken Sie nochmals Ihr linkes Knie.
   Spüren Sie wieder dieses unangenehme Gefühl?
   Falls nicht, wiederholen Sie nochmals Schritt 4.
5. Fragen Sie sich nun: Welche Ressourcen würden mir helfen, mich in dieser Situation wohlzufühlen. Diese sind in der Regel: Sicherheit, Freude, Geborgenheit etc.
   Finden Sie nun eine Situation, wo Ihnen diese Ressourcen zur Verfügung standen. Z.B. im Urlaub am Strand liegend.

6. Schließen Sie wieder Ihre Augen und gehen jetzt in diese angenehme Situation.
   Was gibt es hier zu sehen?
   Was können Sie hören?
   Vielleicht etwas zu riechen oder zu schmecken?
   Was fühlen Sie?

7. Erlauben Sie diesem positiven Gefühl, immer stärker zu werden. Lassen Sie es in Ihrem ganzen Körper ausbreiten. Dann ankern Sie es mit Ihrer rechten Hand auf Ihrem rechten Knie.

8. Testen Sie wieder Ihren Anker und spüren Sie wieder dieses positive Gefühl. Anschließend finden Sie zwei weitere Situationen, in denen Sie diese positiven Ressourcen zur Verfügung hatten, und ankern sie jeweils wieder an Ihrem rechten Knie. Diesen Vorgang nennt man Anker stapeln. Dadurch werden die positiven Gefühle verstärkt.

9. Gehen Sie nochmals in die negative Situation und drücken Sie Ihr linkes Knie. Während Sie diesen Anker halten, lösen Sie nun Ihren positiven Anker an Ihrem rechten Knie aus. Bleiben Sie mit Ihren Händen so lange in dieser Position, bis sich eine positive Änderung Ihres inneren Zustandes einstellt. (Dies nennt man Ankerausgleich.)

10. Damit sichergestellt wird, daß Sie auch künftig diese positive Veränderung beibehalten, müssen wir diesen Prozess in die Zukunft übertragen. Dies wird als Futurepacing bezeichnet.

11. Schließen Sie wieder Ihre Augen und gehen Sie in die nächstmögliche Situation Ihrer Zukunft, von der Sie meinen, daß bislang dieses Problem aufgetreten wäre. Sie werden merken, daß sich nun automatisch die positiven Gefühle wieder einstellen werden. Sollte dies nicht der Fall sein, lösen Sie den positiven Anker an Ihrem rechten Knie aus und halten ihn so lange, wie Sie dazu brauchen, mit guten Gefühlen durch die zukünftige Situation zu gehen. Ab nun wird Ihnen diese neue Verhaltensweise automatisch zur Verfügung stehen. An dieser Stelle sei noch folgendes erwähnt: Die Wirkung des Ankerausgleichs beruht auf dem Prinzip, daß der stärkere Anker immer den schwächeren auflöst.

Der Swish!

Wenn wir etwas verändern wollen, ist es ratsam, zielorientiert zu denken. Oft ist unsere Aufmerksamkeit aber problemorientiert. Mit Hilfe eines Swish kann man lernen, von der Problemorientierung zur Zielorientierung zu wechseln, um so unerwünschte Verhaltensprogramme umzuschreiben.

Unser Unbewußtes bevorzugt bildhafte Sprache, daher ist es günstiger, hier auch wieder in Bildern zu denken.

Der Swish läuft am besten in strukturierten Phasen ab. Als erstes braucht man ein Problem, z. B. ein unerwünschtes Verhalten in einer bestimmten Situation.

Dann macht man sich das Bild, das diesem scheinbaren Problem unmittelbar vorausgeht, mit all seinen Submodalitäten bewußt.

Hier ist es wichtig, ganz in dem Bild drinnen zu sein.

Dann findet man ein Bild, das dem gewünschten Denkprogramm entspricht, genauso wichtig sind auch hier die Submodalitäten.

Hier ist es aber günstiger, sich selbst von außen in dem Bild zu betrachten. Dadurch entsteht eine Sogwirkung, die in das Bild hineinzieht.

Ein Ökocheck ist immer zu empfehlen, denn oft realisieren sich Wünsche schneller, als man denkt.

Nun läßt man die Bilder tauschen, wie gleich beschrieben wird.

Wenn es danach schwierig ist, sich das Bild vorzustellen, dann hat der Swish bereits funktioniert.

Wir sind Wesen, die sich gut fühlen möchten, daher wollen wir uns mit etwas verbunden fühlen, vielleicht mit innerem Frieden. Es schafft angenehme Gefühle, diese Verbundenheit wahrzunehmen, mit einem bestimmten Menschen oder einer Gruppe, einer Idee oder Tätigkeit.

Manchmal scheint es aber, daß es Situationen oder Zeiten und Räume gibt, in denen es unmöglich ist, Verbundenheit wahrzunehmen. Die Aufmerksamkeit richtet sich dann auf etwas Unangenehmes. Hier kann ein Swish helfen.

Ich möchte Sie oder Ihr Unbewußtes bitten, sich jetzt oder gleich an eine Situation zu erinnern, in der es etwas Unangenehmes gab. Zum Beispiel Einsamkeit. Es gibt so viele Möglichkeiten für Einsamkeit, vielleicht nach einem Streit oder einer Trennung von etwas, das wichtig war. Oder aber eine für Sie ganz typische Situation der Einsamkeit.

Auch wenn Sie sich jetzt kein bewußtes Bild davon machen möchten, was der Einsamkeit unmittelbar vorausgeht, Ihr Unbewußtes kennt die Beschaffenheit bereits und weiß, darum genügt es einfach, dabei zu sein und neugierig zu beobachten.

Was ist das für ein Bild, das der Einsamkeit, die Sie wahrnehmen, unmittelbar vorausgeht?
Wie sieht ein Bild in dieser Situation aus?
Was können Sie erkennen an Formen, Intensität der Farben und Szenen, an Helligkeit oder Dunkelheit?
Was können Sie hören an Geräuschen?

Welche Melodie hat Einsamkeit?
Wo in Ihrem Körper können Sie Einsamkeit erkennen?
An welchen Stellen spüren Sie dieses Gefühl?
Wie stark und wie groß ist diese Empfindung, vielleicht im ganzen Brustraum oder nur an einer kleinen Stelle oder einem anderen für Sie typischen Platz für Einsamkeit?

Nun sehen Sie kurz auf vom Buch und überlegen kurz, wann Sie das letzte Mal einkaufen waren.

Welches Produkt haben Sie als letztes berührt, bevor Sie es abgelegt haben, als Sie nach Hause gekommen sind?

„Und nun möchte ich dich, liebes Unbewußtes, und Sie bitten, sich vorzustellen, wie es ist, ewige Verbundenheit wahrzunehmen."

Die Frage ist nicht, ob Sie ewige Verbundenheit spüren können, denn ein Teil in Ihnen weiß bereits, was ewige Verbundenheit ist, die Frage ist nur, wann ein anderer Teil diese Verbundenheit jetzt wahrnehmen möchte. Darum können Sie schon neugierig sein, welches Bild und welches Gefühl bei Ihrer Verbundenheit auftauchen wird und wie deutlich Sie es jetzt wahrnehmen können. Es kann leicht sein, daß dieses Bild und dieses Gefühl an Deutlichkeit gewinnt, während Sie etwas Zeit damit verbringen, sich dieses Bild und dieses Gefühl vorzustellen. Vielleicht möchte dieses Bild und Gefühl aber erst später von Ihnen bewußt wahrgenommen werden. Auf jeden Fall können Sie beginnen darauf zu vertrauen, daß Ihr Unbewußtes bereits ein Bild vor seinen unbewußten Augen hat und

Sie einfach so tun können, als könnten Sie es auch schon so deutlich wahrnehmen.

Was kannst du, Unbewußtes, oder Sie sehen in einem Bild, in dem Sie sich sehen?
Wie fühlen sich die Farben und das Ausmaß der Helligkeit an?
Welche Formen können Sie erkennen und welche Intensität?
In was für einem Rahmen können Sie sich erkennen?
Gibt es Geräusche oder eine Melodie für ewige Verbundenheit?
Wie hört sie sich an?
Wo in Ihrem Körper können Sie diese spüren?
Wie fühlt sich die Verbundenheit an?

Wenn Sie nun dieses Bild vor sich haben, ist es sinnvoll zu überprüfen, ob es irgendwelche Einwände gibt, ewige Verbundenheit wahrzunehmen. Situationen, in denen Sie lieber Einsamkeit wahrnehmen möchten.

Vielleicht in einem Konflikt mit einer Sache oder etwas?
Vielleicht in Zusammenhang mit bestimmten Menschen?

Es kann vielleicht dann aber gerade so wichtig sein, Verbundenheit zu fühlen mit etwas, das immer für Sie da ist, egal was Sie denken oder tun, machen oder wünschen. Dieses Etwas kann vielleicht Seele genannt werden, und es macht gerade in dieser Situation Sinn, Verbundenheit mit der Seele wahrzunehmen, da es ja nicht darum geht, Neues zu erschaffen, sondern einfach wahrzunehmen, was immer schon da ist und war.

Gehen Sie jetzt noch einmal in das alte Bild der Einsamkeit, so daß Sie es groß und hell vor sich sehen und Einsamkeit auf Ihre typische Weise wahrgenommen wird.

Nun bringen Sie das Bild der ewigen Verbundenheit ins rechte untere Eck.

Lassen Sie nun Ihr Unbewußtes so schnell, wie Sie „Swish“ sagen können, das kleine dunkle Bild der ewigen Verbundenheit größer und heller werden, während das erste Bild gleichzeitig eben so schnell zu schrumpfen und zu verblassen beginnt, bis nur noch das Bild der ewigen Verbundenheit da ist.

Löschen Sie dann die Bildfläche und öffnen Sie Ihre Augen.

Wiederholen Sie dann den Swish noch ein paar Mal. Vergewissern Sie sich, daß das Bild nach jedem Mal wieder gelöscht wird.

Nach ein paar Wiederholungen, aber erst dann, versuchen Sie sich noch einmal das alte Bild vorzustellen. Je mehr Sie sich bemühen, es zu versuchen, umso schwieriger sollte es werden. Dann war der Swish erfolgreich.

Was dann bleibt, ist, was immer schon ist.

Reframing

Es ist prinzipiell wertvoll, davon auszugehen, daß jedes gezeigte Verhalten das bestmögliche Ergebnis aus der Summe aller Erfahrungen ist. Egal ob es jetzt sinnvoll oder harmonisch erscheint, kann davon ausgegangen werden, daß eine positive Absicht hinter jedem Verhalten steckt, zumindest für das Individuum selbst. Es werden einfach nur die Möglichkeiten des Verhaltens wahrgenommen, die gezeigt werden. Die anderen Möglichkeiten, die manchmal besser erscheinen, werden dann nicht erkannt.

Es gibt so viele Menschen mit so vielen Absichten und so viele Möglichkeiten, diese Absichten zu befriedigen, zu entspannen, loszulassen, in Frieden zu kommen, und dennoch gibt es scheinbar so viele Probleme durch festgefahrene Verhaltensweisen, weil die vielen anderen Möglichkeiten noch nicht erkannt werden.

Nun, man kann Verhaltensweisen, die negativ bewertet werden, verändern, wenn neue Möglichkeiten, welche die positive Absicht vielleicht konstruktiver befriedigen, angeboten werden.

Eine Möglichkeit kann es sein, wenn Dinge aus einer anderen Sicht gesehen werden.

Ein junges Mädchen sagt zum Vater, daß es mit einem neuen Freund ausgehen möchte.
Daraufhin erklärt der Vater: „Paß auf, ich muß dir sagen, wie die Männer so sind: Er wird dir erzählen, er hätte seinen Mantel vergessen, wird dich hinauf bitten, dir einen Tee anbieten, die Musik wird spielen, dann wird er sich auf dich werfen, und dadurch ist dann meine Ehre in den Dreck gezogen, die Ehre deiner Mutter ist in den Dreck gezogen und die Ehre der ganzen Familie ist in den Dreck gezogen!"

Die Tochter antwortet: „Papa, ich werde das schon machen, mach dir keine Sorgen."
Am nächsten Tag kommt sie nach Hause und sagt: „Papa, du bist ja so schlau, es war wirklich so, wie du gesagt hast. Er hat gesagt, er hätte seinen Mantel vergessen und mich in seine Wohnung gebeten. Die Musik ist gelaufen, er hat mir einen Tee angeboten. Dann habe ich mich auf ihn geworfen und die Ehre seines Vaters in den Dreck gezogen, die Ehre seiner Mutter in den Dreck gezogen und die Ehre seiner ganzen Familie in den Dreck gezogen!"

Egoismus zum Beispiel geht davon aus, mit seinen Bedürfnissen überzubleiben, wenn etwas für andere getan wird.

Der Altruismus, der Wille, etwas für andere zu tun, kann hier ergeben, daß wenn etwas für andere getan wird, auch ein positiver Gewinn für das Individuum selbst besteht – wenn davon ausgegangen wird, daß wir prinzipiell alle zusammengehören.

Wir alle beeinflussen uns andauernd auf so vielseitige Weise, daß Verhalten und Handeln anderer auch uns vor Entscheidungen stellen.

Wenn noch dazu davon ausgegangen wird, daß alle Energie – egal in welcher Form – in der gleichen Qualität, in der wir sie aussenden, irgendwo und wann wieder zu uns zurückkommt, wir Bauern sind, die Samen aussäen und ernten, dann tun wir die Dinge wieder für uns selbst, auch wenn wir etwas für jemand anderen tun. Nicht zu vergessen die positive Bewertung unserer selbst, wenn wir etwas für andere tun.

Auch vor diesem Hintergrund kann die Aussage: „Liebe deinen Nächsten wie dich selbst!" eine gültige Bedeutung haben. Und somit kann sich die positive Absicht des Egoismus in seinem Verhalten einen Schritt weiter ausdehnen. Im Spektrum der egoistischen Verhaltensweisen werden nun viel mehr Möglichkeiten zur Verfügung stehen, die vielleicht eine harmonischere Wirkung haben, das heißt vielleicht harmonischer bewertet werden.

Aber es gibt noch andere Wege, neue Möglichkeiten anzubieten und vielleicht zu etablieren. Das kann zum Beispiel mit einem „Sechs-Schritte-Reframing" geschehen.

Und wenn Sie nun – wie schon so oft – wieder bereit sind, etwas zu verändern, was helfen kann, dem inneren Frieden wieder näher zu kommen, können Sie, während Sie weiterlesen, zu entspannen beginnen, mit jedem Wort und jeder Zeile, tiefer, bis Sie sich wirklich ganz angenehm und wohl fühlen. Der Rhythmus der Atmung und Ihres Herzens kann sich angleichen an den Zustand, der so wohltuend sein kann und mit jedem weiteren Wort und jedem weiteren Schlag Ihres Herzens immer wohltuender und friedvoller werden darf. Und wenn Sie dann gleich umblättern werden, kann Ihre Gelassenheit hier noch ein großes Stück zunehmen, was manchmal gleich, manchmal aber erst allmählich merkbar wird, während dieser Prozeß der Gelassenheit mit jedem weiteren Umblättern weitergehen kann.

Und so möchte ich hier an dieser Stelle Ihr Unbewußtes bitten, das so viel mehr weiß über Sie und so genau wie kein anderer, was notwendig ist, um in Frieden zu sein. Niemand anders weiß mehr über Sie als Ihr Unbewußtes. Und so dürfen Sie darauf vertrauen, daß Ihr Unbewußtes wirklich nur die Prozesse einleiten wird, die wichtig sind, um zu entspannen, zu lösen und in Frieden zu sein mit all dem, was ist, und mit all dem, was nicht ist.

Und so möchte ich dich, liebes Unbewußtes, bitten, mit einem bestimmten Teil von dir Kontakt aufnehmen zu dürfen. Einen Teil, der ein Verhalten auslöst, das die lesende Person problematisch bewertet und hier verändert werden darf. Ein Verhalten, das bis jetzt das Beste war in einer gewissen Situation, nun aber verändert werden darf, um dem inneren Frieden wieder einen Schritt näher zu kommen.

Und ich möchte dich auch bitten, so zu kommunizieren, daß auch das Bewußtsein der lesenden Person weiß, daß Kommunikation stattfindet.

Kommunikation des Unbewußten kann auf so vielen Wegen geschehen. Es gibt zum Beispiel unbewußte Körperbewegungen, die jetzt hier genutzt werden können, um jetzt gezielt zu kommunizieren. Es ist bekannt, daß Menschen manchmal, wenn Sie nachdenken, unwillkürliche Bewegungen zeigen, vielleicht mit dem Kopf nicken oder mit den Fingern zucken – Signale, mit dem das Unbewußte sich mitteilen kann, auch Ja oder Nein sagen kann.

Und daher möchte ich dich, liebes Unbewußtes, nun bitten dir ein Signal zu überlegen, das der lesenden Person auf passende Weise zeigt, wann du bereit bist weiterzugehen, damit alles in einem geeigneten Tempo geschieht.

Und Sie, lieber Leser, dürfen neugierig sein, welches Zeichen sich Ihr Unbewußtes ausgedacht hat, so wie ein Zuschauer im Kino gespannt ist, was sich der Regisseur ausgedacht hat.

Vielleicht ein sanfter Impuls zum Nicken des Kopfes oder das Zucken oder sogar Heben eines bestimmten Fingers, vielleicht aber auch ein Kribbeln oder eine Änderung der Temperatur als Zeichen für „Ja". Manchmal gibt es aber auch andere ganz persönliche, für Sie erkennbare Zeichen.

Und so möchte ich dich, liebes Unbewußtes, nun bitten, dieses Zeichen für „Ja" zu zeigen, und Sie, lieber Leser, bitten, ganz neugierig und gelassen zu bemerken, auf welche Weise Ihnen Ihr Unbewußtes „Ja" mitteilen möchte, und sich die Zeit geben, die Sie brauchen, um dieses Zeichen zu bemerken.

Wenn kein Zeichen kommt, werden Sie wissen, wann die Veränderung ansteht, weil Ihr Unbewußtes ja weiß und nun auch Sie wissen, daß Ihr Unbewußtes mit Ihnen kommunizieren kann.

Sie können dennoch neugierig weiterlesen, um sich ein Bild zu machen von diesem Weg für Veränderung. Und Sie können so tun, als ob Sie wüßten, welches Zeichen Ihr Unbewußtes ausgewählt hätte, um fortzufahren.

Zählen Sie einige Atemzüge, die das Entspannen und Loslassen vertiefen und Raum für das Zeichen geben, und lesen dann weiter.

Gut, nun wissen Sie, auf welche Weise Ihnen Ihr Unbewußtes ein „Ja" vermitteln kann.

Nun, liebes Unbewußtes, bitte ich dich, einen Kontakt mit dem Teil herzustellen, der für das anstehende Problem verantwortlich ist, und dem lesenden Bewußtsein dein Zeichen zu geben, wenn dieser Kontakt hergestellt ist.

Und Sie, lieber Leser, warten bitte auf dieses Zeichen wie ein Zuschauer. Das anstehende Problem kann bewußt werden oder auch unbewußt bleiben, das ist gleichgültig; wichtig ist nur zu wissen, daß hier wertvolle Arbeit in angemessener Zeit geschehen kann.

Und nun möchte ich dich, liebes Unbewußtes, fragen, welche gute Absicht hinter diesem problematischen Verhalten gestanden ist, das du ausgewählt hast, und zu entscheiden, ob sie bewußt werden soll oder nicht.

Und wenn eine solche Absicht nicht gleich gefunden wird, gibt es vielleicht Menschen mit ähnlichen Verhaltensweisen in ähnlichen Situationen, und so kann man spekulieren, welche Absicht bei diesen Menschen dahinterstecken könnte.

Und gib bitte dem lesenden Bewußtsein wieder dein Zeichen, wenn du bereit bist fortzufahren.

Und nun, liebes Unbewußtes, bin ich schon neugierig, den kreativen Teil von dir zu fragen, der weiß, ob es vielleicht noch andere Wege gibt, diese gute Absicht zu befriedigen. Vielleicht sind andere Menschen mit ähnlichen Situationen bekannt, die anders handeln.

Und vielleicht können drei, vielleicht aber auch fünf Möglichkeiten von diesem Teil ausgesucht werden, um die gute Absicht anders zu erreichen.

Und so möchte ich neugierig auf das Zeichen warten, wenn dies geschehen ist.

Gut.

Nun möchte ich gerne von dem Teil wissen, der für das bisherige Verhalten verantwortlich war, welche dieser Möglichkeiten er auswählen möchte oder würde, wobei es wieder ganz egal ist, ob diese Sache bewußt oder unbewußt bearbeitet wird, und nur wichtig ist, daß das Zeichen gegeben wird, wenn eine passende Möglichkeit ausgewählt wurde.

Und nun möchte ich noch erfahren, ob dieser Teil bereit ist, genauso verantwortungsvoll das neue Verhalten auszuprobieren, für einen geeigneten Zeitraum, vielleicht von einer Woche, um zu überprüfen, ob dieses Verhalten dem inneren Frieden dienen kann.

Und so laß wieder das Zeichen kommen, wenn du bereit bist, dies zu tun.

Gut, und so möchte ich mich hier bedanken bei dir, liebes Unbewußtes, und bei den Teilen, die hier ihren Beitrag an dieser wichtigen Arbeit geliefert haben, während Sie nun wieder mit jedem weiteren Atemzug und Schlag Ihres Herzens ganz erwachen, bis Sie wieder ganz mit all Ihren Teilen im Hier und Jetzt und in Frieden sind. Langsam, mit jedem Wort, jedem Atemzug mehr erwachen, alle Müdigkeit und Schwere schwinden lassen, um wieder völlig frei und klar zu werden.

Hierbei ist es angemessen, wieder eine Pause zu machen, um zu geeigneter Zeit weiterzulesen.

Changing history

Wenn mit *Changing history* gearbeitet wird, werden gewünschte Ressourcen geankert, um vergangene Problemsituationen mit Hilfe dieser geeigneten Ressource zu verändern mit dem Ziel, in einer zukünftigen ähnlichen Situation diese gewünschte Ressource zur Verfügung zu haben.

Und nun möchte ich Sie, lieber Leser, bitten, wie schon so oft, auf Ihr Unbewußtes zu vertrauen, um ein für Sie jetzt geeignetes Problem zu lösen, ein Verhalten, das verändert werden will, ohne unbedingt bewußt zu wissen, um welches Problem es sich handelt, außer, daß es hier und jetzt ein passendes und wichtiges ist, um nun gelöst zu werden.

Ihre aktive Aufgabe, lieber Leser, ist es nun, einfach weiterzulesen, um die Basis für das Eigentliche zu schaffen: die Veränderung, die wie schon so oft, wenn man sie läßt, von selbst geschieht.

Lassen Sie als erstes Ihr Unbewußtes einen jetzt passenden, neutralen Berührungsreiz finden. Sie können neugierig sein, auf welche Weise Ihr Unbewußtes Ihnen die jetzt passende Stelle und Art der Berührung mitteilen wird, die wir hier als Anker verwenden möchten. Es kann ganz einfach eine Vorliebe für eine ganz bestimmte Stelle sein, oder vielleicht ein Kribbeln oder ein besonderes Wahrnehmen der Temperatur oder ähnliches.

Lassen Sie die Zeit verstreichen, die nötig ist, bis Sie auch ganz bewußt wissen, welcher Ankerplatz hier der geeignete ist, oder tun Sie einfach so, als ob Sie es schon wüßten, und überprüfen Sie, ob dieser Anker auch neutral ist.

Er ist es dann, wenn sich keine besonderen Gefühle oder Bilder oder Assoziationen einstellen. Nehmen Sie sich die Zeit, berühren Sie die Stelle auf die jetzt passende Weise, um das zu überprüfen.

Sie möchten etwas verändern in Ihrem Leben, da Leben Veränderung und Totsein Starre ist. Darum gibt es vielleicht etwas, das früher seine Berechtigung gehabt hat und das Sie jetzt als scheinbares Problem bezeichnen möchten, weil es sich nicht verändert, wie Sie es möchten.

Ich möchte Sie jetzt bitten, Ihr Unbewußtes entscheiden zu lassen, welches „Problem" gelöst werden möchte. Wann und vielleicht mit wem ist es aufgetreten? Es kann nun bewußt werden oder aber auch unbewußt bleiben.

Vielleicht gibt es aber Bedingungen, unter denen lieber das alte Verhalten beibehalten werden möchte.

Wenn Sie gelernt haben werden, dieses bestimmte Problem zu bewältigen, könnten sich aus dieser Fähigkeit negative Konsequenzen ergeben? Wenn ja, wie werden Sie damit umgehen?

Suchen Sie sich nun eine typische Situation aus, in der dieses Problem auftritt.

Wo sind Sie in dieser Situation?
Welche Körperhaltung ist für die Situation typisch?
Was haben Sie gesehen?
Was gehört,
und welche Gefühle sind aufgetreten?

Dies alles kann aber auch ganz von selbst unbewußt ablaufen.
Was haben Sie, lieber Leser, als allererstes gemacht, als Sie dieses Zimmer heute betreten haben. Lesen Sie erst weiter, wenn Sie sich erinnert haben, was es war.

Was hätten Sie tun können, um mit dieser bestimmten Sache besser fertig zu werden? Vielleicht gab es ja oder gibt es heute Fähigkeiten, Erfahrungen oder Eigenschaften, die sehr hilfreich und nützlich sein können, um mit dieser Sache besser umzugehen?

Lassen Sie nun im Vertrauen auf Ihr Unbewußtes diese Möglichkeiten in einer Situation auftauchen, in der diese Ressourcen erfolgreich eingesetzt werden.

In welcher Situation ist das?
Welche Körperhaltung wird dabei eingenommen?
Was wird gesehen, gehört und gefühlt?

Wenn Sie genau in dieser Situation sind, und Ihr Unbewußtes weiß wann, berühren Sie den Ankerplatz auf Ihre eigene Weise.

Vielleicht gibt es auch jemanden, der über die Fähigkeit verfügt, die Sie wünschen? Wenn dem so ist, gehen Sie in den Körper dieser Person und schauen durch dessen Augen in die Welt.

Nun vergegenwärtigen Sie sich Ihre Ressource, während Sie Ihren Anker drücken, und gehen dann mit diesem Gefühl in die Problemsituation, so lange bis Sie im neuen Bewußtsein Ihrer Fähigkeiten die Problemsituation verändern, so lange bis Sie ganz zufrieden sind. Erst wenn Sie damit fertig sind, kommen Sie ganz hierher zurück, während ein Teil schon weiterlesen kann.

Lassen Sie den Anker los und betrachten Sie dann vom jetzigen Zustand aus die ursprüngliche Situation. Was ist anders, was gleich? Gibt es mehr anderes?

Wenn Sie sich eine zukünftige Situation vorstellen, gibt es nun ein neues gewünschtes Verhalten?

An all diesen Prozessen ist das Unbewußte immer beteiligt, obwohl es sein kann, daß manchmal gewisse Dinge unbewußt ablaufen und gerade dann sehr wirksam sind.

Der Zauberspiegel

Der Zauberspiegel hilft Ihnen dabei, unerwünschte Verhaltensweisen zu verändern.

Stellen Sie sich einen Spiegel mit schwarzem Rand vor (symbolisch für das Negative) und einen Spiegel mit weißem Rand (für das Positive). Alternativ dazu bietet es sich an, einen alten, modrigen, mit Spinnweben versehenen Spiegel und einen wunderschönen, in Diamanten eingefaßten, geschliffenen Spiegel zu sehen. Es sollen nur immer die selben Spiegelpaare bleiben.

Sehen Sie sich nun im Spiegel mit schwarzem Rand in dem Verhalten, das Sie momentan stört, z.B. mit Zigarette im Mund, übergewichtig, oder mit dem Whiskeyglas in der Hand. Dann nehmen Sie einen Hammer und zerschlagen Sie den Spiegel und nehmen wahr, wie die Scherben zu Boden fallen. Hierbei ist es wichtig, den negativen Spiegel nur ein einziges Mal zu zerstören. Das bedeutet, diesen Vorgang nur ein einziges Mal anzuwenden. Dies bezieht sich auf ein und dieselbe Verhaltensweise. Nun stellen Sie sich den Spiegel mit weißem Rand vor und sehen Sie sich darin in Ihrer erwünschten Verhaltensweise, z. B. schlank, mit gut durchbluteter Haut usw.

Wichtig ist, diesen weißen Randspiegel, der Sie in Ihrer neuen Verhaltensweise zeigt, so oft wie möglich zu visualisieren. Beispielsweise in der Warteschlange im Supermarkt, im Verkehrsstau oder in der Badewanne und vor allem in Ihrer Selbsthypnose. So lange, bis das neue Verhalten eingetreten ist.

Strandinduktion

Stellen Sie sich vor, an Ihrem Lieblingsstrand zu sein. Ich weiß nicht, ob es ein Strand ist, den Sie schon kennen oder den Sie neu erfinden. Ein wunderschöner Strand, ganz für Sie allein. Vielleicht wachsen ein paar Palmen an Ihrem Strand, und der Sand ist vielleicht weiß und weich, und Sie können ihn warm unter Ihren Füßen spüren. Während Sie an Ihrem Strand entlanggehen, auf den Ozean zu, spüren Sie die Sonne warm auf Ihrer Haut, und vielleicht können Sie das Meer sehen, tiefblau, mit kleinen, weißen Schaumkronen, und hören, wie die Wellen ans Ufer rollen. Und vielleicht fliegt ein Vogel vorbei und singt. Und wenn Sie sich umsehen, werden Ihre Fußspuren im weichen Sand in der Ferne immer kleiner.

Und dort, wo der Sand feucht ist von den Wellen, liegt ein Stock aus Holz. Gehen Sie dorthin und heben Sie ihn auf. Wie fühlt er sich an in Ihrer Hand?

Nun schreiben Sie die Zahl Fünf in den feuchten Sand. Und die Fünf steht in Verbindung mit Ihrem Körper, mit dem Teil von den Füßen bis zu den Knien.

Und währen die Wellen die Zahl Fünf aufs Meer hinaus spülen, geht Ihr Körper von den Zehen bis zu den Knien in *tiefe Trance*.

Und nun schreiben Sie die Zahl Vier in den feuchten Sand. Und die Vier steht in Verbindung mit Ihrem Körper, mit dem Teil von den Knien bis zu den Hüften. Und während eine Welle die Zahl Vier aufs Meer hinaus spült, geht Ihr Körper von den Knien bis zu den Hüften in *tiefe Trance*.

Und nun schreiben Sie die Zahl Drei in den Sand. Die Drei steht in Verbindung mit Ihrem Körper, mit dem Teil von den Hüften bis zu den Schultern. Und während eine Welle die Zahl Drei aufs Meer hinaus spült, geht Ihr Körper von den Hüften bis zu den Schultern in *tiefe Trance*.

Nun schreiben Sie die Zahl Zwei in den Sand. Die Zahl Zwei steht in Verbindung mit Ihrem Körper, mit dem Teil von den Fingerspitzen bis zu den Schultern. Und während eine Welle die Zahl Zwei aufs Meer hinaus spült, geht Ihr Körper von den Fingerspitzen bis zu den Schultern in *tiefe Trance*.

Und nun schreiben Sie die Zahl Eins in den feuchten Sand. Die Zahl Eins steht in Verbindung mit Ihrem Körper, mit dem Teil von den Schultern bis zum Scheitel. Und während eine Welle die Zahl Eins aufs Meer hinaus spült, geht Ihr Körper von den Schultern bis zum Scheitel in *tiefe Trance*.

Und nun gehen Sie zu einem besonderen Platz an Ihrem Strand, Ihrem persönlichen Kraftort. Nehmen Sie den Stock aus Holz mit, und lassen Sie sich von diesem besonderen Platz an Ihrem Strand anziehen wie von einem Magneten.

Wenn Sie angekommen sind, malen Sie mit Ihrem Stock einen großen Kreis in den Sand, groß genug, um sich hinzulegen. Und legen Sie sich dann in den Kreis, in den warmen Sand. Alle Gedanken, die Stimme in Ihrem Kopf, können draußen bleiben, außen am Kreis entlang tanzen, während Sie vollkommen sicher, beschützt in diesem Kreis liegen, völlig entspannt. Und gleich werden Sie auf eine Reise gehen …

Auf eine Reise durch die Zeit. Und die Zeit weiß viele Geschichten. Und während Sie so dahinreisen, möchte Ihnen die Zeit eine Geschichte erzählen:

Diese Geschichte geschah vor langer Zeit in einem kleinen Dorf hoch oben in den Bergen. Und während die Zeit Ihnen diese Geschichte erzählt, schweben Sie vielleicht in einen sehr angenehmen Traum hinein. In diesem Dorf schien alles so friedlich, so ruhig. Die Berge, in denen das Dorf lag, fielen steil ab zum Meer hinunter. Die Dorfbewohner fingen Fische im Meer und lebten im Einklang mit der Natur. Sie hatten kleine Häuser, die aus Holz und Glas gebaut waren, und Holzöfen, in denen sie Feuer machten, wenn es kalt war.

Während Sie die Geschichte lesen oder hören, wissen Sie vielleicht, wie es wäre, in einem solchen Dorf zu leben. Wenn Sie es nicht wissen, können Sie sich vorstellen, in Ihrem Traum dort zu sein. Sie können sich in dieses Dorf, in eine magische Zeit versetzen lassen, in eine wundervolle, friedliche Existenz, wo die Menschen einander verstehen, in Harmonie leben, einander sanft berühren in Gedanken und Gefühlen.

Es macht Ihnen Spaß, Dinge gemeinsam zu tun, für die Gemeinschaft zu kochen oder fischen zu gehen. Es macht Ihnen Freude, die Kinder zu unterrichten. Und es macht Ihnen Freude, allein durch die Bergtäler zu wandern, um spirituelle Antworten zu finden. Und so fragt es sich, ob Sie so ein Tal bereits sehen können. Das üppige Grün, die Bäume. Die Gerüche eines Bergtals. Wie riecht ein Wald, in dem Ihre Lieblingsbäume wachsen?

Und während Sie sich die Erlaubnis geben können, sich in dieses Tal versetzen zu lassen, können Sie den blauen Himmel über Ihnen sehen und die Wellen des Ozeans in der Ferne hören.

Und wenn Sie nach oben schauen, können Sie eine Sturmwolke bemerken, die sich zusammenbraut, aber es ist eine Sturmwolke, wie Sie noch keine gesehen haben. Und während Sie diese Sturmwolke ansehen, beginnen Sie alles zu vergessen, was in der letzten halben Stunde geschehen ist. Es ist so, als ob angesichts dieser unglaublichen Sturmwolke die letzte halbe Stunde wie weggeblasen ist.

So eine Wolke haben Sie noch nie gesehen. Und auch die Dorfbewohner schauen nach oben und bekommen Angst und wissen nicht, was Sie tun sollen. Sie müssen eine Antwort finden, denn so etwas haben sie noch nicht gesehen.

Und so setzen sich die Dorfbewohner im Kreis zusammen, um zu beraten. Es stellt sich die Frage, ob Sie jetzt bei ihnen sind, wenn sie jetzt im Kreis beisammen sitzen und erkennen, daß sich eine gigantische Sturmwolke auf ihr Dorf zubewegt. Etwas derart Machtvolles könnte sie alle hinwegfegen. Sie müssen eine Antwort finden. Sie haben keine Ahnung, wie die Antwort lautet. Jeder, der im Dorf lebt, ist bei dieser Versammlung dabei. Auf welchem Platz sitzen Sie in diesem Kreis?

Die Menschen müssen einen Plan entwerfen, der ihnen hilft, mit dem kommenden Sturm fertig zu werden.

Und jetzt erfahren Sie, was Sie tun. Jeder einzelne erkennt, daß er ein besonderes Geschenk besitzt. Wenn jeder sein Geschenk mit dem Kreis teilt, dann wird das Dorf den Sturm überleben. Aber um das Geschenk teilen zu können, muß jeder wissen, was sein Geschenk ist. Und während Sie diese Worte wahrnehmen, schweben Sie vielleicht noch tiefer und tiefer in einen Traum, denn das haben Sie im Kreis auch getan.

Jeder einzelne muß sein Geschenk finden, um es in den Kreis zu bringen, in die Versammlungsrunde. Und so geht jeder tief in sich hinein und hat einen besonderen Traum.

Und während Sie diesen Traum haben, schweben alle Gedanken an Vergangenes, an alles, was vor dem Sturm gewesen ist, davon und lösen sich in dem neuen Traum auf.

Der neue Traum ist ein magischer Traum, und jeder hat ein magisches Geschenk für den Kreis. Aber um das Geschenk zu finden, müssen Sie träumen. Und so schweben Sie in den magischen Traum hinein, in dem die Charaktere eine leuchtende Qualität annehmen. Die Charaktere sind von Licht erfüllt. Den Lichtschein, der von Ihnen ausgeht, haben Sie vielleicht schon lange, lange nicht mehr gesehen. Und Sie nehmen an Bedeutung an, viel tiefer, als Sie es je zuvor erkannt haben.

Und so weiß man nicht, was Ihr Traum ist, denn Sie haben Ihr eigenes, besonderes Geschenk, das Sie in den Kreis einbringen. Ihre eigene Schönheit, Ihre eigene Kunst, die Sie in den Kreis einbringen werden, Ihre kreative Intelligenz für den Kreis.

Und so können Sie Ihren Traum jetzt haben. Und der Traum wird Sie an ferne Orte führen, zu Dingen, die Sie in Ihrem Leben noch nie gesehen haben und die Ihnen doch so vertraut sind, als hätten Sie sie erst gestern gesehen. Sie werden auf hell strahlende Intelligenz treffen. Sie werden einen Teil von sich entdecken, der tiefer und tiefer durch das Netz der Zeit wandert, weit über diese Welt hinaus, in der Sie sich jetzt befinden. Sie können diesen Traum haben. Sie werden lernen. Ihr Lernen wird so tief sein, daß es eine Schwingung erzeugt, die noch nach Tagen in Ihrem Körper zu spüren ist. Und während Ihr Lernen tiefer geht, kann Ihre Einsicht eine Aussicht erschaffen.

Was bedeutet Einsicht denn?

Sie träumen.

In Ihrem Traum nehmen Sie diese Worte wahr, oder nicht. Es macht keinen Unterschied. In Ihrem Traum lernen Sie etwas. Es macht keinen Unterschied, was Sie sehen, oder ob Sie etwas sehen, was Sie fühlen, oder ob Sie etwas fühlen, was Sie denken, oder ob Sie etwas denken. Sie werden eine symbolische Erfahrung machen, die Sie hinunterbringt auf neue Ebenen des Lernens, des Gewahrwerdens, während Ihr essentielles Wesen aus dem Nebel auftaucht, lernt, wächst, sich verbindet und die Gesetze entdeckt, die der Manifestation der Welt zugrunde liegen. Und so kann aus Nebel Leben werden.

In einem Moment werden Sie in diesen Raum zurückkommen, aber Ihr Traum wird sich fortsetzen, wenn Sie heute Abend einschlafen. Heute Abend wird Ihr Traum weitergehen, Ihr Lernen wird weitergehen, es wird weitergehen, bis es vollständig ist, bis Sie alle Ihre Lektionen gelernt haben. Und nun, da dieser Traum, der auf Sie gewartet hat, die Verbindung zu Ihnen gefunden hat, nun wird er an seinen Platz zurückschweben, und heute Nacht im Schlaf werden Sie ihn zurückrufen. Er wird zurückkommen, Sie werden ihn zu Ende träumen, und Sie werden wachsen lernen.

In einem Moment werden Sie in diesen Raum zurückkommen, in Ihren/m Körper, zurück in diese Zeit. Der Prozeß wird sich in seiner eigenen Zeit fortsetzen. Während Sie hierher zurückkommen, danken Sie allen Teilen von Ihnen, Ihrem physischen Körper, Ihrem mentalen Körper und Ihrem spirituellen Körper, die alle in Harmonie und Einklang zusammenarbeiten.

Das innere Kind

Was würde geschehen, wenn Sie sich in eine Wolke einpacken?

Ich möchte Sie einladen, sich vorzustellen, wie es sich anfühlt, wenn eine Wolke um Ihre Füße und Fußgelenke gepackt ist, um Ihre Knie; daß eine weiche Wolke um Ihre Schenkel gepackt ist, um die Hüften.

Geben Sie sich die Erlaubnis, nach hinten, nach unten zu sinken auf Ihrer Wolke. Sie lesen diese Zeilen und können dabei loslassen, von allem, das jetzt unwichtig ist. Packen Sie eine Wolke um Ihre Taille und Ihren Rücken; wie fühlt sich der an?

Und Ihre Brust kann sich so gut anfühlen in einer Wolke, ganz weich und leicht und flaumig.

Gepackt um die Hände, unter die Arme und um die Arme herum.

Und während Sie weiterlesen können, kann ein Teil in Ihnen nach unten sinken, tiefer und tiefer in eine angenehme Trance. Spüren Sie, wie sie sich um Ihr Gesicht schmiegt, um Ihren Nacken, um Ihren Hinterkopf? Wie würde sich das anfühlen, so in eine Wolke gebettet tiefer in Trance zu sinken?

Und gleich, während Sie auf Ihrer Wolke schweben, wird etwas Ihre Aufmerksamkeit auf sich ziehen: ein Lichtpunkt am Himmel, der langsam zum Horizont hinuntersinkt. Und ein Teil in Ihnen kann ihn schon sehen oder spüren, und während er hinuntersinkt, wird er weicher und größer, und das Licht hat eine Farbe. Vielleicht können Sie fühlen, wie diese Farbe vibriert. Und so verschwindet das Licht und nimmt Sie mit, tiefer und tiefer.

Und dann erscheint oben am Himmel wieder ein Lichtpunkt in einer anderen Farbe, während Sie mit jedem gelesenem Wort in eine noch tiefere, heilsame Trance gehen dürfen, wenn es für Ihr Wesen jetzt passend ist, neugierig zu sein, wie es aussieht oder sich anfühlt, welche Farbe dieses Licht hat, wie es vibriert.

Es macht keinen Unterschied, ob Sie es jetzt sehen oder spüren können. Und so kann das Licht nach unten sinken, größer und größer werden und alle Gedanken anziehen, die noch zufällig an Ihnen vorbeiziehen, alle Stimmen, Zweifel, Gefühle, wie ein Magnet versinkt am Horizont, und Sie spüren, wie ein Teil sinkt, tiefer und tiefer in Trance, und wie gut es sich anfühlt, alles loszulassen, alle Gedanken.

Und so erscheint oben am Himmel noch ein Licht in einer anderen Farbe, und wird größer, und sinkt nach unten. Und diese Farbe schickt eine Welle der Entspannung durch Ihren Körper vom Kopf bis zu den Fußsohlen. Und das Licht versinkt langsam am Horizont mit Ihnen, tiefer in Trance.

Und die Lichter und Farben vibrieren noch in Ihnen, in Ihrem ganzen Körper, in Ihrem Dritten Auge. Und so können die Farben Sie zudecken, gleichsam wie eine heilende, wärmende, sanfte Decke. Und Ihre Haut, die Poren nehmen diese wärmende, nährende Energie der Farben, des Lichts in sich auf. Wie goldenes Licht fließt es in Ihnen und heilt alte Wunden, fließend, durch jede Zelle in Ihrem Körper, während Sie auf Ihrer Wolke durch die Zeit schweben, rückwärts, zurück durch die Jahre gleiten, wie durch einen Tunnel, zurück durch die neunziger Jahre, zurück durch die achtziger, weiter und tiefer, bis Sie auf Ihrer Wolke über dem Haus, in dem Sie als Kind lebten, angekommen sind. Ein Teil von Ihnen ist schon dort, und so kommt es nicht darauf an, ob Ihr Bewußtsein irgendetwas tut. Es kann hier sein oder nicht hier sein. Es ist gut, wenn Ihr Bewußtsein weiß, daß das goldene Licht die bewußten Ebenen genauso heilt wie die unbewußten Ebenen.
Nun lassen Sie sich mit ihrer Wolke nach unten sinken, bis Sie durch ein Fenster in dieses Haus hineinschauen können und sich selbst als kleines Kind gefunden haben.

Und vielleicht können Sie sich erlauben, eine Szene zu sehen, in der Sie, gerade jetzt, etwas erleben, das unangenehm war. Etwas, das Ihnen ein Gefühl, vielleicht von Einsamkeit, vielleicht von Verzweiflung, gab. Und wenn jetzt der geeignete Zeitpunkt ist, sich solche Dinge anzusehen, können Sie, oder ein Teil in Ihnen, sich eine solche Szene ansehen durch das Fenster, von Ihrer Wolke.

Was können Sie sehen?

Sind Sie allein, oder sind andere Personen anwesend?
Was geschieht oder ist gerade geschehen? Vielleicht etwas, das als Erwachsener gar nicht mehr so schlimm gewesen wäre, aber Sie als Kind beeinträchtigen kann.
Lassen Sie sich die Zeit, die Sie möchten, diese Szene wie einen Film durch das Fenster zu beobachten.
Welche Farben können Sie sehen?
Ist die Szene bunt oder schwarzweiß?
Ist sie schnell oder langsam, scharf oder nur schemenhaft oder unbewußt?

Treten Sie nun in diese Szene ein, nehmen Sie das Kind in die Arme und erklären Sie, wer Sie sind, sein älteres Selbst, ein Verbündeter aus der Zukunft, und sagen Sie ihm, daß es sicher sein kann, daß es überleben wird und erwachsen wird, und danken Sie ihm, daß es für Sie durch all diese Erfahrungen durchgegangen ist. Und dann sagen Sie ihm, daß Sie es wirklich sehr lieben.

Schauen Sie ihm dabei in die Augen und geben Sie ihm all die Liebe, die es so sehr braucht und auf die es so lange warten mußte. Lassen Sie goldenes Licht aus Ihrem Herzen zu dem des Kindes fließen, bis dieses Ihr jüngeres Selbst ganz mit Ihrer Kraft und Liebe erfüllt ist.

Lesen Sie erst weiter, wenn diese wirklich wichtige Sache auch wirklich ausreichend Zeit bekommen hat.

Und nun beginnen Sie Geschenke auszutauschen, als Zeichen eurer Verbundenheit. Ein Geschenk, das Freude macht, zum Zeichen Ihrer Liebe. Und Sie können neugierig sein, was es ist, was Ihnen in den Sinn kommt, etwas ganz Persönliches.

Sehen Sie, spüren Sie vielleicht sogar, wie sich das Kind freuen kann, und vielleicht möchte Ihnen Ihr Kind auch etwas geben als Zeichen seiner Dankbarkeit.

Und wenn nun all diese wirklich wichtigen Dinge geschehen sind, sagen Sie Ihrem Kind, daß Sie von nun an immer für es sorgen, daß es nur zu rufen braucht, und Sie werden da sein, und daß es sich so ganz geborgen fühlen kann. Bieten Sie dem Kind einen Platz in Ihrem Herzen an, an dem es von nun an für immer wohnen kann. Sagen Sie dem Kind noch einmal, daß Sie es wirklich sehr lieben, während Sie es ganz fest an sich drücken, und beginnen Sie langsam zu spüren, wie der kleine Körper dieses Kindes mit Ihrem Körper verschmilzt und zu einer ganz festen und untrennbaren Einheit wird.

Dann verabschieden Sie sich bis auf bald und beginnen in einem für Sie passenden Tempo auf Ihrer Wolke wieder nach vorne durch die Zeit zu schweben, während auch alle Teile in Ihnen wieder sanft zu erwachen beginnen. Nach vorne durch die achtziger, neunziger Jahre und bis in die Gegenwart, bis alle Teile in Ihnen wieder ganz erwacht sind, in einem für Sie geeigneten Tempo.

Ganz in die Gegenwart kommen in diesen Raum, in diese Zeit, mit all Ihren Teilen zurück in das Jetzt.

Auch wenn diese Prozesse für Sie vielleicht scheinbar unmerklich abgelaufen sind, empfehle ich Ihnen nun eine passende Pause zu machen, vielleicht aufzustehen, tief durchzuatmen oder sich auszuschütteln oder einfach das zu tun, was Sie jetzt brauchen.

Um dann in der nächsten Zeit immer wieder aktiv mit Ihrem Kind in Ihnen Kontakt aufzunehmen, es zu halten und zu lieben, damit diese neue tiefere Verbindung gut gefestigt wird.

Und vielleicht kann Ihnen so Ihr Kind Dinge erzählen, vielleicht in Ihren Träumen, die Ihnen helfen können, zu leben in Verbindung mit all dem, was ist.

Trauerarbeit

Manchmal kommt es in unserem Leben vor, daß wir durch die Veränderung der Dinge scheinbar Verluste hinnehmen müssen. Die Trennung von einem Menschen, dem wir positive Gefühle entgegenbrachten, kann, aus welchen Grund auch immer wir uns getrennt haben (auch im Todesfall), schmerzlich sein. Beispielsweise dauert es oft sehr lange, bis wir das Ende einer romantischen Beziehung und den oft zwangsläufig damit empfundenen Verlust von angenehmen Gefühlen verarbeitet haben.

Oft ist es dann so, daß Menschen lieber die unangenehmen Erlebnisse in bewußter Erinnerung haben, weil dies anscheinend weniger schmerzhaft ist, als sich die schönen Erfahrungen bewußt zu behalten.

Diese meistens unbewußte Strategie hält uns aber von den positiven Erfahrungen, von denen wir profitieren können, fern. Beziehungsleben wird so mit einer unnatürlichen Verdichtung von eher negativen Erlebnissen erinnert und so in die Zukunft projiziert. Das kann auch zu größerer Bindungsangst führen und richtet die Aufmerksamkeit auf den negativen Bereich, obwohl es viele neue Gelegenheiten für schöne Erlebnisse gibt.

Hier kann eine aktive Trauerarbeit helfen:

Es geht wieder einmal darum, die Art herauszufinden, wie unser Gehirn Erfahrungen speichert, um das dann zu nutzen.

Als erstes gilt es sich bewußt zu machen, wie Sie an eine verflossene romantische Liebesbeziehung denken. Oft ist es z. B. ein kleines, eher dunkles Bild in weiter Entfernung.

Wie sieht Ihr Bild aus? Vielleicht auch klein, entfernt, unerreichbar?

So können Sie die „verlorene Liebe“ zwar sehen, aber sie ist so weit weg, daß Sie die damit verbundenen guten Gefühle nicht spüren können.

Was fühlen Sie, wenn Sie Ihre Erfahrung vor Augen haben?

Lassen Sie dieses Bild nun beiseite und denken Sie an jemanden, den Sie in guter Erinnerung behalten haben. Dies kann z. B. ein Freund sein, der nun aber nicht mehr in Ihrem Leben ist.

An welcher Stelle und in welcher Entfernung können Sie diese Erfahrung sehen?

Wie hell, wie groß, in welchen Farben?

Was fühlen Sie, wenn Sie dieses Bild vor Augen haben?

Lassen Sie die Erfahrung dieser Person noch einmal so real wie möglich werden, als ob Sie jetzt in diesem Raum wäre. Vergewissern Sie sich, daß Sie sich ganz mit dieser Person zusammen fühlen.

Können Sie spüren, wie es ist, mit dieser Person jetzt zusammen zu sein, oder wie es wäre, wenn Sie mit dieser Person jetzt zusammen wären?

Achten Sie dabei genau darauf, wie dieses Bild einer Person, die nicht mehr Teil Ihres äußeren Lebens ist, in Ihrem Inneren gespeichert ist, mit möglichst vielen Einzelheiten!

Dies ist der Schlüssel

Wie wäre es, nun an Ihre „verflossene Liebe“ in der gleichen Weise zu denken, um all die schönen Gefühle wieder zu erleben?

Haben Sie vielleicht Bedenken, daß dies neuen, positiven Erfahrungen im Wege stehen könnte?

Kann es aber nicht auch sein, daß der Wunsch auftaucht, wieder solche positiven Gefühle zu haben, diesmal aber mit einer jetzt passenderen Person?

Denn daß Sie auf diese Weise an einen Freund denken, hat Sie doch nicht abgehalten, neue Freunde zu haben, oder?

Vielmehr ist es so, daß die Art und Weise, wie Menschen an Ihre „verlorenen" Lieben denken, Sie an diesen festhält.

Eine positive Art, an jemanden zu denken, wird Ihnen helfen, die guten Gefühle, die Sie mit jemandem gehabt haben, wieder zu entdecken.

Haben Sie es nicht verdient, an Stelle von Sehnsucht und Leere diese guten Gefühle zu haben?

Die kann Ihnen niemand wegnehmen, außer Sie selbst, indem Sie z. B. lieber die unangenehmen Gefühle behalten.

Gerade aus der Erfahrung der guten Gefühle aber kann man lernen, wie es ist, auch in Zukunft wieder Beziehungen aufzubauen, die gute Gefühle vermitteln, nicht zuletzt weil man die Wahrnehmung darauf ausrichtet.

Auch wenn Sie immer noch ein wenig Bedenken haben, können Sie nur wissen, ob dieser Schlüssel paßt, wenn Sie ihn ausprobieren.

Daher möchte ich Sie nun bitten, an einen von jenen besonderen Momenten mit Ihrer ehemaligen Liebe zu denken, die Ihnen diese so wichtigen guten Gefühle vermittelten.

Wenn Sie einen solchen Moment gefunden haben, bringen Sie ihn auf die gleiche Weise an die gleiche Stelle, wie Sie es bei Ihrem Freund getan haben, an den Sie sich gleich auf positive Weise erinnern konnten.

Sie können auf dieselbe Weise an Ihre ehemalige Liebe denken. Auch wenn Ihre äußere Beziehung vorbei ist, können Sie immer noch jetzt diese guten Gefühle haben.

Es ist wichtig, daß Sie an Ihre Liebe nicht denken, als ob Sie darum trauern müßten, sondern so, daß es Ihnen Ihre angenehmen Gefühle wiedergibt.

Diese andere Art des Denkens ermöglicht eine neue, andere Art der Verknüpfung von Gefühlen mit Erfahrungen. Sie können das Gefühl von Verlust nun durch das Gefühl von herzlicher Wärme ersetzen. Daraus können Sie Kraft schöpfen.

Nun ist es aber wichtig, noch ein wenig weiterzumachen, da Sie sonst vielleicht dazu geneigt sind, alle neuen Beziehungen genau dem Bild von Ihrer ehemaligen Beziehung entsprechend gestalten zu wollen. Sie können Ihre alte Beziehung nicht ersetzen, aber Sie können Beziehungen entwickeln, die auch diese positiven Merkmale der alten beinhalten.

Dazu ist es günstig, diese positiven Gefühle nicht auf diese eine Person zu beschränken.

Der folgende Schritt kann Ihnen hierbei helfen:

Denken Sie an all die guten Erlebnisse, die Sie in dieser Beziehung erlebt haben.

Was schätzen Sie besonders an dieser Beziehung? Welche Werte?

Die Wärme, die Intensität, die Abwechslung oder die Beständigkeit und Zuverlässigkeit, Humor und Lebendigkeit?

Verschiedene Menschen schätzen unterschiedliche Dinge. Was schätzen Sie? Schließen Sie nun kurz die Augen und nehmen Sie sich ein wenig Zeit dafür.

Dann möchte ich Sie bitten, diese verschiedenen guten Werte aus Ihrer alten Beziehung in ein eigenes Bild an einer eigenen Stelle zu setzen, gleich rechts neben das vorherige Bild. Dieses Bild kann symbolischer und abstrakter sein, soll aber die Essenz dieser besonderen Erlebnisse enthalten. Bilder meiner Klienten waren z. B. ein blühender Rosenstrauch, ein Kornfeld oder ein Herz in Pastellfarben.

Vielleicht auch eingehüllt in weißes, warmes Licht.

Welche Form könnten diese Werte in Zukunft annehmen? Wie könnten Sie diese Werte mit einer neuen Person leben?

Nehmen Sie für dieses Bild einen neuen Platz. Dieses Bild kann noch etwas unklar und verschwommen sein, weil Sie noch nicht wissen können, wen Sie in Zukunft treffen werden. Aber dieses Bild kann auch wieder in diesem weißen, warmen Licht sein.

Diese Art der Vorstellung, wie Sie dieselben guten Werte mit anderen Menschen haben können, wird Ihnen helfen, Ihre Aufmerksamkeit darauf zu lenken, um so Ihre neuen Erfahrungen zu gestalten. Es werden neue Erfahrungen mit ähnlich guten Gefühlen sein, und mit jeder neuen Erfahrung werden Sie mehr Sicherheit bekommen, daß Sie fähig sind, diese Erfahrungen machen zu können.

Nehmen Sie nun das Bild und vervielfältigen Sie es, als ob ein Kartenspiel daraus würde. Und während Sie es vervielfältigen, kann sich dabei herausstellen, daß jede Karte ein bißchen anders ist, aber jede kann in diesem weißen, warmen Licht sein, jede wird diese liebevolle Essenz der Art von Beziehung bewahren, die Sie haben wollen.

Wenn Sie diesen Bilderstapel fertig vor sich haben, verstreuen Sie die einzelnen Bilder, einige näher, andere weiter weg, so daß Sie eine Straße in die Zukunft bilden, von diesem Augenblick an. Dann sehen Sie noch einmal auf die Zukunft und können vielleicht die Bilder in dem weißen, warmen Licht blinken sehen wie kleine Sterne am Himmel.

Wenn Sie wollen, können Sie nun versuchen, noch einmal an Ihre alte Liebe zu denken auf die Art, wie Sie es früher gewohnt waren. Gelingt dies noch genauso leicht, oder ist da vielleicht nun nicht auch dieses Licht von den Sternen am Himmel?

Zeitlinien

Das Unbewußte kennt keine Zeit im herkömmlichen Sinn, aber Erfahrungsinhalte werden auf eine bestimmte Art in zeitlicher Abfolge gespeichert. Manche Dinge, die uns wichtig erscheinen, sind uns stets bewußt, andere wirken im Verborgenen, aber alle Erfahrungen wirken sich direkt auf den Augenblick aus. Erfahrungen lassen sich aber verändern, wenn Ihnen ein neuer Rahmen oder eine andere Bedeutung gegeben wird. Das ist dadurch möglich, weil Dinge an sich keine Bedeutung haben, sondern nur die Bedeutung, die man ihnen gibt, und unser Unbewußtes prinzipiell bereit ist, Erfahrungen, die oft schon weit zurückliegen, in der Gegenwart bewußt zu machen, damit diese Erfahrungen dann neu bearbeitet, anders weiter wirken können.

Unser Unbewußtes hat sogar eine visuelle Vorstellung von der Lage der gespeicherten Erfahrungen. Wenn man sich diese Vorstellung bewußt macht, kann das Veränderungsprozesse wesentlich erleichtern, da man in der Gegenwart zu Erfahrungen gelangen kann, die schon weit zurückzuliegen scheinen, so aber wieder zu unserer bewußten Gegenwart werden können. Man kann es auch als kleine Zeitreise betrachten, in der Wesensanteile von uns in der Zeit vor und zurück reisen können. Das ist prinzipiell immer der Fall, wenn man sich an Ereignisse erinnert oder sich diese vorstellt, aber mit Hilfe der Zeitlinien ist dies auf sehr effiziente Weise möglich.

Zeitlinien beschreiben unbewußte Muster, die verwendet werden, um unsere Vorstellung von Zeit zu ordnen. Diese Muster sind so wie Menschen unterschiedlich, oft aber auch sehr ähnlich. So werden viele Menschen, wenn sie sich an ein Ereignis aus der Vergangenheit erinnern, nach links sehen und die Zukunft rechts finden. Manchmal ist es auch umgekehrt, und manchmal geht die Zeitlinie von hinten nach vorne. Öfters ist sie auch nicht gerade, sondern gebogen, in einer Ellipse, oder sie ist wie ein „V" angeordnet. Manchmal überlagern sich Vergangenheit und Zukunft beinahe, was Klarheit vielleicht schwierig machen kann. Bei den meisten Menschen ist die Vergangenheit links und die Zukunft rechts angeordnet. Manchmal sind die Zukunft und die Vergangenheit hinten bzw. oben oder unten.

Darum ist es hilfreich, die Zeitlinie in einer brauchbaren Form einzurichten.

Für diese Aufgabe brauchen Sie zunächst etwas Aufmerksamkeit für Ihre Augen und die Halsmuskulatur, damit Sie spüren können, wohin Sie blicken, wenn Sie an ein bestimmtes Ereignis denken. Nun denken Sie bitte einmal daran, wie Sie sich gestern und dann letzte Woche die Zähne geputzt haben. Wohin blicken Sie im Raum? Wenn das noch nicht ganz klar ist, denken Sie nun daran, wie Sie sich letzten Monat, letztes Jahr oder vor einigen Jahren die Zähne geputzt haben. Oder Sie erinnern sich einfach an Ihre Zeit im Kindergartenalter und spüren, wo Sie diese Erfahrungen finden. Nehmen Sie sich ein paar Augenblicke Zeit dafür.

Sie werden sich vielleicht nicht tatsächlich daran erinnern, aber Sie können ein Bild an der Stelle im Raum konstruieren, die Sie für diese Zeit vorgesehen haben.

Nun müßte die Empfindung deutlicher sein, wo diese Ereignisse liegen, und Sie können so eine Vorstellung bekommen, wie Ihre Linie angeordnet ist.

Als nächstes denken Sie an eine einfache Tätigkeit, vielleicht wieder Zähne putzen, wie Sie das morgen, dann nächste Woche, dann in entfernter Zukunft ausführen werden.

Wo sind diese Ereignisse angeordnet?

Dann stellen Sie sich diese Linie in Form von Balken vor. Welche Farbe haben sie? Welche Form und welche Beschaffenheit?

Jetzt haben Sie eine vollständige Vorstellung davon, wie Ihre Zeitlinie angeordnet ist. Ist sie passend angeordnet, können Sie die Linie so belassen? Wenn nicht, ist es günstig, sie jetzt einzurichten.

Eine sehr brauchbare Form ist, die Vergangenheit links anzuordnen und die Zukunft rechts.

Dann sieht man geradewegs in die Gegenwart. Drehen Sie nun den Balken der Zeitlinie in Gedanken so lange, bis er links von Ihnen aus ausgerichtet ist.

Nun drehen Sie den Balken der Zukunft, so daß er rechts von Ihnen liegt. Wie fühlt sich das an?

Wenn Sie möchten, können Sie die Balken in einem flachen Winkel ausrichten, sozusagen in einem flachen „V", oder aber ganz gerade verlaufen lassen. Wenn Sie nun nichts tun, befinden Sie sich in der Gegenwart, Sie sehen sozusagen nur diesen jetzigen Augenblick vor Augen.

Gehen Sie nun in Gedanken einen Schritt von Ihrer Zeitlinie zurück und schweben Sie in die Höhe, vielleicht auf einer sehr angenehmen Wolke, so daß es Ihnen möglich wird, die gesamte Anordnung von Vergangenheit und Zukunft unter Ihnen zu sehen, und während Sie sich das vorstellen, können Sie vielleicht bemerken, wie gut es sich anfühlen kann, über all dem zu schweben.

Und nun schweben Sie immer mit der Erinnerung, wo „jetzt" ist in der Zeit zurück bis zu einem Augenblick, wo Sie sich sehr wohl und im Frieden befunden haben. Vielleicht möchten Sie Ihr Unbewußtes entscheiden lassen oder Sie wissen bereits, wohin Sie möchten. Wenn Sie diesen Augenblick wieder entdeckt haben, lassen Sie sich tiefer sinken, bis Sie diesen Augenblick ganz deutlich wahrnehmen können, und genießen Sie diese Erfahrung mit all Ihren Sinnen. Geben Sie sich die Zeit dafür, indem Sie vielleicht tiefer durchatmen, ganz von selbst ein paar Atemzüge lang. Wo können Sie spüren, daß es angenehm ist? Was können Sie sehen und hören?

Wenn Sie diesen friedvollen Augenblick ausreichend genossen haben, schweben Sie wieder in die Höhe, so weit, bis das ganze Kontinuum von Vergangenheit und Zukunft überschaubar ist, und erinnern Sie sich wieder, wie angenehm es sein kann, zu den Dingen diesen Abstand zu haben, während Sie beginnen, in der Zeit nach vorne zu schweben über die Gegenwart hinaus in die Zukunft, bis Sie zu einem Punkt Ihrer Linie, zu einem Ereignis kommen, von dem Sie möchten, daß es sich verwirklicht.

Schweben Sie auch hier hinunter und gehen Sie mit Ihrer Wahrnehmung ganz in das Ereignis hinein.

Was können Sie fühlen? Welche Haltung hat hier Ihr Körper? Wie fühlt sich Ihr Blick an? Ihre Stimme, wenn Sie etwas sagen? Ihr Bauch und Becken und Ihre Beine und Füße?

Was sehen Sie? Welche Handlungen, Menschen, Landschaften, Räume?

Wie hell ist es, wie scharf ist das Bild? Tun Sie, was immer Sie benötigen, um sich in diesem Augenblick wirklich wohl zu fühlen, und lassen Sie sich von Ihrem Unbewußten helfen. Welche Bedeutung hat diese Erfahrung für Sie? Welche Fähigkeiten besitzen Sie, an denen Sie vielleicht in der Vergangenheit arbeiteten? Welche Verhaltensweisen haben sich verändert? Verbessert?

Nun lassen Sie dieses Ereignis zu einem Bild werden, schlüpfen Sie aus Ihrem zukünftigen Körper heraus und plazieren Sie das Bild an angemessener Stelle auf der Zeitlinie. Und während Sie sich in Ihrem Bild so betrachten, können Sie jetzt schon vielleicht bemerken, wie Sie so von der Zukunft auf die Gegenwart zurückblicken, wie sich die Ereignisse von dort und jetzt beginnen zu verändern, um den Realisierungswillen dieses wertvollen Ereignisses zu unterstützen. Und während Sie nun schon neugierig sein dürfen, auf welche Weise Ihnen Ihr Unbewußtes helfen wird, dieses Ereignis auf einer anderen Ebene eintreffen zu lassen, können Sie nun zurückschweben in die Gegenwart in dem Vertrauen, daß sich immer nur die Dinge gestalten, die dem inneren Frieden dienen.

Und während Sie nun wieder ganz ins Hier und Jetzt zurückkommen, gönnen Sie sich eine kleine Lesepause, um den Dingen die Zeit zu geben, sich zu setzen.

Der Kometenschweif

Diese Form der Zeitlinienarbeit kann dazu verwendet werden, um belastende Ereignisse der Vergangenheit aufzuarbeiten.

Schweben Sie wieder auf Ihrer Wolke oder einem Heißluftballon von der Gegenwart direkt nach oben über die Zeitlinie. Markieren Sie den Ausgangspunkt mittels einer Fahne. Fliegen Sie nun links in die Vergangenheit zurück, bis Sie sich über dem belastenden Ereignis befinden. Schauen Sie sich an, was gerade unten passiert. Welche Gefühle löst dies in Ihnen aus?

Stellen Sie sich vor, wie über Ihrem Kopf eine leuchtende Lichtkugel erscheint.

Eine Kugel, die die positiven Lernerfahrungen und Erkenntnisse aus diesem negativen Erlebnis bewahrt.

Dieses Licht strömt in den Körper ein wie ein goldener Nebel.

Dann schweben Sie immer weiter zurück, bis Sie einen Punkt zwischen Raum und Zeit gefunden haben, an dem Sie sich wohl und sicher fühlen.

Schauen Sie nun noch weiter nach links in die Vergangenheit zurück, wo Sie einen Kometenschweif entdecken aus lauter goldenen, kleinen, funkelnden Sternchen, der bis auf die Zeitlinie hinunterreicht.

Dieser Schweif hat die Eigenschaft, alle unangenehmen Auswirkungen und Begleiterscheinungen zu löschen und zu neutralisieren.

Schweben Sie nun wieder nach rechts in die Zukunft, während Sie abwechselnd nach vorne in die Zukunft und zurück blicken in die Vergangenheit, wobei Sie erkennen können, daß der Kometenschweif auf der Zeitlinie schleift und alle negativen Ereignisse gelöscht werden. Schweben-Löschen-Schweben-Löschen, so lange, bis Sie sich wieder auf Höhe ihrer Fahne befinden und nun nach unten schweben in die Gegenwart.

Dann kommen Sie wieder vollständig zurück ins Hier und Jetzt.

Ein kleines Experiment!

Um zu zeigen, wie wirkungsvoll die Arbeit mit Submodalitäten ist, möchte ich Sie zu einem kleinen Experiment einladen.

Hierbei beschäftigen wir uns mit dem kinästhetischen System, also mit dem Fühlen.

Es ist wichtig, fühlen zu können, was im Körper geschieht. Je mehr Bewußtheit in diesem Bereich vorhanden ist, umso effizienter wird der Prozeß funktionieren.

Wie sich das in der Praxis auswirkt, können Sie spielerisch mit folgendem Experiment ausprobieren. Sie brauchen dazu:

Ein Diktiergerät, Wein oder Tabletten, wenn man welche benötigt, z. B. mit schmerzlindernder Wirkung.

Verstehen Sie mich richtig, das soll keine Anleitung für Alkoholiker werden, im Gegenteil, dieser Prozeß kann helfen, sich unabhängig von Alkohol oder Tabletten in angenehme Zustände zu begeben.

Es kann aber auch helfen, schnell wieder aus unangenehmen Zuständen herauszukommen.

Also nun kann es losgehen:
Trinken Sie in einem angemessen Zeitraum so viel Alkohol, daß Sie davon wirklich betrunken sind.

Oder Sie nehmen Tabletten in einer Dosis, von der Sie sicher sind, daß Sie den Effekt deutlich wahrnehmen werden. Achten Sie dabei darauf, trotzdem eine gut verträgliche Dosis zu nehmen, und daß die Tabletten keine unangenehmen Nebenwirkungen haben, diese würden Sie andernfalls mit eintrainieren. Nehmen Sie Tabletten aber nur, wenn Sie sowieso welche brauchen, z. B. Kopf- oder Zahnschmerzen haben, etc.

Nun sprechen Sie alles, was Sie empfinden, von dem Moment der Einnahme an auf Band. Beschreiben Sie den momentanen Zustand und jede kleine Veränderung, an der Sie erkennen können, daß das Mittel wirkt.

Es ist wichtig, all die kleinen Dinge und Veränderungen zu beschreiben.

Jede Empfindung hat auch eine Bewegungsrichtung. Beschreiben Sie auch die Bewegungsrichtung dieser Wahrnehmung: von wo aus die Veränderungen beginnen und wie Sie sich ausbreiten.

Dies kann beispielsweise folgendermaßen aussehen:

„Ich fühle beim Schlucken ein Würgen im Hals und nehme Wärme im Magen wahr.

Die Füße fangen an, weicher und wärmer zu werden. Die Füße und Waden fangen an, sich zu entspannen, werden schwerer, wärmer und weicher.

In den Knien und Oberschenkeln beginnt sich die Spannung zu lösen, etwas im Becken läßt mehr und mehr los.

Die Atmung hat nun deutlich angefangen, tiefer, weicher und leichter zu werden, nimmt an Umfang zu und beginnt tiefer im Becken. Die Bauchdecke hebt und senkt sich sanft, und auch die Flanken sind leicht und dennoch deutlich spürbar an der Atmung beteiligt. Auch das Öffnen und Schließen der Rippen ist deutlich spürbar.

Mehr und mehr haben die Schultern angefangen, sich zu entspannen, und Wärme breitet sich in den Armen bis zu den Fingern aus.

Der Kopf im Stirnbereich wird immer entspannter. Etwas in mir hat losgelassen. Der Fluß der Gedanken ist runder, weicher und sanfter geworden. Ein Gefühl der Leichtigkeit und Gelöstheit fängt an, sich tief aus meinem Inneren auszubreiten. Ich fühle mich leicht und warm und angenehm wohl und gelöst."

Es empfiehlt sich, auch alles aufzuschreiben, damit man dann auch rückwärts gehen kann, um z. B. nüchtern zu werden. (Wenn sich der

Raum von links nach rechts dreht, läßt man ihn in Gedanken einfach in die Gegenrichtung drehen.)

Nun warten Sie, bis sich die Wirkung verflüchtigt hat.

Dann beginnen Sie mit Hilfe der Kassette sich an den Zustand zu erinnern, den angenehmen Zustand wieder abzurufen.

Das machen Sie mehrere Male.

Wenn das gut und leicht geht, drehen Sie diesen Prozeß um, indem Sie die einzelnen Schritte rückwärts gehen, bis Sie so den Ausgangszustand rasch wieder abrufen können.

Im optimalen Fall können Sie nun rasch die Wirkung der Tablette abrufen und auch genau so rasch wieder in den Ausgangszustand zurückkommen.

Es ist nachweislich durch einen Alkomaten erwiesen, daß es möglich ist, daß Menschen, die ziemlich betrunken sind, auf diese Weise innerhalb weniger Minuten sehr schnell nüchtern werden. Wie der Körper aber so schnell mit den psychischen Prozessen mitziehen kann, ist noch unklar.

Ins Kino gehen, solange es Spaß macht!

Solange Angst Spaß macht, soll sie nicht verändert werden, oft aber hindert Angst die Menschen, Spaß zu haben. Dann ist es an der Zeit, etwas zu verändern.

Wesen gehen aus unterschiedlichsten Gründen ins Kino, manchmal um etwas zu lernen, manchmal aber auch, um etwas zu verlernen. Beispielsweise um zu verlernen, was sie behindert.

Mit dem folgenden Kinobesuch können Sie verlernen, vor gewissen Dingen Angst zu haben.

Wie wäre es, wenn Sie jetzt mitten in einem Kino wären und Sie könnten auf der Leinwand ein Schwarzweiß-Foto sehen, das Sie selbst unmittelbar vor dem Eintreten einer ängstlichen Reaktion zeigt. Es gibt so viele Dinge, bei denen Menschen ängstliche Reaktionen zeigen. Oft ängstigen sich Menschen vor engen Räumen oder großer Nähe oder vielen Menschen oder großer Höhe, Fliegen in Flugzeugen, großen Tiefen, gewissen Tieren wie Spinnen, Insekten oder anderem.

Was ist es, was in Ihnen immer wieder ängstliche Reaktionen hervorruft?

Viele Menschen wissen gar nicht, was sie ängstlich macht. z. B. wissen sie gar nicht, daß sie vor echter Nähe Angst haben, denn sie haben viele Tricks entwickelt, die ihnen helfen, echte Nähe zu vermeiden. Wenn Sie zu den glücklichen Menschen gehören, die wissen, was sie ängstigt, können Sie das nehmen.

Wenn Sie nicht wissen, was Sie ängstigt, können Sie z. B. diesen Besuch nutzen, um mehr echte Nähe erleben zu können. Dann könnten Sie einfach eine Situation nehmen, in der echte Nähe entstehen hätte können, Sie aber ängstlich reagiert haben.

Gibt es so eine Reaktion, die Ihnen bewußt zur Verfügung steht?

Wenn Sie nun zu diesen beglückwünschenswerten Menschen gehören, die wissen, was sie ängstigt, dann stellen Sie sich dieses Bild auf der Leinwand kurz vor Ihrer ängstlichen Reaktion vor.

Dann tun Sie das, was viele sowieso gerne tun in einer solchen Situation: Treten Sie aus Ihrem Körper heraus. Und schweben Sie dann zum Projektionsraum des Kinos hinauf. Während Sie das tun, können Sie auch beobachten, wie Sie sich selbst auf dem stehenden Bild anschauen. Von dieser Position können Sie also sehen, wie Sie in der Mitte des Kinos sitzen und sich auf dem Foto auf der Leinwand sehen.

Wenn Sie angekommen sind, lassen Sie sich auf einen Sessel sinken, um entspannt zu beobachten, wie sich dieses Foto nun in einen Schwarzweißfilm verwandelt und Sie sich diesen Film ansehen vom Anfang bis kurz nach dem Ende der unangenehmen Erfahrung.

Wenn Sie an das Ende des Films gekommen sind, möchten ich Sie bitten, diesen Film anzuhalten, in das Standbild hineinzuspringen und den Film dann in Farbe und mit Ihnen darin sehr schnell rückwärts laufen zu lassen. Alles läuft nun in sehr hohem Tempo in Farbe und heller in umgekehrter Reihenfolge ab. Jede Bewegung läuft rückwärts, genau wie wenn ein Film zurück gespult wird. Nur sind Sie jetzt in diesem Film. Und der Film ist farbig und hell.

Das Zurückspulen soll nur ein oder zwei Sekunden dauern.

Diesen Vorgang können Sie nun ein paar Mal wiederholen, bis Sie genug haben.

Dann überlegen Sie noch einmal, wovor Sie zuvor Angst hatten. Was würden Sie sehen, wenn Sie nun tatsächlich dort wären? Wie wird es sich anfühlen, wenn Sie das nächste Mal in einer ähnlichen Situation sind?

Sie haben Erfolg, wenn Sie nun eine entspannte Reaktion zeigen und sich dabei wohl fühlen.

Aber auch wenn es wirklich ans Eingemachte geht, nämlich um Schmerz und Leid, wäre prinzipiell eine wertfreie Sicht möglich oder, wenn man will, auch eine positive Bewertung. In einem Zustand, in dem wertungsfreies Empfinden möglich ist, in Trance, kann auch Schmerz als wertungsfreie Empfindung wahrgenommen werden. Es wird dann höchstens als starke oder schwache Empfindung beurteilt.

Es ist aber auch leichter, als man denkt, einen ersten Eindruck von wertungsfreiem Empfinden zu bekommen. Sehen Sie bei einem komplizierten Spiel zu, das Sie nicht verstehen, vielleicht Baseball. Sie werden nicht wissen, ob Sie sich freuen oder betrübt sein sollen, solange Sie das nicht von den Reaktionen der Menschen im Spiel ablesen. Wenn Sie dann auch unparteiisch bleiben, können Sie sich sogar über jede Emotion, welche die Spieler zeigen, freuen. Die einen ärgern sich, während die anderen sich freuen, und umgekehrt.

Der Biber hat Schmerzen

Veränderung kann sehr befreiend, aber manchmal auch schmerzhaft sein.

Rolfing, eine Art Tiefenmassage, sucht durch massive Druckeinwirkung auf gewisse Strukturen des Körpers, vor allem auf die Faszien (= sehnenartige Muskelhaut), Veränderung herbeizuführen. Ich selbst habe während einer solchen Sitzung eine interessante Erfahrung gemacht. Nach anfänglichem massiven Schmerzempfinden habe ich begonnen, überall dort loszulassen und zu entspannen, wo ich mich verkrampfte, vor allem im Stirnbereich, obwohl der Rolfer an den Beinen arbeitete. Ich achtete auf eine ruhige und gleichmäßige Atmung, und mein Rolfer gab mir auch die Zeit, die ich brauchte, um immer wieder loszulassen. Am Anfang ist es mühsam, doch irgendwann stellt sich eine Art „Steady State" ein. Plötzlich kann ich mich trotz weiterer massiver Krafteinwirkung bis zum Ende der Sitzung völlig mühelos ganz leicht entspannen und nehme nur noch eine wertfreie Empfindung wahr. Der Schmerz ist weg, anstelle dessen ist da nur noch dieses wertfreie Empfinden von Energie, die auf die gleichbleibende Druck-Einwirkung des Rolfers zurückzuführen ist. – Ich bin in einer kinästhetisch induzierten Trance.

Diese Erfahrung ist nicht zuletzt dem Rolfer zu verdanken, der durch gute Einstimmung auf mich den passenden Wechsel zwischen Druck und Lösen gefunden hat. Es ist schon von den Voraussetzungen relativ einfach: durch die Einstellung, daß die Behandlung gut für die weitere Gesundheit ist, und dadurch, daß der Schmerz nur so groß ist, daß durch bewußte Aufmerksamkeit Entspannung möglich ist.

Schmerz ist etwas anderes, als es scheinen mag. Schmerz ist ein multidimensionales, immer den ganzen Organismus betreffendes Geschehen (auch zu hören in den Kursen zur Nervenmobilisation von *Dr. David Butler,* Neurologe).

Die Informationen aus der Peripherie der Schmerzrezeptoren werden im Thalamus gesiebt und dann an den Gyrus Postzentralis weitergeleitet. Eine Nebenschaltung benachrichtigt auch das Limbische System. Schon im Rückenmark, aber vor allem im Thalamus und im Limbischen System kann durch eine Ausschüttung körpereigener

Endorphine, z. B. auch Dynorphin, das 2oomal stärker wirkt als Morphium, eine Hemmung des Schmerzempfindens erreicht werden. *Jon Levin* stellte an der Universität von Kalifornien bei Experimenten mit Placebos bei den vierzig Prozent der Probanden, bei denen Placebowirkung erreicht wurde, eine Aktivierung der körpereigenen Endorphine fest.

Die auf Placebo reagierenden Personen sollten also nicht als Personen, die besonders leicht zu täuschen sind, angesehen werden, sondern als solche, die unbewußt die Fähigkeit haben, die Selbstheilungskräfte in ihrem Körper spontan zu aktivieren. Zur Stimulierung körpereigener Endorphine können auch Autogenes Training, Yoga, beobachtende Achtsamkeit, aktives Imaginieren, ekstatisches Tanzen, ZaZen-Übungen, Meditation sowie Reizüberflutung verwendet werden (siehe auch: „Körpereigene Drogen“, S. 89ff. von *Dr. Josef Zehetbauer*).

Ich zähle alle diese Techniken zu Formen von Trance.

Schmerz ist aber ein erlerntes, von den Erfahrungen, Einstellungen und der unmittelbaren Bedeutung für den Organismus abhängiges Geschehen.

Zur weiteren Verdeutlichung ein paar Anekdoten:

Seltsames über den Schmerz wissen Chirurgen aus Militärlazaretten zu berichten. Während des 2. Weltkrieges wunderte sich der Anästhesist *Prof. Henry K. Beecher* (Measurement of Subjective Responses, Oxford University Press, 1959) von der Harvard Medical School immer wieder darüber, daß zwei von drei Schwerverwundeten bei der Einlieferung ins Feldlazarett keine oder nur geringe Schmerzen zu spüren schienen, obwohl sie genauso übel zugerichtet waren wie jene relativ wenigen, die fürchterlich schrien. Viele lehnten schmerzlindernde Medikamente ab oder behaupteten sogar, ihnen täte überhaupt nichts weh. Dabei befanden sich die Soldaten weder im Schockzustand, noch waren sie schmerzunempfindlich geworden, denn bei jedem lächerlichen Injektionseinstich zuckten sie zusammen. Immer wieder zeigte sich das gleiche Bild: Allen Soldaten, die den Krieg fürchteten, bedeutete eine Verwundung die Befreiung aus der Hölle. Die laut Schreienden waren hingegen jene, die zuvor immer den „strammen Maxe“ markiert hatten.

Es steht heute fest: Schmerz ist alles andere als eine schematische Antwort auf einen schädigenden Reiz. Seine Empfindung wird vielmehr durch geistige Einflüsse stark modifiziert: durch Erfahrungen, Erwartungen, Erziehung, Angewohnheiten, Sitte und Kultur.

Hierzu ein Beispiel. Im Amazonasgebiet gibt es Indianerstämme, bei denen die Frau, wenn sie ein Kind bekommt, nur für zwei bis drei Stunden die Feldarbeit unterbricht. Indessen liegt der Mann schon seit Tagen zu Hause in der Hängematte, wälzt sich umher und stöhnt, als hätte er große Schmerzen. Auch nach der Geburt bleibt der Mann zusammen mit dem Baby liegen, um sich von seiner „fürchterlichen Qual" zu erholen. Zur gleichen Zeit geht die Frau schon längst wieder ihrer Arbeit nach.

Das klingt unglaublich. Tatsächlich aber ist es bitterernst. Religiöse Riten, Dämonenglaube und Suggestion haben in diesen Naturvölkern Vorstellungen geweckt, die anders als die unseren sind. (Wir sind die Schöpfer unserer Realität.)

Die Indios halten an der Überzeugung fest, daß der Mann die Kinder kriegt – freilich in einem der Geisterwelt entlehnten „höheren" Sinne –, während die Frau „nur" das Physische besorgt – etwa wie eine Henne das Eierlegen. Deshalb empfindet hier der Mann allen Ernstes richtige Schmerzen, und deshalb läuft bei der Frau die Geburt so nebenbei ab.

Wenn Schmerz in so starkem Maße von Vorstellungen über Schmerzen abhängt, wie verhalten sich dann Tiere, die noch nie in ihrem Leben Bekanntschaft mit schmerzhaften Empfindungen gemacht haben?

Diese Frage stellte sich *Prof. Ronald Melzack* im Jahre 1955 an der Mc Gill Universität. Der Psychologe zog eine Anzahl Scotchterrier von Geburt an so in Samt und Seide auf, daß keiner auch nur einen kleinen Kratzer, Stoß oder Schlag zu spüren bekam. Schmerz existierte für sie einfach nicht in ihrer Welt.

Später im Erwachsenenalter wurden die Hunde abrupt von einem Tag auf den nächsten der rauhen Wirklichkeit ausgesetzt. Und es zeigte sich etwas Groteskes: Wenn sie sich im Spiel bissen, schienen sie keinen Schmerz zu spüren. Sie zuckten nicht und unternahmen keine Abwehrbewegungen, obwohl allmählich blutende Wunden entstanden. Auf eine brennende Kerze reagierten sie mit Neugier und schnüffelten an der Flamme. Natürlich versengten sie sich dabei gehörig die Schnauze. Trotzdem wurden sie nicht aus Schaden klug, sondern beschnüffelten seelenruhig jedes weitere offene Feuer, das sie sahen.

Diese Erscheinung ist keinesfalls mit Schmerztaubheit zu verwechseln, das Nervensystem der Terrier war völlig intakt. Die Hunde schienen irgendetwas zu fühlen, aber sie wußten nichts damit anzufangen. Sie waren verwirrt, doch sie spürten kein Unbehagen. Wie ein Eskimo, der zum ersten Mal in das Gewühl der Großstadt kommt und dort Autohupen, Polizeisirenen, Straßenbahnklingeln, das Quietschen der Reifen und Schimpfen der Menschen zwar hört, aber nicht deuten kann, so war auch für die Tiere das Erlebnis des Schmerzes etwas gänzlich Unbekanntes. So unglaublich es klingen mag, aber auch Schmerz ist etwas, das in einem gewissen Sinne gelernt werden muß. Daher die enorme Flexibilität im Umgang mit Schmerz vom Amazonas-Indianer bis zum verwundeten Soldaten.

Daß Hypnose Schmerzfreiheit schaffen kann, ist durch zahlreiche Studien und durch meine eigenen Erfahrungen belegt. Als Vorteile gegenüber Medikamenten können z. B. die oft schnellere Heilungstendenz, die Belastungsfreiheit und die größere Entspannung gesehen werden. Zahnärzte verwenden Hypnose schon länger, auch bei Operationen wird Hypnose eingesetzt.

Aber wenn man sich die komplexen Zusammenhänge des Schmerzgeschehens im obigen Sinne bewußter macht, wird vielleicht deutlich, daß Hypnose gerade bei chronischen Schmerzpatienten, wo langandauernde Gaben von Medikamenten problematisch oder wirkungslos sein können, sehr gute Dienste erweisen kann.

Die Wirkung kann meiner Meinung nach auf mehreren Ebenen erfolgen:

Einerseits kann durch Hypnose eine Ausschüttung körpereigener Substanzen zur Schmerzlinderung angeregt werden.

Andererseits kann durch Änderung der Einstellung – worauf jede Hypnose abzielt, denn auch durch die bloße Erfahrung einer „Leertrance" wird schon weitergelernt – eine andere Sichtweise und so oft Linderung erreicht werden.

Weiters kann Hypnose helfen, das „Schmerzgedächtnis" zum Weiterlernen anzuregen. Durch langandauernde Erfahrung von Schmerz stellt sich der ganze Organismus auf allen Ebenen, von der Psyche angefangen bis in den zellulären Bereich, auf dieses Schmerzerleben ein. Der Schmerz gräbt sozusagen seine Spuren in den Organismus. Synapsen sprossen aus und warten darauf, wieder aktiviert zu werden. So brauchen nachfolgende Reize nur noch von viel geringerer Intensität sein, um gleich starke Schmerzen auszulösen. Auf dieser Ebene kann die Ausschüttung von Endorphinen ansetzen. Aber auch eine gewisse Haltung, Umgebung, Erfahrung, die mit einem schmerzhaften Erlebnis verknüpft ist, kann im Sinne eines Ankers Schmerzen hervorrufen. Anker lassen sich mit Hypnose ändern. Oft genügt eine einmalige Erfahrung, daß es auch anders geht, um den Teufelskreis zu durchbrechen.

Weiters bekommt Schmerz erst mit der Verknüpfung der Bedrohung seine Bedeutung. Bedrohung löst aber als Reaktion wieder Selbstschutz, also Sympathikusaktivität, aus. Gelingt es, parasympathische Bestrebungen des Organismus zu unterstützen, kann dieser Kreislauf unterbrochen werden. Hypnose kann hier sehr effektiv wirken:

Strategien zur Schmerzausschaltung

An dieser Stelle möchte ich Ihnen nun ein paar Schmerzausschaltungsstrategien vorstellen. Es empfiehlt sich, diese Strategien zu üben bei Verspannungen und leichteren „Wehwehchen“, damit man sie im Ernstfall bereits beherrscht.

Schmerz als solcher ist ein von der Natur sehr sinnvoll erdachtes Alarmsignal, um den Organismus zu schützen. Daher ist es immer wichtig, dies auch zu würdigen, um die Ursachen zu finden und dann die Empfindungen zu verändern.

Schmerz ist immer ein subjektives Empfinden, und die Schmerzschwelle wird von jedem Individuum unterschiedlich bewertet, abhängig auch von Situation, Nutzen und Schaden. Masochisten können Schmerzen sogar lustvoll empfinden.

Doch nun zu den verschiedenen Strategien:

Man kann lernen, Schmerzen in ein anderes Signal umzuformen, z. B. in Jucken oder Wärme, sie größer werden lassen und dann kleiner. Dies hilft die Erfahrung zu machen, daß man den Schmerz unter seine Kontrolle bringen kann und nicht hilflos ausgeliefert sein muß. Den Schmerz zuerst größer werden lassen hilft, auch die das Gegensätzliche bewirkende Anstrengung zu umgehen.

(Eine recht natürliche Fähigkeit des Nervensystems. Auch Querschnittgelähmte können lernen, anstatt von Harndrang Wärme zu empfinden, und so merken, daß die Blase voll ist. Dies zeigt wieder die hohe Lern- und Anpassungsfähigkeit des Nervensystems.)

Man kann zum Schmerz werden, sich mit dem Schmerz identifizieren, man ist dann der Schmerz und ist nicht mehr der Wahrnehmende (eine spirituelle Möglichkeit).

Bei Anwendung aller folgenden Techniken ist es ratsam, sich vorher in Selbsthypnose zu versetzen.

Die Nordpoltechnik

Man legt die gewölbten Finger einer Hand über das Sonnengeflecht. Nun stellt man sich vor, man ist am Nordpol, rundum ist alles weiß, überall Eis und Kälte, man atmet Kälte in Form von weißem Licht in das Sonnengeflecht, dann weiter in die Fingerspitzen und in die Hand. Dann Atem anhalten und den schmerzenden Teil vorstellen und die Hand auf die schmerzende Stelle legen. Dann atmet man aus und läßt das weiße, kalte Licht von den Fingerspitzen in den schmerzenden Teil hineinfließen. Zur Unterstützung der Vorstellung von Kälte kann man anfangs auch Eiswürfel in die Hand nehmen und auflegen, bis diese Erfahrung gut eingelernt ist und man nur noch daran denken muß, um diese Empfindung aus der Erinnerung abzurufen. Diesen Zyklus so lange wiederholen, bis Linderung eintritt. (Erfahrungsgemäß braucht man ungefähr 26 Durchgänge.)

Die rosa Wolke

Hierbei stellt man sich eine rosa Wolke um den Kopf herum vor mit kleinen Punkten, die wie Kohlensäure pulsieren. (Dies symbolisiert Aktivität.)

Nun stellt man sich beim Einatmen vor, diese Wolke einzusaugen, dann wieder Atem anhalten und schmerzenden Teil visualisieren und beim Ausatmen in die schmerzende Stelle fließen lassen und vorstellen, wie die Wolke den schmerzenden Teil ausfüllt und die Punkte herumschwirren. Diese Technik hat den Vorteil, daß man überall hinkommt. (Dabei ist die Absicht wichtiger als eine korrekte Vorstellung der Anatomie, man kann sich z. B. den Magen auch als Leinensack vorstellen.)

Arbeiten mit Submodalitäten

Geben Sie dem Schmerz eine Gestalt. Wie sieht er aus? Wie eine Kugel oder ein Stein oder ein Dorn?

Stellen Sie hierbei auch fest, welche Form, Farbe, Oberfläche, Temperatur, Geruch, Geschmack oder Ton der Schmerz hat.

Ist er kantig, hell, glatt, rauh, weich, hart, heiß usw.? Danach verändern Sie die einzelnen Submodalitäten und achten Sie auf jede Veränderung des Schmerzempfindens:

Wenn der Schmerz rot ist, dann machen Sie ihn z. B. blau. Wenn die Oberfläche spitzig ist, machen Sie sie rund, und wenn es ein hoher Ton ist, machen Sie ihn tief usw. – Experimentieren Sie, was die größte Veränderung bringt.

Ballontechnik

Stellen Sie sich vor, Sie sitzen im Park auf einer Bank, und auf der Bank angebunden ist ein Gasballon mit einem Blechkanister mit einer Tür zum Verschließen. Geben Sie dem Schmerz eine Form, eine Gestalt.

Packen Sie nun den Schmerz in Ihrer Vorstellung in den Kanister und versperren Sie die Tür. Dann lösen Sie die Schnur, mit der der Ballon an der Bank befestigt ist, und sehen zu, wie der Ballon nun zum Himmel fliegt und dabei immer kleiner wird.

Dies ist nur ein Beispiel eines Bildes. Ein Seminarteilnehmer fand ein für ihn passendes Bild: Er lag am Strand nahe beim Wasser. Die Wellen überspülten seinen Körper und trugen den Schmerz aufs Meer hinaus. Jede Welle nahm ein bißchen mehr Schmerz weg hinaus aufs Meer. Mit Hilfe dieser Technik gelang es ihm, vollkommene Schmerzfreiheit zu erlangen.

Schamanische Technik

Hilft besonders gut bei Kopfschmerzen. Legen Sie einen Finger ganz sanft an das Zentrum des Schmerzes. Dann versammeln Sie den ganzen Schmerz unter Ihrer Fingerkuppe. Nun gehen Sie ganz langsam mit dem Finger von der Stelle weg und ziehen dabei den Schmerz heraus. Schütteln Sie dabei nach jedem Durchgang die Hand aus. Machen Sie mehrere Durchgänge, bis Linderung eintritt. Dies kann man auch ohne Schmerz ausprobieren. Wenn Sie es langsam genug machen, können Sie ein klebriges Ziehen verspüren.

Das Schaltbrett im Kopf

Stellen Sie sich verschiedenfärbige Lampen in Ihrem Kopf vor. Von jeder Lampe führt ein Kabel zu einem Kippschalter, den man mit einem Klickgeräusch ein- und ausschalten kann. Jede Lampe symbolisiert einen Körperteil. Wenn z. B. Ihre rechte Hand schmerzt, fragen Sie sich, welche Lampe für Ihre rechte Hand steht. Dann schalten Sie diese Lampe mit einem Klick ab und sehen dabei, wie die Lampe ausgeht, während die anderen weiterleuchten. Diese Technik eignet sich besonders gut für Kinder.

Die Scheibe

Stellen Sie sich den Schmerz als Farbscheibe vor, die sich schnell dreht, und lassen Sie sie dabei immer kleiner werden, bis sie stecknadelkopfgroß, dann sandkorngroß ist. Schließlich lassen Sie sie sich ganz auflösen.

Die Handschuhanästhesie mit Handlevitation

Begeben Sie sich in eine entspannte Trance. Lassen Sie als erstes die Hand nach oben schweben (wie schon beschrieben), nun stellen Sie sich einen Handschuh vor, den Sie sich überziehen und der vor allem schützt. Man kann sich auch vorstellen, daß der Handschuh mit Eiswürfeln gefüllt ist.

Nun suggerieren Sie sich Kälte, Blutleere und Unempfindlichkeit der einen Hand, während die andere Hand immer stärker durchblutet und empfindlicher wird. Denn diese Hand stellt nun den Blitzableiter für Schmerz im Körper dar.

Wenn Sie bereit sind, zwicken Sie sich als Test.

Nun lassen Sie die Hand in der Zeit an die gewünschte Stelle schweben, die das Unbewußte braucht, um sich vorzubereiten, daß beim Berühren die Unempfindlichkeit der Hand sofort auf den gewünschten Bereich übertragen wird, so lange, bis diese wirklich unempfindlich wird.

Falls doch noch Restschmerzen zu fühlen sein sollten, werden sie sofort über die andere Hand abgeleitet.

Sie können sich auch Suggestionen geben, daß diese Unempfindlichkeit über die Trance hinaus aufrechterhalten wird.

Dies ist eine der stärksten Schmerzausschaltungsstrategien. Ich selbst habe sie, in Kombination mit einigen anderen Techniken, sehr erfolgreich anstelle von Injektionen an Klienten bei Operationen in der Zahnmedizin eingesetzt.

Körperhypnosen

Die folgenden Arten der Kommunikation mit dem Körper können helfen, besser zu verdauen.

Viele Menschen versuchen die Welt mit ihren Köpfen zu verdauen, indem sie Konzepte, Gedanken und Wünsche zu riesigen Bergen geistigen Ballasts anhäufen.

Sie ignorieren die Tatsache, daß ihr Körper diesen zusätzlichen Ballast 24 Stunden am Tag mitschleppen muß und unter dem Extragewicht ermüdet.

Erschöpft kapitulieren diese Körper eines Tages vorzeitig an Herzversagen, Schlaganfall, Arthritis oder gestörter Leberfunktion. Der Zusammenbruch wird dem physisch schwachen Körper zugeschrieben, dabei ist vielleicht der überbeanspruchte Kopf die Ursache.

Der Tunnel des Lichts

Der Tunnel des Lichts ist eine Möglichkeit, unsere Lichträder zu harmonisieren. Es gibt noch eine weitere Methode, unsere Chakren zu harmonisieren, die ich nun hier vorstellen möchte.

Ich möchte Sie nun wieder einmal dazu einladen, sich zu entspannen, vielleicht den Kiefer und die Schultern etwas loszulassen, einmal tiefer ein- und auszuatmen, tiefer sinken zu lassen und auch den Kopf frei und klar werden zu lassen von allen Gedanken, wie ein Spiegel, in dem sich nichts spiegelt. Es ist ganz egal, ob Sie gleich oder später den Kopf so frei haben, wichtig ist nur, daß er von nun an immer freier wird, um einzutauchen in eine angenehme, tiefe, jetzt passende Trance. Und während Sie so mit jedem Zeichen, jedem Wort und jedem Satz immer weiter eintauchen mit Teilen Ihres Bewußtseins, die wichtig sind, um Wichtiges zu lernen auf immer tieferen Ebenen des Lernens und Lebens.

Und so können Sie sich erlauben, sich vor den Eingang eines Tunnels zu begeben, eines Tunnels, der auf seine ganz eigene persönliche Weise mit Ihnen in Beziehung steht. Eines langen Tunnels, der jetzt dunkel ist, aber an dessen Ende Sie ein freundlich strahlendes Licht blinken sehen.

Und nun können Sie sich von der Neugier des Tunnels anziehen lassen und hineingehen. Sie tasten sich durch die Finsternis an der

Wand entlang und finden einen Schalter, den Sie betätigen. Und so beginnt ein Licht in hellem Rot zu scheinen. Der ganze Tunnelabschnitt erstrahlt in diesem Rot, die Wände, der Boden, die Decke über Ihnen.

Ein Rot, das der Farbe Ihres Bluts gleicht, und Sie beginnen in dieses Licht einzutauchen und darin zu baden. Während Sie in diesem Rot baden, beginnt etwas Sonderbares: Sie werden eins mit dieser Farbe – Sie werden zu diesem Rot.

Dann gehen Sie wieder weiter in die Finsternis, Sie beginnen sich an der Wand entlangzutasten und finden bald wieder einen Schalter. Wenn Sie ihn betätigen, erstrahlt der Teil dieses Tunnels in orangem Licht. Ein Orange in einer Schönheit, wie Sie es noch nie zuvor gesehen haben. Und daher lassen Sie sich gerne von diesem Orange einhüllen, um auch mit diesem Licht zu verschmelzen.

Erst wenn Sie vollkommen verschmolzen sind, gehen Sie weiter durch die Finsternis bis zum nächsten Schalter. Dieser Schalter bringt ein prachtvolles, gelbes Licht hervor.

Und wieder werden Sie in dieses Licht eingehüllt, in strahlendes Gelb, und Sie beginnen zu verschmelzen, um dann weiterzugehen zum nächsten Schalter.

Dieser läßt den Tunnel in grünem Licht erscheinen. Das Licht beginnt Sie einzuhüllen, und wiederum verschmelzen Sie mit diesem Licht, werden eins mit dem Licht.

Und wenn Sie ganz eins geworden sind, gehen Sie weiter, schalten ein Licht an in faszinierend schimmerndem, hellem Blau. Und wieder werden Sie eins mit diesem Licht.

Wie Sie zum nächsten Licht kommen, erstrahlt der Tunnel in angenehmem, dunklem Blau, und wieder werden Sie eins mit dem Licht.

Wenn Sie zum nächsten Abschnitt des Tunnels kommen, um den nächsten Schalter zu betätigen, erstrahlt der Tunnel in feinem, zartem Violett, und wieder verschmelzen Sie mit diesem Violett, werden eins mit dem Licht.

Dann kommen Sie am Ende des Tunnels zum Licht, das die ganze Zeit freundlich leuchtete, und Sie beginnen voll Freude nun auch mit diesem Licht zu verschmelzen, bis Ihr ganzer Körper, Ihr ganzes Sein mit diesem Licht verschmolzen, eins geworden ist.

Dann drehen Sie sich um und blicken zurück durch den Tunnel, und Sie sehen den Tunnel hell erleuchtet von strahlenden Lichtern.

Und während diese Lichter von nun an immer weiter leuchten dürfen, können Sie nun mit allen Teilen Ihres Bewußtseins wieder ganz zurückkommen in diesen Raum und in diese Zeit, in der Zeit, die Sie dafür brauchen, ganz und vollständig, mit jedem weiteren Atemzug vollständiger.

Einfach lächeln!

Sicher sind auch Sie schon eine Straße mürrisch entlanggegangen, weil Sie sich über unerledigte Dinge, Ihre Beziehungen, Ihren Beruf oder einfach über das ganze Leben ärgerten. Sie blicken flüchtig hoch, jemand lächelt Ihnen zu, und ehe Sie sich versehen, lächeln Sie zurück. In einem Bruchteil einer Sekunde haben Sie Ihren Kummer abgelegt, Sie stehen ein wenig aufrechter da und gehen mit dem Bewußtsein weiter, daß sich alles zum Guten wenden wird. Ein echtes Lächeln birgt ungeheure Kraft.

Wie oft haben Sie sich selbst schon zugelächelt?
Ein echtes Lächeln ist ein Zeichen der Liebe, ein Übermittler von Energie. Ein echtes Lächeln heißt auch: „Danke, daß es Dich gibt!“ Es wirkt wärmend und heilend wie Musik. Menschen, die nicht lächeln können, sind wie Gitarren, die nicht gespielt werden: Sie stehen in Ecken, das Holz verzieht sich, und die Saiten werden locker. Nach und nach bekommen sie Sprünge und zerbrechen.

Können Sie sich selbst wirklich zulächeln?
Wenn nicht, ist es vielleicht jetzt an der Zeit, diese wichtige Sache zu lernen. Nehmen Sie sich aber auch an, wenn Ihr Lächeln am Anfang vielleicht noch nicht so hell und wärmend ist. Manchmal brauchen wichtige Dinge einfach Zeit, sich zu entwickeln. Aus einem Samen wächst auch nicht an einem Tag eine große, starke Eiche, aber sie wächst unbeirrt jeden Tag ein Stückchen mehr.

Bei Körperteilen bedanken

Am besten ist es dabei, sich nackt vor den Spiegel zu stellen und sich zu betrachten. Sie können das aber auch in Gedanken machen.

Welche Bereiche gefallen Ihnen gut, welche weniger? Es gibt sicher Körperbereiche, mit denen man in Harmonie ist, und Teile, die man weniger mag, vielleicht sogar ablehnt. Gerade diese Teile aber sind es manchmal, die unsere vermehrte positive Aufmerksamkeit verdienen. Gerade sie enthalten oft eine Botschaft, die ein Geschenk sein kann. Und so warten sie, bis man ihnen die geeignete Aufmerksamkeit schenkt, damit sie Ihnen ihr Geschenk machen können. Und so kann gerade aus großer Ablehnung starke Zuneigung werden. Ein häßliches Entlein wird dann zum stolzen Schwan.

Und daher beginnen Sie nun, Ihren Körper durchzugehen, um sich bei all Ihren Teilen zu bedanken. Es ist ganz egal, wo Sie beginnen, vielleicht beim Kopf oder bei den Füßen, wichtig ist nur, daß Sie alle Teile miteinbeziehen.

Betrachten Sie einen Teil eine Zeitlang, die Sie für angemessen halten, und sagen dann:

„Danke, daß du für mich da bist!“, und so fahren Sie fort, bis Sie den ganzen Körper durch haben.

Wenn Sie mit den sichtbaren Teilen fertig sind, können Sie dann mit den unsichtbaren, nicht weniger wichtigen Teilen weitermachen. Und so gehen Sie dann auch alle Organe in Ihrem Körper durch.

Schicken Sie ihnen ein inneres, hell strahlendes Lächeln und sagen wieder:

„Danke, daß du für mich da bist!“, so lange, bis Sie das Gefühl haben, daß alles in Ihnen leuchtet. Es empfiehlt sich, dies eine Zeitlang jeden Tag als eine Art Meditation zu machen, so lange, bis Sie dieses liebevolle Leuchten verinnerlicht haben. Sie werden sehen, Sie werden eine liebevollere Beziehung zu sich selbst bekommen, und Ihre Ausstrahlung wird heller werden.

Beginnen Sie mit der vorderen Körperlinie:
Lächeln Sie von Ihren Augen, und erst wenn es angenehm prickelt, lenken Sie das Lächeln hinunter in Gesicht, Hals, Herz und Blutkreislauf, Lungen, Bauchspeicheldrüse, Milz, Leber, Nieren und Nebennieren, so lange, bis alle Teile angenehm hell, weich und warm prickeln.

Die mittlere Linie:
Lächeln Sie von den Augen hinunter in den Mund, Magen, Dünndarm, Dickdarm, Mastdarm, und schlucken Sie gleichzeitig Speichel hinunter. Stellen Sie sich den Speichel golden leuchtend oder in einer für Sie passenden Farbe vor.

Die hintere Linie:

Lächeln Sie durch Ihre Wirbelsäule hinunter, von einem Wirbel zum anderen.

Wenn Sie vielleicht nicht so genau wissen, wo die einzelnen Organe sich genau befinden oder wie sie genau aussehen, können Sie einfach so tun, als ob Sie schon sehr genau über sich Bescheid wissen, vielleicht wären Sie dann überrascht, wenn Sie in einem Anatomiebuch nachsehen, was Sie über sich wissen. Oder Sie sehen sich Ihr Inneres gleich in einem Buch an, um vielleicht auch zu entdecken, wie gleich wir alle im Inneren aussehen. Wenn Sie noch nicht so genau wissen, wie es in Ihnen aussieht, kann es vielleicht sein, daß Sie zuviel Wert auf Äußerlichkeiten legen. Das kann so lange egal sein, so lange Sie keine Teile von sich ablehnen. Ablehnen heißt aber auch den natürlichen Fluß der Liebe zu unterbrechen.

Wenn Sie auf die eine oder andere Art an „körperlichen" Beschwerden leiden, ist es günstig, sich wirklich ein genaues Bild von diesen Teilen zu machen und diesem Bild dann jeden Tag so viel Liebe wie möglich zu schicken. Hierbei kann ein Buch helfen. Die Teile werden es Ihnen danken mit Wohlgefühl. Und so wird es Ihnen immer leichter fallen, die Teile zu lokalisieren und zu spüren, welche Bedürfnisse sie haben. Alle Beschwerden entstehen aus Mangel an Liebe, ganz egal welche.

Mit einem täglichen Lächeln zu sich selbst, um so gleichsam einen Samen zu gießen, kann man diesen zu einer starken Eiche wachsen lassen, und Eichen können bekanntlich sehr lange leben.

Unsere Beziehung zu Teilen unseres Körpers kann man mit der Beziehung zu einem guten Freund vergleichen. Wenn Sie einen Freund haben, der Ihnen einen Gefallen tut, ohne dafür Dank zu erwarten, der aber dann von Ihnen beschimpft wird, wenn er die erwartete Leistung nicht bringt, wird dieser Freund sicher nicht mehr sehr gern etwas für Sie tun. Und wenn ein Freund im Spital liegt, werden Sie ihn auch nicht beschimpfen, sondern sich liebevoll seiner annehmen.

Automatischer Selbstheilungsprozeß

Unsere Selbstheilungskräfte sind größer, als Sie denken, und gleichzeitig nutzen wir Sie weniger, als Sie glauben.

Es ist nahezu selbstverständlich, daß kleinere Verletzungen und Krankheiten von selbst heilen. Auch Sie haben sicher schon diese Art Verletzungen gehabt, die zwar unangenehm waren, von denen Sie gleichzeitig aber wußten, daß sie heilen werden. Und Sie wissen auch, falls Sie jemals wieder so eine Verletzung haben werden, wird sie auch wieder heilen. Genauso ist das bei Krankheiten. Auch Sie haben wahrscheinlich schon alle möglichen Krankheiten gehabt, die zwar lästig, dennoch aber von selbst wieder verschwunden sind. Und Sie wissen, wenn Sie wieder so eine Krankheit haben, würde sie wiederum von selbst heilen. Von grippalen Infekten sagt man, mit Behandlung dauern sie 14 Tage, ohne Behandlung zwei Wochen. Überhaupt werden mit allen Behandlungen die Selbstheilungskräfte nur unterstützt, heilen tut sich der Organismus selbst. Oft sogar, wenn alle Behandlungen nicht geholfen haben und daher alle Hoffnung aufgegeben wurde. Spontanremissionen, wie solche Erscheinungen bezeichnet werden, lassen sich oft nicht anders als mit diesem Wort erklären. Offenbar verfügt unser Organismus über die oft ungenutzte Fähigkeit, Heilung selbst herbeizuführen. Ob etwas geheilt wird oder nicht, hängt davon ab, ob unser Gehirn ein Heilprogramm startet oder nicht. Deshalb ist es wichtig, sich einmal anzuschauen, wie unser Gehirn Heilung codiert.

Die folgende Kommunikation kann helfen, unseren Organismus dort zur Selbstheilung anzuregen, wo vielleicht im Moment weniger Aussicht auf Heilung besteht:

Als erstes suchen Sie sich etwas, das geheilt werden soll. Das kann eine Krankheit oder eine Verletzung sein.

Nun bestimmen Sie, woran Sie erkennen werden, daß Ihre Heilung beginnt. Was wird sich anders anfühlen? Welche Empfindungen werden Sie möglicherweise haben? Und was wird in Ihrem Erleben insgesamt anders sein, wenn Sie diese Heilung erfahren haben?

Weiters suchen Sie nun eine Erfahrung, in der Sie eine automatische Heilung erlebt haben. Dies kann eine bestimmte Krankheit, vielleicht auch nur ein Schnupfen sein, oder eine Verletzung, etwa ein Schnitt, ein blauer Fleck oder eine Verstauchung.

Es ist wichtig, wenn es dem möglichst ähnlich ist, was jetzt heilen soll. Wenn eine Krankheit heilen soll, suchen Sie sich eine Krankheit, von der Sie geheilt wurden. Bei einer Verletzung nehmen Sie die Erfahrung einer geheilten, möglichst ähnlichen Art der Verletzung.

Nun untersuchen Sie ganz genau, auf welche Weise Sie an die Erfahrung der Heilung denken. Wie würden Sie sich die Krankheit oder Verletzung jetzt vorstellen, von der Sie wissen, daß sie geheilt wurde? Beziehen Sie alle Submodalitäten mit ein, also die Art, wie Ihr Gehirn diese Erfahrung gespeichert hat.

Welche Unterschiede gibt es, wenn Sie nun an Ihre noch nicht geheilte Sache denken?

Beispielsweise ist es sehr wichtig, wo Sie diese Krankheit oder Verletzung vor Ihrem geistigen Auge sehen. Oft ist es so, daß die geheilte Erfahrung auf dem Körper, die noch nicht geheilte Sache aber irgendwo anders im Raum, vielleicht auf einem Bild, gesehen wird oder umgekehrt.

Ist die eine Erfahrung farbig oder schwarzweiß?

Ist es ein Bild oder ein Film? Welche Unterschiede gibt es noch?

Wie speichert Ihr Gehirn eine Erfahrung von Heilung und eine Erfahrung, die noch nicht Heilung enthält?

Vielleicht ist der Bereich, der Heilung erfahren soll, auf irgendeine Weise markiert, denn er verdient ja besondere Aufmerksamkeit. Manchmal sind die heilenden Stellen heller, leuchtender, strahlender, pulsierender, prickelnder oder sonst irgendwie zur Heilung markiert.

Nun gilt es nur die Art, wie die geheilte Erfahrung gespeichert wird, auf die neue Erfahrung zu übertragen, mit all Ihren Sinnen.

Falls Ihr noch nicht heilendes Erlebnis ein Film war, der schlimmer wird, verwandeln Sie ihn zunächst vielleicht in ein Bild wie jenes, wo Sie Heilung erfahren haben.

Dann bringen Sie Ihr noch nicht heilendes Erlebnis an die „heilsame" Stelle. Vielleicht irgendwo in einem Bild vor Ihnen oder direkt auf Ihrem Körper an der richtigen Stelle. Nun gestalten Sie den Rest auch in der Art der gespeicherten, geheilten Erfahrung.

Dann überprüfen Sie, ob Sie sich beide Erfahrungen nun in der gleichen Art und Weise vorstellen, und gleichen Sie, wenn nötig, die letzten Unterschiede aus.

Oft bemerken Menschen bereits jetzt unverzügliche Veränderungen bezüglich dessen, was sie hinsichtlich des noch nicht geheilten Erlebnisses empfinden. Manchmal fängt es zu jucken oder zu kribbeln an, oder es gibt eine ähnliche Empfindung als erstes Anzeichen für Heilung. Manchmal geschieht vorerst alles unbewußt, und erst nach und nach wird der fortschreitende Heilungsprozeß bemerkt.

Nun können Sie das neue Bild auf Ihrer Zeitlinie an die passende Stelle in der Vergangenheit unmittelbar nach der Heilerfahrung plazieren.

Weil die meisten Glaubenssätze darüber, was real oder möglich ist, auf dem basieren, von dem wir annehmen, daß es in der Vergangenheit geschehen ist, kann dieser Schritt wesentlich zum Erfolg beitragen.

Nun denken Sie an irgendetwas, von dem Sie überzeugt sind, daß es in Zukunft passieren wird, und bestimmen Sie die Submodalitäten.

Dann passen Sie das Bild der Heilerfahrung an die neuen Submodalitäten an, gehen dann in die Zukunft und setzen das Bild an geeigneter Stelle ein.

Kommen Sie wieder zurück in die Gegenwart.

Nun ist es auch hier wiederum ratsam, genau ökologisch zu überprüfen, ob Sie momentan irgendeinen direkten Gewinn aus dieser Verletzung oder Krankheit haben, und falls ja, auf welche andere, bessere Weise Sie diesen Gewinn haben können.

Beispielsweise traut man sich oft gerade erst in Zeiten, wo man bedauernswert ist, die Anerkennung und Zuneigung einfordern, oder man kann sie erst dann annehmen.

Auf welche bessere Weise können Sie lernen, diese Anerkennung und Zuneigung anzunehmen?

Weiters können Sie mit Ihrer inneren Weisheit, Ihrem inneren Heiler Kontakt aufnehmen und fragen, wie Sie den Heilungsprozeß noch unterstützen können.

Wie würde Ihr/e innere/r Heiler/in aussehen, wenn Sie wüßten, wie er/sie aussieht?

Nehmen Sie jeden Tag Kontakt mit diesem Teil von Ihnen auf, die Botschaften können unterschiedlich sein. Manchmal kommt ein Rat, einfach weiterzumachen, manchmal aber auch andere wichtige Informationen.

Auf diese Art können Sie Ihre Wahrnehmung aktiv weg vom Sorgenmachen hin zum Gesundsein lenken. Und man sagt, daß wir das realisieren, worauf wir unsere Wahrnehmung ausrichten. Seien Sie aber unbesorgt! Wenn Sie Ihre Wahrnehmung auf Ihre Ängste lenken, werden Sie höchstens Erlebnisse haben, die Sie beunruhigen, und nicht gleich Ihre Sorgen realisieren. Trotzdem ist es günstig, die Wahrnehmung auf das auszurichten, was man möchte. Viel Spaß beim Gesundwerden!

Reinigungsprozeß

Die mentale Reinigung ist unter anderem besonders empfehlenswert bei Hautproblemen aller Art. Insbesondere bei Akne, unreiner Haut, Neurodermitis und ähnlichem, aber auch bei Infektionskrankheiten, wie z.B. Grippe und auch bei Erkältungen. Natürlich auch zur Prophylaxe.

Im Akutfall ist es ratsam, diesen Prozeß mehrmals täglich anzuwenden und zur Vorbeugung zumindest einmal pro Woche. Nach Anwendung dieser inneren Reinigung wird zumeist dunklerer Harn ausgeschieden, der verstärkte Entgiftung anzeigt.

Nehmen Sie nach Möglichkeit die Rückenlage ein und stellen Sie sich vor, Sie liegen auf der Erde und haben in der Mitte Ihres Bauches einen großen Pfropfen. Nun entfernen Sie diesen, wodurch eine Öffnung in Ihrem Körper entsteht, die den Blick auf die Erde unter Ihnen ermöglicht. Nehmen Sie Ihren Körper als hohle Röhre wahr, so wie das Innere einer Ritterrüstung. Visualisieren Sie nun, wie eine zähe, dunkle, schleimige Masse (symbolisch für Giftstoffe) sich von allen Seiten Ihres Körpers auf diese Öffnung hinbewegt, um durch diese hindurch in der Erde unter Ihnen zu versickern.

Im zweiten Durchgang stellen Sie sich vor, wie Sie Wasser in Ihren Körper fließen lassen, das Sie gänzlich durchspült und in Form einer dunklen Brühe durch das Loch in der Erde versickert. Sie sehen zu, wie das Wasser zunehmend immer reiner wird, bis es letztendlich glasklar geworden ist und somit die letzten Reste von Giftstoffen ausgeschieden wurden.

Im dritten Durchgang lassen Sie so lange Wind durch Ihren Körper blasen, bis es in Ihrem Inneren vor Sauberkeit glänzt.

Im letzten Durchgang lassen Sie goldenes, beziehungsweise Sonnenlicht in Ihren Körper hineinstrahlen. An dieser Stelle ist es ganz wichtig, die Öffnung in Ihrem Körper mit dem Pfropfen wieder zu verschließen.

Einige Klienten von mir klagten über Müdigkeit, und es stellte sich heraus, daß sie vergaßen, die Öffnung wieder zu schließen – Energieverlust.

Die Energiekugel

Wenn man sich überlegt, daß ein Holztisch aus Molekülen besteht, die aus Atomen aufgebaut sind, die aus Elektronen und Neutronen und Protonen bestehen, die wiederum aus noch viel kleineren Quarks bestehen, die aus Superstrings aufgebaut sind, wobei Superstrings eigentlich am ehesten als energieschwingende Kreise zu beschreiben sind – dann kann man sich am ehesten vorstellen, daß alles eigentlich aus Energie besteht. Energie, die auf bestimmte Art und Weise schwingt und so eine bestimmte Form und Information hervorruft. Zwischen den oben erwähnten Energieteilchen ist außerdem mehr Platz als irgendetwas anderes. Die einzelnen Teilchen sind oft so weit von einander entfernt wie in der Relation die Erde von der Sonne.

Demnach bestehen alle Formen aus Nichts und Energie.

Materie kann man als verdichtete Energie verstehen.

Auch Gedanken kann man als Energie mit typischen Schwingungsmustern verstehen.

Nach den Gesetzen der Resonanz verstärken einander gleiche Schwingungen. Energiemuster, die ähnlich sind, treten also miteinander in Beziehung.

Diese Beziehungen können ganz unterschiedlich sein, sind aber nur möglich, wenn Resonanz, das heißt Gleichklang, in irgendeiner Form gegeben ist.

In einem dualistischen System findet Energie zwischen zwei Polen statt, die sich wechselseitig beeinflussen. Man kann dabei an ein Magnetfeld denken.

Nun fällt die Vorstellung sicher leichter, daß zwischen Menschen mehr stattfindet als bloße mechanische Berührungen, Sprechen und Hören.

Zu Beginn der Hypnosearbeit glaubte ich, daß es so etwas wie Energiearbeit nicht gibt. Es galt die Annahme, daß alle Erscheinungen nur aufgrund von Suggestionen passierten.

Nach einem Erlebnis mit einer Frau wurde ich wacher.

Die Frau blühte während der Sitzung regelrecht auf, während ich immer mehr zusammensackte.

Das ging ein paar Sitzungen hindurch so, bis mir klar wurde, daß ich Energie in ungebührlicher Menge abgab.

Jede Begegnung mit anderen Menschen bewirkt einen Energieaustausch, und/oder eine Veränderung der Schwingungsmuster. Manchmal fühlt es sich negativ an, doch oft auch positiv, z. B. wenn man Freunde trifft und sich sehr wohl fühlt.

Ich wurde durch die hypnotische Arbeit immer feinfühliger für Energien und lernte damit umzugehen.

Es gibt eine Wechselwirkung zwischen mentalen und energetischen Prozessen, wobei der Schwerpunkt in der Hypnosearbeit auf dem mentalen Bereich liegt. Durch die Veränderung mentaler Prozesse kommt es zur Veränderung im energetischen System, wobei prinzipiell auch der umgekehrte Weg möglich ist. Auch die Arbeit am Energiesystem kann mental etwas verändern. Beides kann auch tranceinduzierend sein.

Dies kann sich oft sehr positiv nutzen lassen in gewissem Rahmen. Manchmal kann man damit Krebs auflösen, manchmal nicht mal einen Schnupfen. Es gibt nun einmal sehr viele Faktoren im Leben, und man weiß oft nicht genau, wozu was gut ist.

Wenn es aber paßt, funktioniert die Arbeit am besten, wenn die Energie hinter einer Suggestion auch passend ist. Eine Suggestion ohne energetische Entsprechung wird ihre Wirkung eher verfehlen, so, wie wenn man z. B. freundlich lächelt, in Wirklichkeit aber wütend ist (wirkt wahrscheinlich unecht).

Darum ist es von entscheidender Bedeutung, daß man seine eigenen Motive klärt, bevor man zu arbeiten beginnt. Sind es Stolz, Macht, Ehrgeiz? Oder dienen sie dazu, das Ego aufzupolieren? Je nachdem, was dahinter steht, wird sich die Wirkung entfalten. Wenn also ein Ergebnis nicht den Vorstellungen entspricht, klären Sie, welche energetischen Muster vielleicht am Arbeiten sind.

Prinzipiell ist die Sprache so etwas wie eine Hilfe, um die Energie steuern zu lernen. Wenn man die Energie steuern kann, wird Sprache wieder überflüssig. In der Hierarchie liegt der mentale Bereich eigentlich über dem physischen Bereich, wobei mental sich nicht auf die Sprache beschränkt. Es gibt aber intensivste Wechselwirkungen in beiden Richtungen. So hat es z. B. auch eine Wirkung auf die Gedanken, was Sie essen, welche Art von Fleisch, mit welcher Vorgeschichte, oder ob Sie sich vegetarisch ernähren. Bei der Einnahme von Drogen, welcher Art auch immer, ist dies ganz offensichtlich, z. B. von Alkohol oder Medikamenten.

Der physische Bereich wirkt sich hier deutlich auf die Gedanken aus.

Wenn Sie sich an die Beschaffenheit von Materie erinnern, wird verständlicher, daß der physische Bereich ein grobstofflicherer Bereich ist als der mentale, daß aber beide völlig miteinander verbunden sind.

Eine schöne Möglichkeit, ein Gefühl für Energiesteuerung zu bekommen, ist es, eine Energiekugel zu bauen:

Setzen Sie sich bequem hin, beide Füße fest auf dem Boden, den Rücken aufrecht weg von der Lehne. Atmen Sie entspannt mit dem Bauch, heben Sie die Hände vor sich, die Handflächen zueinander gewandt. Nun stellen Sie sich vor, wie zwischen Ihren Händen ein Energiefeld entsteht in Form einer Kugel. Sie können sich die Kugel als weißes Licht vorstellen oder in jeder anderen Farbe. Probieren Sie, welche Farbe für Sie am kräftigsten wirkt. Experimentieren Sie mit dem Abstand und mit der Position der Hände. Lassen Sie die Energie immer dichter werden, vielleicht können Sie jetzt schon spüren, daß etwas zwischen Ihren Händen geschieht, vielleicht werden auch die Hände wärmer.

Bleiben Sie so lange bei der Übung, wie Sie möchten, danach kommen Sie wieder ganz zurück in diesen Raum, in diese Zeit, in diesen Körper.

Man kann aber auch über Gegenstände, die emotional besetzt sind, z. B. einen Schlüssel, Informationen über den Besitzer bekommen. Dazu braucht es nicht einmal viel Übung, nur ein bißchen Einlassen. Offenbar nehmen Gegenstände die Schwingungsmuster von Menschen an. Im zweiten Teil meiner Hypnosekurse machen wir eine Übung, bei der jeder Teilnehmer einen Gegenstand mitbringt, zu dem er starken emotionalen Bezug hat. Jeder Teilnehmer nimmt sich dann einen ihm unbekannten Gegenstand, fühlt sich ein, und beschreibt anhand dessen Persönlichkeit und Umfeld des Besitzers. Die Treffgenauigkeit ist jedes Mal verblüffend. (Dies erfolgt in Gruppenhypnose.)

Der Mensch ist von einem Energiefeld umgeben, das als Aura bezeichnet wird. Diese ist um einiges größer als der sichtbare Körper. Außerdem gibt es Chakren, sogenannte Energieräder. Es gibt sieben Hauptchakren, die sich vertikal übereinander befinden. Sie haben Bedeutung für den jeweiligen Körperbereich und auch emotionale Entsprechungen. Die Chakren stehen auch mit der Umwelt als Informationsträger in Kontakt. Sie drehen sich in einer Richtung und sind auf bestimmte Art geöffnet.

Je nachdem, wie rund sie laufen und wie weit sie geöffnet sind, ist der entsprechende Bereich in Ordnung. Wenn es Disharmonien im Bereich der Psyche oder des Körpers gibt, ist das auch an den Chakren merkbar. Über die Chakren läßt sich einiges ausgleichen. Es gibt viel über Chakren zu berichten und auch viele Bücher darüber.

Chakrenarbeit ist hochwirksam und wird daher auch hier vorgestellt. Man kann sie gut als Selbsthilfe verwenden. Die Chakrenharmonisierung ist Bestandteil meiner Arbeit. Eine einfache, jedoch wirksame Technik möchte ich hier vorstellen:

Den Chakren läßt sich eine typische Farbe zuordnen, denn auch Farben schwingen in bestimmten Frequenzen.

Das erste Chakra ist das Wurzelchakra und liegt im Beckenbereich. Es betrifft alle Organe und psychische Themen dieses Bereichs.

> Zu ihm gehört die Farbe Rot.
> Das zweite liegt im Bereich des Nabels mit der Farbe Orange,
> das dritte beim Zwerchfell, Farbe Gelb,
> das vierte in der Herzgegend; Farbe Grün,
> das fünfte am Kehlkopf, Farbe Hellblau,
> das sechste zwischen den Augenbrauen, Dunkelblau,
> das siebente am Scheitel, Farbe Violett.

Nun legen Sie sich bequem hin, gehen in eine angenehme Entspannung und legen die Hände auf den Bereich des ersten Chakras, auf das Becken. Stellen Sie sich dabei vor, wie die Farbe Rot durch Ihre Hände in das Becken fließt. Bleiben Sie dabei so lange, wie es sich richtig anfühlt, dann gehen Sie zum nächsten Bereich, den Bauch, und fahren fort mit der Farbe Orange. Dann mit Gelb und so weiter.

Es ist nicht notwendig, die Chakren wirklich zu sehen, außer vielleicht vor dem geistigen Auge, es kann aber sein, daß Sie sie zu spüren beginnen, wenn Sie einen längeren Zeitraum hindurch üben.

Diese Vorgehensweise harmonisiert die Chakren und kann sich sehr positiv auf Ihr Befinden auswirken.

Je mehr Sie sich mit Energien beschäftigen, umso offener und sensibler werden Sie dafür werden. Darum ist es sehr wichtig, daß Sie auch lernen sich abzugrenzen, zu erden und zu zentrieren.

Als Hilfe zur Abgrenzung können Sie sich vorstellen, daß Sie von einer weißen Lichtkugel umgeben sind, die Sie schützt und nur die Ihnen zuträgliche Energie und Information hereinläßt.

Zum Zentrieren eignet sich Körperpräsenz sehr gut. Gehen Sie mit Ihrer Aufmerksamkeit ganz in Ihren Körper. Fühlen Sie gleichmäßig alle Muskeln, den Atem, Pulsschlag, Temperatur und Bewegung. Das hilft auch, um ins Hier und Jetzt, in die Wirklichkeit, zu kommen, weg von allen Phantasien und Projektionen.

Zum Erden ist der Kontakt zum Boden wichtig. Spüren Sie ihn so gut wie möglich mit Ihren Füßen oder auch im Liegen und Rollen. Spüren Sie, wo Sie sich noch vom Boden weghalten, und wo Sie schon gut loslassen können, um in intimeren Kontakt mit dem Boden zu treten. Das gehört aber konstant geübt, wie alles andere auch. Wenn Sie sich zu offen fühlen, allen Eindrücken ausgeliefert, dann ist es oft günstig, mit dem Körper zu arbeiten.

Je besser Sie mit Energien umgehen können, umso besser wird Ihnen auch das Reinigen von Essen und Gegenständen gelingen.

Ein befreundeter Arzt meint sogar, daß er mit dieser Art der Reinigung seine Zigaretten völlig unschädlich machen kann: Er nimmt die Schachtel in eine Hand, zieht alle schlechte Energie heraus und leitet sie durch die andere Hand ab. Danach lädt er sie mit weißem Licht (mit weißem Licht zu heilen ist die einfachste Form von geistigem Heilen) wieder auf. Die Zigaretten kratzen weniger, und die meisten Menschen haben das Gefühl, mehr Luft zu saugen. Dies wurde auch durch eine Studie belegt. Interessantes in dieser Hinsicht ist auch in *Dethlefsens* Buch „Der blaue Dunst“ zu lesen.

Reinkarnation

Es gibt Menschen, die an die Wiedergeburt glauben, und solche, die sie anzweifeln.

Aus meiner Sicht bin ich einerseits davon überzeugt, daß es Reinkarnation gibt, wenn man die Welt als real betrachtet.

Andererseits gibt es sie auch nicht, wenn man es von dem Standpunkt aus betrachtet, daß die Welt eine Illusion ist. Und so gesehen entsprechen die Leben dann Traum in Traum in Traum, gleichwertig mit dem Traum, den wir jetzt gerade träumen, den wir allgemein als Realität bezeichnen.

Ich habe mit unzähligen Menschen Reinkarnationssitzungen durchgeführt, aus denen zu schließen ist, daß die erlebten Ereignisse den Tatsachen entsprechen, obwohl auch Phantasieelemente dabei sind.

Man muß unterscheiden zwischen einer partiellen und einer totalen Reinkarnationssitzung. Bei einer partiellen Rückführung ist sich der Mensch des momentanen Lebens bewußt und erhält die Eindrücke aus einem anderen Leben durch Bilder, Gefühle und Wissen, teils assoziiert, teils dissoziiert, während sich die Person in einer totalen Rückführung (zumeist in somnambulen Trancen, also in der tiefsten Trance) des derzeitigen Lebens nicht mehr bewußt ist.

Wenn man bei einer solchen Person z. B. von einem Fernseher spricht, den es damals noch nicht gegeben hat, reagieren diese Menschen verständnislos.

Ein paar Beispiele:

Eine Dame, die ich rückführte, erzählte, sie sei Indianerin. Als ich sie fragte, ob es Waffen gab, bejahte sie. Es gäbe aus Stein gefertigte Waffen, aber es gab noch keinen Pfeil und Bogen, und sie hatte auch noch keinen Weißen gesehen.

Hätte es sich hier um ein Phantasieerlebnis gehandelt, wäre es sehr naheliegend gewesen, von Pfeil und Bogen bzw. Weißen zu berichten.

Paare wurden getrennt zurückgeführt.
Nach der Frage, ob sie jemanden aus dem vorigem Leben im heutigen Leben kennen, kamen Antworten wie: Mein Mann war mein Vater, Lehrer … usw.

Als der Mann in dasselbe Leben zurückgeführt wurde, bestätigte er unabhängig von der Frau deren Rolle. Das kann als Beweis gesehen werden.

Menschen geben mit Jahreszahl und Namen an, auf welchem Friedhof sie beerdigt wurden, reisen dann in das Land und finden das Grab.

Und auch geschichtlich ungebildete Menschen geben genaue Auskunft über Details von Kleidung, Gebäuden und verfügen über Wissen, das sie vorher nicht hatten.

Xenoglossie (Sprechen fremder Sprachen)

Menschen sprechen in einer Sprache, die sie nachweislich nicht gelernt haben, mit Floskeln und Phrasen, manchmal auch fließend. Einer meiner interessantesten Sitzungen war der Fall einer Ärztin, die erzählte, sie sei Leonardo da Vinci. Sie besaß enorme Detailkenntnisse, sie deutete z. B. die bekannte Zeichnung mit der Darstellung des Menschen. Aus den Maßen könne man auf Charaktereigenschaften und mögliche Krankheiten schließen. Sie konnte die Sprache fließend sprechen, was sie zuvor nicht konnte. Sie zeichnete Landschaften und Porträts in Trance und nannte Namen, die unbekannt waren und später ausgeforscht werden konnten.

Gut dokumentierte Fälle gibt es aus Indien, z. B. von Kindern, die sich an ihr voriges Leben erinnern konnten. Ein kleiner Bub erinnerte sich an ein Leben in einer entfernten Stadt, wobei er sich an Haus und Namen und an seine damalige Frau, die noch lebte, erinnerte und auch wußte, wo er Wertgegenstände versteckt hatte.

Auch bei uns gibt es Kinder, die sich an vorige Leben erinnern, was aber oftmals unbemerkt bleibt. Man hört öfters von Sätzen wie: „Früher, als ich noch groß war …“, eine Satzstellung, die man so eigentlich nicht lernen kann.

Ein anderes Beispiel: eine Seminarteilnehmerin, deren Nichte bei einem Autounfall starb, deren Schwester wieder ein Kind bekam, die genauso aussah wie die Schwester und Details aus deren Leben wußte, ohne daß sie davon wissen konnte.

Abgesehen davon ist es unerheblich für den therapeutischen Nutzen einer Sitzung, ob dies authentisch oder Phantasie ist, weil es oft verblüffende positive Veränderungen gibt.

Die Auswirkungen der vorigen Leben auf dieses Leben bezeichnet man als Karma, das Prinzip von Ursache und Wirkung.

Einige sehen dies als Strafe, es ist vielmehr aber als Lernprozeß zu sehen. Die Seelen suchen sich ihr Umfeld aus, in das sie hineingeboren werden, um die Lernerfahrungen zu machen, die sie brauchen.

Aus der Sicht der Reinkarnation gibt es keine Täter und Opfer, sondern nur Seelen, die einander helfen, Lernerfahrungen zu machen.

Dies führt nur scheinbar in eine rücksichtslose Haltung, da es, wenn man wieder geboren wird, für das eigene Wohlbefinden wichtig ist, nach dem Ursache-Wirkungs-Prinzip und dem Gesetz der Resonanz, wo Gleiches Gleiches anzieht, zu leben.

Nur aus der Sicht der Reinkarnation wird die spirituelle Bedeutung der Krankheiten verständlich. Warum z. B. muß ein Kind schon Aids oder andere schwere Krankheiten haben? Wenn man aber sieht, daß diese Seele schon viele Leben gelebt hat, wird es verständlicher. Was man im vorigen Leben nicht gelöst hat, nimmt man ins nächste Leben mit.

Man kann vor sich selbst nicht davonlaufen. Daher hat auch Selbstmord keinen Sinn, da man zu den ungelösten Themen des vorigen Lebens noch weitere dazubekommt.

Wie läßt sich erklären, daß es immer mehr Menschen auf der Erde gibt?

Seit es Reinkarnationsforschung gibt, zeigt sich, daß die Abstände zwischen den Leben immer kürzer werden, weil das spirituelle Bewußtsein gewachsen ist.

Wie können so viele Menschen Kleopatra oder Cäsar gewesen sein?

In den vielen Sitzungen schildern die meisten von eher unbedeutenden Leben.

Andererseits wäre dies kein Widerspruch, weil wir aus meiner Sicht alle jedes Leben gelebt haben, da wir alle ein Ganzes sind und überdies auch Zeit Illusion ist und es nur ein ewiges Hier und Jetzt gibt und alle Leben parallel gelebt werden.

Vergleichbar mit einer interaktiven DVD. Alles ist zur selben Zeit drauf, guter und schlechter Ausgang, je nachdem, was man anklickt, nimmt man wahr.

Wir stellen uns mit unseren Gedanken auf eine bestimmte Frequenz und ein bestimmtes Erlebnis ein.

Wenn man aber eine Rückführung macht, ist es auf jeden Fall sehr wichtig, daß man die Themen auch wirklich gut bearbeitet, bis sich ein positives Grundgefühl dem Geschehenen gegenüber einstellt. Wie beispielsweise bei einer Frau, die ich zurückführte:

Die Frau litt jahrelang unter Atemnot und Erstickungsgefühlen und galt als therapieresistent. In der Sitzung stellte sich heraus, daß sie unschuldig gehängt wurde, die Sitzung dauerte vier Stunden. Die Frau hatte Rachegedanken, als sie starb, und als das Thema positiv bearbeitet wurde, löste sich dieses Gefühl ganz auf. Es gibt viele Möglichkeiten, Themen zu bearbeiten, Reinkarnationssitzungen können dabei manchmal sehr hilfreich sein.

Eine Rückführung der besonderen Art:

(ein Auszug aus dem Buch von *Matti Goiser*: „Reinkarnation"; mit freundlicher Genehmigung. Die wortwörtlichen Protokolle stammen aus meinen Reinkarnationsseminaren):

Gerhart, 28 Jahre, Graphiker

Zunächst befindet er sich in einem anderen Leben als Mann. Er ist schon lange hier, 22 Jahre alt, bekleidet mit einem Tuch, und kehrt einen Kiesweg. Zu seiner Rechten führt eine befestigte Straße bergauf. Der Hypnotiseur (im Folgenden „H") weist ihn an, bis zur Kuppe hinauf zu gehen und ins Tal zu schauen.

Nun folgt etwas, womit niemand gerechnet hat und was alle ratlos erscheinen läßt.

Gerhart („G") sitzt in tiefer Hypnose auf einem Sofa, den Kopf auf der Lehne. Er bewegt sich nicht, doch sein Gesicht zuckt, unter den geschlossenen Lidern flackert es, und die Pausen, die er zwischen den mit leiser Stimme hervorgebrachten Aussagen macht, scheinen uns schier endlos.

H: Was siehst du?

G: Energiemuster, Schatten, licht und mild.

H: Was ist deine Aufgabe?

G: Hier beenden, was ich geschaffen habe.

H: Was hast du geschaffen?

G: Erstes Schaffen Lebensbaustein.

H: Worin besteht die Aufgabe?

G: Seinen Plan weiterbringen. Selbsterkenntnis, Selbstverständnis. Damals habe ich mich selbst erkannt.

H: Wie war das?

G: Weiß nicht, was damals war. (wendet den Kopf nach links) Auf Strahl zurück, Lichtebenen treffen sich, ich gehöre zu denen, die das Licht steuern, bin Lichtwesen, mein Schöpfer hat mich geschaffen, ist in mir drinnen. (seufzt)

H: Wo in dir?

G: In der Mitte. Sehe zwei Lichter, in jedem Auge eines. Er will es nicht, der Urschöpfer.

H: Will was nicht?

G: (scheint zu schlafen, gibt keine Antwort, dann, nach langer Pause) Symbol rot und Zahl Acht, bedeutet Ewigkeit und Schöpfung, ist unser Zeichen.

H: Wer seid ihr?

G: Grenze überschreiten, Grenze beherrschen, noch nie überschritten.

H: Wann wirst du sie überschreiten?

G: Wenn Schöpfer es will.

H: Wer bist du?

G: Habe keinen Körper.

H: Hast du nie einen Körper gehabt?

G: Schon oft einen Körper gehabt.

H: Geh zurück zu dem Zeitpunkt, wo du den ersten Körper bekommen hast, sage, wenn du da bist.

G: Bin da.

H: Was geschieht?

G: Es gibt noch keinen Boden, ich schaffe einen Körper. Schatten, Licht pulsiert, Schwingungen, ich forme das Licht aus, bekommt Gestalt, Schwingungen, wird schwerer, Licht verschwindet.

H: Bist du allein?

G: Andere machen sich auch einen Körper, sind meine Freunde, solche von der Lichtfamilie, andere sind dunkel.
Sie sind geplant. Widersetzen sich, vernichten, was sie geschaffen haben.

H: Wogegen widersetzen sie sich?

G: Dem Plan der Alten.

H: Hat das Folgen?

G: Es hat Folgen, wenn sie sich dem Plan widersetzen, daß die Welt unten ist.

H: Bist du immer noch dabei, Körper zu schaffen?

G: Nein.

H: Was tust du jetzt?

G: Sind andere bei uns.

H: Wer?

G: Schöpfergötter.

H: Gibt es mehrere?

G: Es gibt viele – einen übergeordneten. Der erste Gott erfährt sich durch sich selbst.

H: Gibt es den schon lange?

G: (lacht) Solange es etwas gibt. Gott hat viele Götter geschaffen, um sich selbst zu verstehen.

H: Bist du ein Gott?

G: (lacht) Gott ist Gott.

H: Bist du einer?

G: In gewisser Weise. Bestandteil des Ganzen. Schöpfer schöpfen Schöpfer, diese schöpfen weiter, alles ein Bestandteil des Urschöpfers und dessen, von dem er entstammt.

H: Gibt es etwas Größeres und Mächtigeres als den Urschöpfer?

G: Ja, es gibt etwas Größeres und Mächtigeres als den Urschöpfer, aber ich kenne ihn nicht.

H: Was macht der Urschöpfer?

G: Der Urschöpfer stattet jedes seiner Wesen mit Informationen aus.Wir können es auch, müssen in uns hören, nach innen blicken und nicht nach außen, wünschen zu verstehen, dann wird das Licht frei.

H: Kannst du uns Anleitung geben?

G: (lächelt, atmet schwer) Durch Blicken in sich selbst kann man die Bestandteile seiner Seele in verschiedenen Existenzen betrachten. Urschöpfer hat das Universum erschaffen.

H: Kannst du zurück zu ihm?

G: Wenn ich zurück zum Schöpfer käme, wäre das Individuum zerstört.

H: Wäre das gefährlich?

G: Das wäre nicht gefährlich, aber nicht im Plan des Urschöpfers.

H: Wer bist du?

G: Bin Kanal für den Urschöpfer. Seine Informationen sind in uns allen gespeichert.

H: Wie kommen wir hinein in den Speicher?

G: Um Hilfe bitten von unserem Höheren Selbst, hoffen, das zu tun,was wir tun sollen.

H: Wie kann ich mir wünschen, zu meinem Höheren Selbst zu kommen?

G: Einfach fragen in passender Form.

H: Wie ist das?

G: Das, was in der Not für dich geeignet ist.

H: Schau deinen ersten Körper an, wie sieht er aus?

G: (Augenlider zucken heftig, schläft, seufzt, schwitzt stark, schläft lange Zeit. Frage wird wiederholt. Er schluckt, atmet schwer, Lider flackern, schläft mindestens fünf Minuten, öffnet die Augen – Wachzustand).

H: Wollen Sie wissen, wie es mit Ihren Körpern aussieht?

G: Nein, habe keinen Bezug zu meinen Körpern. Vorher schon, jetzt nicht mehr. (schläft wieder ein)

H: (gibt ihm folgende Suggestion) Schweben Sie jetzt über die Wolken hinaus, bis Sie einen Helfer finden.

G: Weiß nicht, wie er aussieht.

H: Es ist gleichgültig, doch ist ein Platz über den Wolken und Ihr Höheres Selbst wird Sie hinführen.

G: (lächelt) Habe ihn getroffen. (wacht auf)

H: Wollen Sie einen Bezug zu ihrer Problematik herstellen?

G: Nein.

H: Woran erinnern Sie sich?

G: Ich habe viele Symbole gesehen: ägyptische Gottheiten, Ausdehnungen …

Gerhart kann sich bruchstückhaft erinnern, was er wahrgenommen und gesagt hat, weiß aber nicht warum. Er ist nicht religiös und alles hört sich für ihn „sehr fremd" an. Zur Urschöpferfrage erinnert er sich, daß er es nicht gewagt hat, seine Empfindungen und Visionen zu interpretieren.

Was soll man nun davon halten? Auch die Anwesenden wagten keine schlüssige Interpretation, doch alle waren betroffen. Der Hypnotiseur erwähnte, schon einmal einen ähnlichen Fall beobachtet zu haben, der ebenso wie dieser viele und keine Auslegungen zugelassen hat.

Ich würde diese Rückschau in Bardo ansiedeln zu einer Zeit, als neue Seelen geschaffen wurden.

* * *

Einer, der immer nach Gottes Gesetzen gelebt hat, kam in den Himmel und fragte. „Wie oft muß ich noch wiedergeboren werden?"
Gott sagte zu ihm: „Noch dreimal."
Daraufhin war der Fragende sehr verbittert und sagte: „Was, noch dreimal!"
Dann kam ein anderer, der viele Laster hatte und auch sonst nicht der Frommste war, und fragte auch: „Wie oft muß ich noch wiedergeboren werden?"
Gott sagte ihm, er müsse noch tausendmal geboren werden.
Daraufhin jubelte der Fragende und freute sich sehr: „Juhu, juhu!"

Moische lebte immer nach Gottes Gesetzen und wollte aber auch einmal auf die Straße gehen, ohne daß ihn jemand erkannte. Er rasierte sich seine Zöpfe ab, kaufte sich einen teuren Anzug und ging los. Aber als er eine Straße überqueren wollte, kam ein Autobus daher und führte ihn nieder.
Als er in den Himmel kam, war er enttäuscht und sagte zu Gott: „Ich habe immer nach deinen Gesetzen gelebt, einmal ziehe ich mir einen Anzug an, weil ich so leben wollte wie die anderen, und ich mußte sterben!"
Daraufhin runzelte Gott die Stirn: „Ja Moische, du bist es, ich habe dich gar nicht erkannt!"

Ein alter Mann, er war Zimmermann, kam in den Himmel und war recht deprimiert.
Nach einiger Zeit kam Jesus zu ihm und fragte ihn, was ihn bedrückte.
Der Mann sagte: „Ich glaubte meinen Sohn wieder zu treffen."
Jesus erkundigte sich, wie dieser denn aussehe.
„Er hat Nägel an Händen und Füßen!"
Daraufhin freute sich Jesus: „Vater!"
Und der Mann antwortete: „Pinocchio!"

Die Verwandlung des Bibers

Nach einiger Zeit, nachdem der Biber schon so einiges in seinem Leben positiv verändern hatte können, kam der Biber noch einmal zur Eule, da er sich noch immer nicht ganz wohl fühlte.

Die Eule sagte: „Lieber Biber, ich möchte dir noch eine Geschichte erzählen:

Es gab einmal ein armes, unglückliches Wesen, das Schmerzen und Angst hatte. Es fühlte sich allein gelassen und wußte auch nicht, wer es erschaffen hatte.

Da erschien dem Wesen eine Fee oder jemand, von dem man sagte, daß er Zauberkräfte hatte.

Liebes Wesen, du bist niemals alleine, aber es ist gerade so, als würdest du dir die Augen zuhalten und jammern, daß du blind bist, während dein Schöpfer direkt vor dir ist und dich heilen möchte, wenn du es zuläßt.

Stell dir vor, dein Schöpfer ist ganz nah bei dir, und allein durch seine Anwesenheit beginnen alle deine Wunden zu heilen, Schmerzen und Ängste lösen sich auf.

Als ob dein Körper an bestimmten Stellen Krater hätte, wie von Bomben, die durch wunderbare Weise zu einer Wiese werden, übersät von tausenden blühenden, lebensfrohen Blumen, die unter der strahlenden Sonne gedeihen.'"

Der Biber hörte sehr aufmerksam zu, und während er so zuhörte, ereignete sich etwas Sonderbares:

Der Biber fühlte sich immer freier und aufrechter, ja vielleicht auch ein bißchen größer als sonst.

Es wurde ihm ganz warm ums Herz, aber auch ganz leicht.

Er sah auf einmal alle Ängste und Sorgen in einem anderen Licht, im wahrsten Sinne des Wortes.

Der Biber wußte von nun an, daß sein Schöpfer immer bei ihm ist und alles, was auch passiert, keine Bedeutung hat, da es vergänglich ist, daß das Unvergängliche aber unzerstörbar und das einzige Bedeutungsvolle ist.

Mit diesem Wissen konnte er sich von nun an frei bewegen und selbstbestimmt leben. Er konnte seine Lebensaufgabe finden und so alle Schwierigkeiten überwinden, die ein Leben so mit sich bringt.

Die schönen Seiten aber konnte er noch mehr genießen, denn er hatte keine Angst mehr, sie zu verlieren.

Als der Biber am nächsten Tag in seinem Bett erwachte, konnte er sich nicht mehr erinnern, was er geträumt hatte, doch es war gleichgültig.

Wichtig war einzig und allein, daß er sich von nun an als glücklicher und zufriedener Mensch neugierig vom Fluß des Lebens tragen ließ.

Nachwort

In diesem Buch legte ich sehr viel Wert darauf, eine geeignete Grundhaltung sich selbst und anderen gegenüber einzunehmen.

Außerdem wollte ich aufzeigen, daß für mich der Begriff Hypnose weit über den üblicherweise bekannten Rahmen hinausgeht und daß sich viele Probleme am besten außerhalb des herkömmlichen Rahmens lösen lassen.

Ich hoffe damit, die bei vielen Menschen auftretenden Ängste, Vorurteile und Mißverständnisse der Hypnose gegenüber aufgelöst zu haben.

Meine Absicht war einerseits, durch die Darstellung der Techniken einen Überblick zu vermitteln, wie hypnotische Kommunikation wirkt und wofür man sie verwenden kann.

Andererseits möchte sich dieses Buch als kleiner, transportabler Werkzeugkoffer verstehen, um effektiver an sich selbst zu arbeiten.

Vor allem durch die Kombination der Werkzeuge entfaltet sich die Kraft des Unterbewußten am besten.

Die Inhalte werden jedoch noch viel leichter durch die Seminare vermittelt. Durch jahrelange Beschäftigung mit der Materie habe ich eine eigene tranceorientierte Unterrichtstechnik entwickelt, die auf spielerische und humorvolle Art und Weise das Urwissen der Teilnehmer weckt.

Ganz von selbst entdecken sie die Fähigkeit, konstruktiv mit ihrem Unbewußten zu kommunizieren.

Großen Wert lege ich auf die Arbeit mit dem inneren Kind sowie auch auf viele andere Prozesse, welche die Selbstliebe fördern.

Falls Sie Fragen haben, können Sie mich gerne kontaktieren oder mich in einem meiner Seminare besuchen.

Ich wünsche Ihnen alles Gute und bin sehr neugierig, auf welche Art und Weise dieses Buch wohl dazu beitragen wird, Ihr Leben zufriedener und glücklicher zu gestalten, und ich frage mich, ob Sie dies bereits jetzt oder erst etwas später bemerken werden.

Lebensweisheit

Ein Philosophieprofessor stand vor seinen Studenten, nahm ein großes Glas und füllte es mit Steinen. Dann fragte er die Studenten, ob das Glas voll sei. Sie stimmten ihm zu. Dann nahm er Kieselsteine, schüttete sie ins Glas und schüttelte es. Die Kieselsteine rollten in die Zwischenräume der größeren Steine. Wieder fragte er, ob das Glas denn nun voll sei. Die Studenten lachten und stimmten ihm zu. Nun nahm der Professor eine Schachtel mit Sand und schüttete ihn in das Glas.

Der Sand füllte die letzten Zwischenräume im Glas aus. „Dieses Glas ist wie Ihr Leben“, sagte der Professor. „Die Steine sind die wichtigsten Dinge in Ihrem Leben: Ihre Kinder, Ihre Gesundheit, Ihr Partner. Dinge, die, wenn alles andere wegfiele und am Ende nur noch Sie übrigblieben, Ihr Leben immer noch erfüllen würden. Die Kieselsteine sind andere, weniger wichtige Dinge wie z. B. die Arbeit, Ihre Wohnung, Ihr Auto, das Haus. Der Sand steht für die ganz kleinen Dinge im Leben. Wenn Sie den Sand zuerst in das Glas füllen würden, bliebe kein Platz mehr für die Kieselsteine oder die großen Steine. So ist es auch in Ihrem Leben.

Wenn Sie all Ihre Energie für die kleinen Dinge im Leben aufwenden, fehlt sie Ihnen für die großen. Achten Sie auf die wichtigen Dinge.

Nehmen Sie sich Zeit für Ihren Partner, Ihre Kinder, für die Menschen, die Sie lieben. Es wird noch genug Zeit für Ihre Arbeit, Hobbys und andere Vergnügungen sein. Achten Sie zuerst auf die großen Steine, denn sie sind es, die wirklich zählen. Der Rest ist nur Kiesel und Sand.“

Nach dem Unterricht nahm einer das Glas mit den großen Steinen, dem Kiesel und dem Sand, bei dem auch der Professor mittlerweile zugestimmt hatte, daß es nun wirklich voll war, und schüttete ein Glas Bier hinein. Das Bier füllte den letzten Platz im Glas aus. Nun war es wirklich voll.

Die Moral von der Geschichte?

Egal, wie erfüllt Ihr Leben auch immer sein mag, es ist immer noch Platz für ein Bier.

Schlußsatz

Da jedes Wort in sich begrenzt ist, die Wahrheit aber grenzenlos ist, steht das wirklich Wahre auf der folgenden Seite!

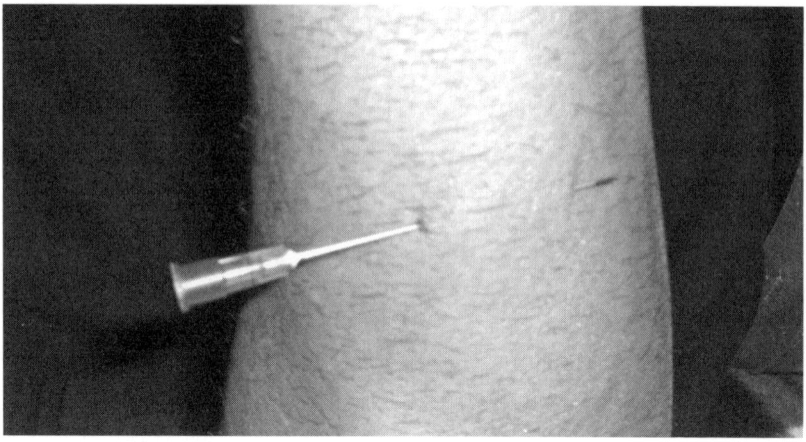

Dieses Photo wurde in meinem Spezialkurs aufgenommen und demonstriert Schmerzfreiheit und Blutungskontrolle (keine Blutung bei Ein- und Ausstich). Der Nadelstich wurde von Frau Dr. med. Christa Roberts ausgeführt.

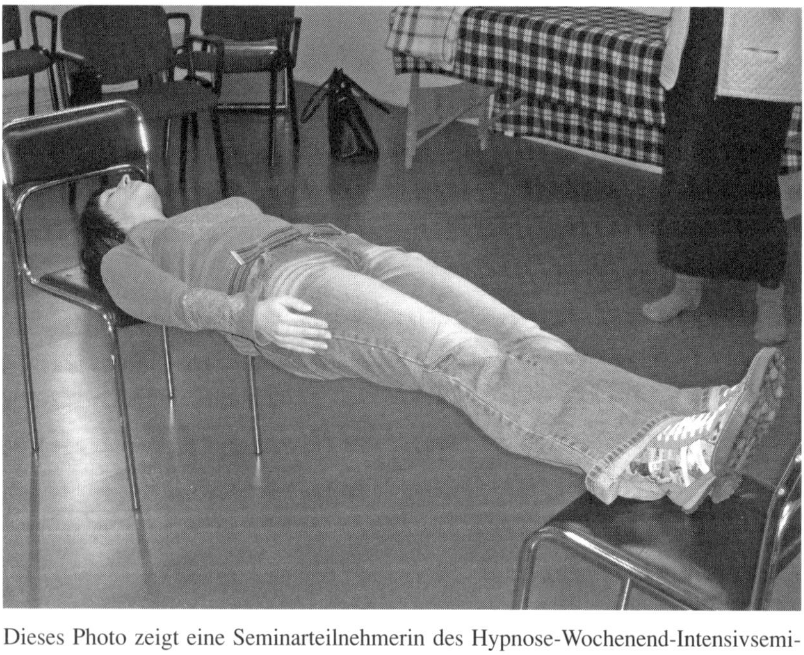

Dieses Photo zeigt eine Seminarteilnehmerin des Hypnose-Wochenend-Intensivseminars. Demonstriert wird ein sehr bekanntes Trancephänomen: die kataleptische Brücke. Die Frau liegt, innerlich entspannt, steif zwischen zwei Sesseln. Dies ist auch sportlich untrainierten Personen möglich, da die Anspannung der Muskulatur unterbewußt erfolgt.

INSTITUT für Hypnoseforschung und Mentaltraining, Tiefenentspannung, Bewußtseinserweiterung und Selbsterfahrung durch Hypnose und NLP (Neuro-Linguistisches Programmieren)

Franz Pissinger, *Hypnose-Experte, NLP-Master-Practitioner, Reiki-Meister*
A-1220 Wien, Silberergasse 5, Tel.+Fax: 01/774 23 59
(Mobil:. 0676/540 17 78), E-Mail: hypnose@pissinger.at, www.pissinger.at

Stress, Nervosität, Jobsuche ... ??? Mehr Erfolg in allen Lebenslagen!

HYPNOSE-WOCHENEND-INTENSIVSEMINAR

In diesem Seminar werden die verschiedenen Methoden der Hypnose sowie wichtige NLP-Strategien ausführlich erklärt und demonstriert, wobei auch die Vor- und Nachteile der speziellen Techniken erläutert werden. Im Mittelpunkt steht jedoch die indirekte Hypnose. Breiter Raum wird der ethischen und moralischen Einstellung gewidmet, die Voraussetzung für den erfolgreichen Einsatz der Hypnose ist. Dieses Seminar richtet sich jedoch nicht nur an diejenigen, die hypnotisieren lernen wollen, sondern an alle, die durch das vermittelte Wissen (die Arbeitsweise des Unterbewußtseins, Erkennen und Bearbeiten von problematischen Verhaltensmustern; Gesetzmäßigkeit und Wirkung von Suggestionen sowie deren Formulierung, Anwendung hypnotischer Sprachmuster, die Umwelt als Spiegel des eigenen Selbst) tiefe Einblicke in die eigene Persönlichkeit erlangen wollen. Aus diesem erweiterten Blickwinkel werden die Reaktionen der Umwelt besser verständlich und man lernt adäquat mit ihnen umzugehen, was sich auf das alltägliche Leben jedes Einzelnen positiv auswirkt. Herr Pissinger steht Ihnen bei eventuellen Fragen oder Problemen auch nach Beendigung des Seminars gerne beratend zur Seite.

THEMENÜBERSICHT

Selbsthypnose ● Suggestibilitäts-Tests ● Rapport ● Die Ruheeinstimmung ● Intuitionstraining Angewandtes positives Denken ● Hilfsmittel ● Die verschiedenen Einleitungsmöglichkeiten Kennzeichen der Hypnose ● Vertiefen der Trance ● Das sichere Wecken ● Aurasehen Die Leerhypnose ● Fraktionierte Hypnose ● Der posthypnotische Auftrag ● Blitzhypnose Energiearbeit ● Showhypnose ● Gruppenhypnose ● Massenhypnose ● Tierhypnose Regressions- und Reinkarnationshypnose ● Die indirekte Form ● NLP- und Lernstrategien

ZUR PERSON

Franz Pissinger, geboren am 5. 9. 1959 in Wien, beschäftigte sich schon seit frühester Kindheit intensiv mit der Frage nach dem Sinn des Lebens und der Essenz des Seins. Durch Meditation und autogenes Training, die ihn durch seine Berufsausbildung zum Schriftsetzer und sein Musikstudium am Konservatorium sowie als Sanitäter im Rettungsdienst begleitete, entdeckte er seine Liebe zur Hypnose. Als Spiegel seiner allgemeinen Lebenshaltung, die von Liebe und Respektanz zum Menschen bestimmt ist, war es vor allem die indirekte Hypnose, deren Wert als Lebenshilfe und als effektives Werkzeug zur Selbstfindung, ihn faszinierte. Der Anspruch psychologische, energetische, kognitive und intuitive Ansätze optimal auszuschöpfen führte 1991 zur Gründung des Institutes für Hypnoseforschung und Mentaltraining. Dort entwickelte Herr Pissinger unter Einbeziehung seiner Ausbildung zum Hypnotherapeuten und NLP-Master-Practitioner durch Eli Jaxon Bear (USA) und seiner jahrelangen Erfahrung diese besonders effiziente Methode der Selbst- und Fremdhypnose, die nicht von kognitiven Ansätzen sondern durch intuitives Erkennen der eigenen vergrabenen Potentiale geprägt ist. Durch die, ihm eigene, tranceorientierte Unterrichtstechnik wird das verborgene Urwissen der Teilnehmer geweckt und nahezu mühelos mit den vermittelten Grundlagen verbunden. Spielerisch und nahezu selbstverständlich entdecken die Teilnehmer die Fähigkeit sich mit Hilfe der Macht ihres Unterbewusstseins die Kräfte der Trancearbeit zu Nutze zu machen..

TERMINE

Termine auf Anfrage. Ausführlichere Informationen bzw. Infomappe anfordern unter der Tel. 01/774 23 59 oder Mobiltel. 0676/540 17 78.
*Jeweils Freitag 18 bis zirka 23 Uhr, Samstag und Sonntag 10 bis zirka 22 Uhr.

Glossar

Akustisch: hören

Anker: äußerer oder innerer Auslösereiz, der positive oder negative Gefühlszustände hervorruft

Amnesie: Erinnerungsblockade, Vergessen

Assoziiert sein: im Körper sein, mit allen Sinnen wahrnehmen

Dissoziiert sein: sich selbst von außen betrachten, geistig woanders sein

Endorphine: köpereigene Substanzen, die an den Synapsen der Nervenzellen die Weiterleitung der Schmerzinformation blockieren

Faszien: bindegewebsartige Hüllen der Muskeln

Gustatorisch: schmecken

Handlevitation: unwillkürliches Heben und Schweben der Hand bzw. des Arms

Hypermnesie: gesteigerte Erinnerungsfähigkeit

Hypochonder: eingebildeter Kranker

Induktion: Einleitung eines Trancezustandes

Katalepsie: Gliederstarre

Kinästhetisch: Fühlen

Leading: Führen, in eine bestimmte Richtung lenken. Erst Pacing, dann Leading

Limbisches System: Zentrum im Gehirn, das Wahrnehmungen verarbeitet und weiterleitet

Öko-Check: So wird innerhalb der Neurolinguistischen Programmierung die Abfrage des Beraters vor, während oder nach der Sitzung zur Verträglichkeit des gewünschten Ergebnisses mit der Werteordnung des Klienten bzw. seines sozialen Umfeldes bezeichnet.

Olfaktorisch: Riechen

Pacing: Begleiten, Spiegeln, den oder die anderen abholen

Parasympathikus: der Teil des vegetativen Nervensystems, der für Ruhe und Entspannungstätigkeiten sorgt, aber Verdauung aktiviert

Placebo: Scheinmedikament, das in Aussehen und Geschmack einem echten Arzneimittel gleicht

Rapport: im selben Rhythmus miteinander schwingen, auf gleicher Wellenlänge sein; Rapport ist die Grundlage jeder optimalen Kommunikation

Reframing: in einen anderen Rahmen stellen, positive Umdeutung

Regression: das Zurückführen oder Zurückgehen auf frühere Entwicklungsstufen

Reinkarnation: Wiedergeburt

Somnambulismus: Schlafwandeln, tiefste hypnotische Trance

Suggestion: einreden, einflüstern
Submodalität: Feinunterscheidungen der fünf Sinnessysteme
Sympathikus: Teil des vegetativen Nervensystems, der für Aktivität des Organismus sorgt
Synapsen: Übergangsstellen von Nerv zu Nerv oder Muskel zu Nerv
Thalamus: Zentrum im Gehirn, das mitentscheidet, ob etwas bewußt wird oder unbewußt bleibt
Utilisieren: Nutzbarmachung, alles positiv nutzen, um in eine bestimmte Richtung zu führen
Xenoglossie: Sprechen fremder, in diesem Leben nicht erlernter Sprachen

Literaturempfehlungen

Zeig, J.: Meine Stimme begleitet Sie überall hin – Ein Lehrseminar mit Milton H. Erickson. Klett-Cotta
Bandler, R. & Grinder John: Patterns - Muster der hypnotischen Techniken Milton H. Ericksons. Paderborn: Junfermann
Robbins, A.: Das Power Prinzip – Grenzenlose Energie. Heyne
Rosen, S.: Die Lehrgeschichten von Milton H. Erickson. Iskopress
Donald N. Walsch: Gespräche mit Gott, Band 1–3. Goldmann
Maharshi, R.: Sei was Du bist. O. W. Barth-Verlag
Redfield, J.: Die Prophezeiungen von Celestine. Heyne
Morgan, M.: Traumfänger. Goldmann
Fynn: Hallo, Mr. Gott, hier spricht Anna. Scherz
Kansington, E.: Mary. Ernst Lenz Musikverlag
Kansington, E.: Mysterio. Ernst Lenz Musikverlag
Dethlefsen, T.: Krankheit als Weg. Goldmann

Franz Pissinger

Hypnose-Experte,
NLP-Master-Practitioner, Reiki-Meister

A-1220 Wien, Silberergasse 5
Tel.+Fax: 01/774 23 59
Mobil:. 0676/540 17 78
E-Mail: hypnose@pissinger.at

www.pissinger.at

www.ibera.at